教師教學實踐智慧
從設計到實施

林進材　著

五南圖書出版公司 印行

序

　　這一本書命名為「教師教學實踐智慧：從設計到實施」，主要的原因是希望教師從教學設計與實施到教學實踐歷程，可以運用專業知能與專業實踐方面的智慧，讓教學與學習活動更為精緻、更為專業、更為精進，在班級教學實施中，讓每一位學生的學習都擁有學習成功的經驗，在班級的學習中可以既幸福又開心。

　　本書的主要內涵，在教師教學設計與發展方面的議題，探討在班級教學中的教學議題，從教師的教學意義與模式、教學設計的意義與模式、不同模式的教學設計、教學決定與教學效能、教學實踐智慧、教室教學實踐研究，以及學校中的說課、備課、觀課、議課等主題，進行理論與實際方面的分析討論，讓教師對於教學計畫與實施，有更為明確精準的了解。

　　在「教學設計與發展」方面，透過教學設計理論的分析、格式的變化、模式的更迭、形式的調整，提供教師在教學設計（或稱教案設計）方面的參考，讓教師從教學設計的演變與實際的設計實施中，可以擁有二方面的成長。其一，是透過教學設計的工作，可以對未來的教學活動有所規劃、設計、建構、展望、願景方面的理解，並且能在未來的教學活動中，掌握所有與教學有關的因素，讓教學活動的實施更為順暢，以達到教學目標要求的願景；其二，是透過教學設計的檔案審視，可以對過去的教學活動有所檢視、思考、反思、檢討、修正等方面的反省，以形成新的教學計畫與行動。

　　在「教學理論與學習理論發展」方面，探討教師教學信念與行動及教學效能、從課程改革到教室教學活動的聯結、自我導向學習理論、動機理論在教學設計上的意義、學習策略的設計與運用等問題，將教學設計與實施有關的要素，進行學理與實際方面的分析，提醒教師在教學設計規劃階段，需要謹慎思考的議題，避免將教學設計淪於「單一思考」與「單一構思」的思維中，透過這些議題的探討，可以幫助教師形成專業的教學設計

與規劃模式，在班級教學中運用自如。

在「教師教學實踐智慧」方面，探討基礎教學法、分組合作學習、差異化教學法、活化教學法等議題，除了分析理論與實際作法，還透過教學設計案例與經驗的分享，讓教師可以在班級教學設計與實施中，擁有更豐富且多元的教學構思，避免教師「一種教學法用 30 年，30 年只用一種教學法」的現象，讓教師的教學設計與實施更為活化、更為多元、更為豐富。

在「教師觀議課與教學實踐研究」方面，針對近年來教育界關注的議題，進行相關的學理與研究方面的論述分析，提供教師在教學專業發展的參考。教師的備觀議課方面，重點在於教師的教學與學生的學習，透過教師專業成長與專業互動等方式，提供教師在教學方面的學習與成長；教師教學實踐研究方面，提供教師在教室中的教學研究議題，包括教學理論與方法、學習理論與方法、教科書內容分析、教科書學科教學知識與學科學習知識方面的研究，透過教學實踐研究的實施，精進教師的教學專業能力。

本書的完成，主要是將個人多年來在「教學設計發展」有關的論文，重新修定並且調整，在重要的理論與策略方面，以概念圖、流程圖、圖文解說的方式呈現出來，希望可以提供在各階段、各領域、各學科擔任教學工作的教師，有一個比較清楚、簡單的概念，對於教學設計與實施有更清晰的想法，透過教學實施達到高效能的教學品質。

感謝五南圖書出版社多年來的支持，讓我個人的理念可以透過文字呈現出來，總編輯、副總編、編輯群的用心與容忍，可以讓本書的出版更具有可看性、使用性、實用性。本書的出版，在內文方面難免有所疏漏，尚祈教育先進，不吝指正是幸。

林進材

於 2020 年 6 月 25 日端午節

目錄

第 11 章　教師教學實踐智慧之分組合作學習法　　225

第 12 章　教師教學實踐智慧之差異化教學法　　247

第1章 教學的意義與模式

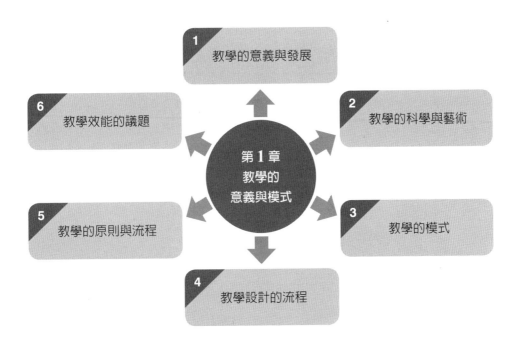

本章重點

教學活動的實施是一種師生雙向互動回饋的過程，在活動過程中需要教師專業知識的開展，以及學生學習方面的積極參與（林進材、林香河，2019）。教師在教學前的設計與規劃，需要聚焦在教學的意義和模式上，針對教學活動進行各種形式的設計，才能提供學生最適合、最適性的學習活動。本章的重點在於說明教學的意義與發展、教學的科學與藝術、教學原則與流程、教學的模式、教學效能的議題，提供教師在教學設計時的參考。

一 教學的意義與發展

教學活動的實施是達成學校教育目標的重要途徑，在教學設計中將教育目標融入教室的學習活動，透過教學方法的採用、教學策略的運用，由教師引導學生學習，達成各種教育目標。

(一) 教學的意義

一般而言，教學的意義包括教師的「教學活動」與學生的「學習活動」，透過教師與學生的互動，達成學校教育目標。教師的教學活動包括教學理論、教學方法、教學策略、教學技巧、教學因素的掌握；學生的學習活動包括學習理論、學習方法、學習策略、學習技巧、學習因素的運用等。

教學活動的實施，在方法的運用與實施過程中，必須有其科學的方法論為基礎，引導教師熟悉科學的系統性、組織性、程序性，藉由科學的特性結合教師複雜的專業經驗，使教學活動達到藝術的境界。教師在教學活動實施過程中，必須將影響教學的各種情境脈絡因素做有效的統整，並將負面因素降至最低，使教學活動可以順利地進行，達成學校教育的整體目

圖 1-1　Smith 教學的主要意義

標（林進材，2006）。

　　教學的意義，依據 Smith（1985）提出的定義，包括下列五種主要的意義（圖 1-1）：(1) 教學的敘述性定義（descriptive definition of teaching），在於傳授學科知識；(2) 教學即為成功（teaching as success），指的是教學本身是一種活動或工作，隱含的意義即為成功或成效，好的教學就是成功的教學；(3) 教學是一種有意的活動（teaching as intentional activity），指的是教學本身是一種有意圖、有目的的行為；(4) 教學是一種規範的行為（teaching as normative behavior）；(5) 教學的科學定義（a scientific definition of teaching），指的是要用科學的原理原則來定義教學。

(二) 教學活動的歷史演進

　　教學活動的歷史相當的長，和一般的歷史發展相當。然而，真正有教學活動的概念（或想法），是近世紀才發展出來。以美國為例，必須回顧

上個世紀歷史上所發生教學與學校教育方面的重大改變。在美國殖民時期，並未出現相當於教師的角色，僅僅有一些較為富有的家庭會僱用兼職的家庭教師，到家裡教導自己的孩子學習各種讀寫能力。因此，讀寫能力的培養都是相當神祕的、個別發展的。當時，擔任家庭教師者大部分是中產階級，由於具備各種知識，所以選擇此種不須經由訓練就可以賺取較多錢財的工作，當時的教師角色應該僅為僱用的關係（林進材，2006）。

　　一直到了 1825-1850 年間，美國才開始出現「學校」這個名詞，當時學校的教育宗旨很少，而且有關教師的任用條件是相當簡單的，只要本身具備基本的讀、寫、算能力，就可以應付學校的教育課程。後來，學校將這些歸納為閱讀（reading）、寫作（writing）、算數（arithmetic），又稱之為 3R。當時並非所有的人都需要進學校接受教育，所以家庭、教會及工作場所都屬於學校教育以外的機構，這些教育機構主要的任務，在於協助家庭養育孩子，並指導青少年可以順利從家庭過渡到社會工作領域中。當時教師角色是屬於社會的「新成員」，因此，專業方面的訓練不被重視，也不是一種必要的職業。雖然如此，當時社會上對於教師本身的要求，仍然是相當嚴苛的，教師在擔任工作前必須簽下各種承諾式的契約，保證在道德方面的修為應該在水平之上。當時的社會對教師本身的教學能力並不關心，僅關心教師教學生涯中的修養，或是職業道德方面的要求（Arends, 2019）（表 1-1）。

表 1-1　早期學校與教師角色及功能

時間	教師來源	教學角色	專業標準	備註
18 世紀以前	牧師	私人教師		
18 世紀	當地社區挑選	教師角色單純	未受任何特殊訓練	學校在本世紀出現
19 世紀	徵募自當地	1. 大部分孩子不強迫進學校 2. 家庭、教會組織負起從家庭過渡到工作的主要責任	教師道德角色要求高於教學	1. 教育內容：讀、寫、算 2. 美國公立學校成立於 1825-1850 年

資料來源：Arends (2019).

(三) 新教學理念

隨著時代的發展，以及外在環境的改變，加上資訊快速地成長，教師的教學理念應該隨著精進與調整，在傳統的教學觀念與新的教學理念不斷地相互影響之下，教師在班級教學與角色扮演上，必須持續的調整以因應快速的社會變遷。例如，臺灣的貧富差距與城郊教學品質差異，都是現任教師在教學設計與實施中，需要面對及考慮的問題（林進材，2006）。

1. 多元文化教學活動

教學活動的實施與社會系統、社會功能是相當密切的。因為教學本身涉及社會階級再製的問題，教學活動的實施，需要考慮社會發展的需要，提供社會演變的各種制度、意識、教育等功能。多元文化教學活動，主要的意義在於回應不同社會種族、不同社經地位、語言與文化階級等，在教學方面的實際需要。例如，在中小學的教室裡，學生的組成方面異質性比較高，學生來自於不同的家庭組成、不同的族群、不同的社會地位、不同的家庭經濟狀況等，教師的教學活動設計與實施，就需要考慮多元文化社會的屬性，才能收到文化回應教學的效果。

此外，在多元文化社會的教學中，面臨的另一個問題即為貧窮的問題。在臺灣，因為社會經濟的快速成長，使得貧富差距愈來愈嚴重。來自貧窮家庭的中小學學生，由於經濟因素對於學習歷程的影響，近年來逐漸受到教育單位的重視。Arends（2019）指出，有關家庭貧窮的問題，學校系統應該建立三個重要的指標：(1) 不管社會性的或經濟性的因素，都應該確保學生受教育的機會；(2) 學校應該了解教師與學生中少數族群的平等問題；(3) 學校教育應該重視各族群接受教育機會均等的問題。

2. 教學意義化的建構

教學活動的實施，如果想要達到預定的目標，就必須在教學理論與方法上面思考各種策略的應用問題。一般而言，學校教育系統中重視的是各種知識的本質以及如何獲得知識的問題，透過教學活動的實施將知識傳遞給學生，讓學生在未來的生活上可以有效地運用知識。新世紀的教學重

點，應該重視的是學校學習活動是否可以讓學生適應未來的生活。

一般對學校教育有所批評者，大部分提到將學校教育比喻為「學校即工廠」，是屬於一種標準化的流程，教師透過各種系統化的流程，將自認為「真理、原理、原則」不斷透過標準化程序，灌輸給學生。因此，教師的角色就被界定在知識的傳遞，以及原理原則、概念事實的教導。新教學理念的教學活動，應該採取多元化教學的模式，可以將各種知識與現實生活進行緊密的結合，學生可以透過各種知識與價值的學習，有效運用在日常生活中。

意義化的教學活動是奠定在「一切以學習者為先」的理念之上，教學成為一種社會與文化的交融、教師與學生的分享活動，學習不再是單調乏味的，而是教師與學生共同討論有意義的事件。

3. 樂趣化的教學實施

傳統的班級教學活動被認定為被動式的學習，就是教師透過一支粉筆、一張嘴、一塊黑板，將自認為有價值的知識，在長方形的教室、固定的座位下傳遞給學生。有效的學習就是學生安靜坐在位子上，靜靜聆聽教師講課，並專心地記筆記。

新的教學理念將教學建立在建構主義的觀點之上，認為學習並非單向的、被動地接收訊息，而是教師的教學活動可以引導學生進行自主學習，在師生互動歷程中，可以致力於有意義經驗的分享，並且從對話中發現機會，從雙向互動中建構知識。所以，學生學習不是被動的，而是一種有意義對話與分享的過程。教師在教學實施過程中，應該讓教學活動充滿樂趣，讓學生願意且積極地投入學習中，從各種樂趣化活動的進行，達成預定的教學目標。

4. 能力新觀點的教學

個體在智能方面的表現與反應，心理學者向來有不同的解釋說明，儘管智能的意義不容易取得共識。然而，智能與學習成就、智能與學習性向、智能與學習反應方面的相關，以及其在教育上的意義卻不容忽視（林進材、林香河，2019）。Gardner 於 1983 年提出多元智慧理論，強調智力

是人類用來學習、解決問題，以及創造的工具，智慧的構成應該包括語文智慧（linguistic intelligence）、數學邏輯思考智慧（logical-mathematical intelligence）、空間智慧（spatial intelligence）、運動性智慧（bodily-kinesthetic intelligence）、音樂智慧（musical intelligence）、人際智慧（interpersonal intelligence）、內省智慧（intrapersonal intelligence）等。因此，對學習者的能力觀點，有了新的轉變。

教師在教學設計與實施中，應該對學習者的能力有更深入的了解，藉以調整或改變自己的教學活動。如果教師對學生基本能力的觀點停留在舊時代的話，容易在教學現場中，採取傳統僵化的策略，無法在教學實施中以創新的教學方法，提供學生更新穎的學習。

5. 教學實施績效責任

新的教學理念，強調教師角色的更新與轉變。因而，對於教師角色與早期的角色相比，有了戲劇性的轉變。合格教師必須具備各種專業化的條件，以及豐富的學科教學知識，才能在教學中勝任愉快。教師在教室的生活中，應該具備各種專業的技能，提供學生多元多樣的學習活動，讓學生可以在教室學習生活中滿足各種心理方面的需求。

新教學理念強調教師的角色，逐漸由傳統的教師角色轉而為強調教學的績效責任制。教師的教學不僅要為自己負責任，也應該為家長及學生負責任。在相關的教師角色中，對教師的責任與義務有相關的規範。例如，要求教師必須具備下列條件：(1) 在社會系統中具備專業的方法；(2) 當學生遇到疑難問題時，教師可以引導學生了解不同面向的意義；(3) 能引導學生運用各種資訊解決生活上的各種問題；(4) 培養學生具備創造性能力；(5) 學生對於自己的行為可以負責任，同時可以和同儕相互合作；(6) 學生能夠學以致用，透過科學與科技驗證一些道理；(7) 教師可以引導建立各種想像的基模。

6. 教學實施配合科技發展

科技的發展對於教學活動的實施，能夠提供快速的轉變契機，教師在教學過程中，除了依據相關的課程教學進行規劃之外，也應該針對教學

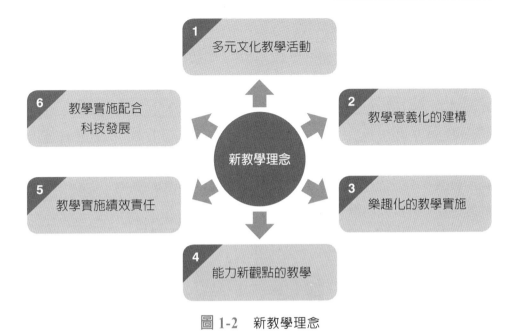

圖 1-2　新教學理念

準備，運用各種科技的產品，強化預期的教學效果，激發學生的學習興趣，讓學生可以積極參與學習。透過教學科技的觀念與發展，融入教學實施中，以提升教學品質與學習效果。

有關新教學理念，統整如圖 1-2。

(四) 學習如何教學

學習如何教學（learning to teach）的議題，主要是分析教師在教學設計與實施中，所面對的問題經常是情境式且獨特的。因此，這些問題需要教學實踐的藝術來解決，有時候解決的方法是無法從課本中學來的。

如果教師單純地將師資培育歷程中的知識，直接地運用在教學現場中，勢必受到各種的阻礙並產生教學中的挫折。「如何當老師」是需要學習的，需要教育經驗的累積，才能在面對問題時採取問題解決導向的態度，和從教學實踐中反思來解決問題。因此，當教師面對一些特殊問題時，科學的知識雖無法幫他們決定解決之道，但可以幫他們了解問題的

本質。

　　此外，引導教師學習如何教學的技巧，可以讓教師成為具備技巧與稱職的教師，透過各種專業訓練的方式，提供教學資訊讓教師可以跳脫以往片段或不完整的教學知識，真正反思教學上的實際問題以解決問題。專業的教師必須將教學視為終身持續成長的過程，不可以在教學現場中僅運用「手持的知識」，單純地將其運用在複雜的教學情境中。想要成為專業熟練的教師，必須透過各種長期的努力，具備追求卓越的動力，從終身學習的教學反省與批判中得到最好的教學模式。

　　有關教師學習如何教學的概念流程，統整如圖 1-3。

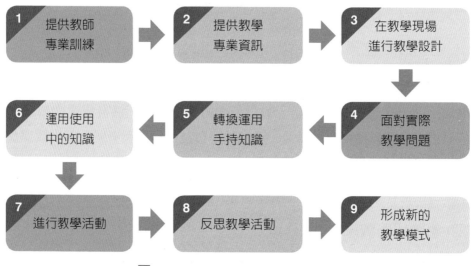

圖 1-3　教師學習如何教學流程圖

三 教學的科學與藝術

教師教學活動的實施，應該要以科學和藝術為主，針對學生的特質，進行教學設計與規劃，才能讓教學活動順利進行，學生獲得最高效能的學習。Gage（1978）在其著作《教學藝術之科學基礎》（*The scientific basis of the art of Teaching*）一書中提到，教學活動的最高境界是達到藝術之境，但必須以堅實的科學為基礎。從教學歷程而論，教學需要以科學精神與方法為基礎，透過科學的求真、求實、系統化、組織化及客觀性的精神，作為教學活動的理論基礎，經由科學新知與研究精神，使教學達到求善、求美的藝術之境。

(一) 以科學方法為主的教學藝術

教師在教學歷程中，應該不斷反省思考自身對教學的關心、教學主張、教學信念，以及教學哲學是否足以讓自己成為具備專業能力的教師。在以科學方法為主的教學藝術上，教師應該主動培養對教學知識的基礎要求、主動反省自己是一位教師的角色需求，並且在遇到教育問題時具備專業解決問題能力；其次，主動從事於擴展對教學實踐的功能，主動從事於有關「學習如何教學」的永續學習。教師對於教學藝術的科學基礎，應該透過下列反省加以檢視（林進材，2019a）：

1. 教學計畫形式及影響因素？
2. 教學原理的學習內容？
3. 教學資源的分配如何？
4. 如何修改教學原理及其內容？
5. 教學環境如何規劃及應用？
6. 班級經營如何配合教學活動？
7. 教學策略如何規劃運用？
8. 教學方法與策略如何配合教學活動？
9. 學校革新如何有效的進行？

10. 教學材料如何配合教學活動？

11. 如何滿足學生的個別需求？

12. 如何診斷學生的學習困難？

13. 如何維持適當的班級管理？

14. 如何引導學生朝智慧的方向發展？

15. 如何因應學生的學習動機與差異？

(二) 以藝術鑑賞為主的教學科學

　　教師在面對教學藝術時，必須不斷與專家教師進行教學經驗的反省與對話，了解教學藝術的科學基礎，培養對教學藝術的知覺，運用鑑賞、欣賞的高層次心理了解方式，引導教師進行教學藝術方面的自我實現。以藝術鑑賞為主的教學科學，應該透過下列反省途徑加以檢視（林進材，2019）：

1. 是否主動培養對教學藝術基礎的要求？

2. 是否主動反省身為教師的角色？

3. 是否主動擴展對教學實踐的功能？

4. 教師教學的哲學觀何在？

5. 教學的人性論主張何在？

6. 能否培養學生高層次的情意態度？

7. 教學主張是否合乎時代潮流？

8. 覺得當老師已經足夠了嗎？

9. 對自己的教學滿意嗎？

10. 有能力引導學生進行高層次反省思考嗎？

　　教師在進行教學活動設計時，除了要了解教學本身的意義，掌握影響教學的各種因素，也應該了解教學的科學與藝術的意涵，針對教師的教學與學生的學習，進行效能、效率的規劃設計，以達到教學成功的理想；缺乏對教學科學與藝術掌握的教學設計，則無法掌握教學的全貌，運用相關的資源來達成成功的教學，教學活動的實施容易功虧一簣。

三 教學的模式

教學活動的實施不一定要遵守固定的模式，但成功的教學需要以教學模式為主，才能達成預期的目標。從事教學設計的教師，常常反思教學需要模式嗎？模式對教學活動的實施，具有哪些重要的功能？教師在教學活動實施時，會遇到教學究竟應該包括哪些要素，要素與要素之間的關係如何，以及教學活動如何運作等問題。教學模式是作為教師教學實施時，以一個參考架構作為引導，使教師在教學時比較能有整體的概念，透過工作分析（task analysis），了解教學活動進行時產生的問題，並且加以改進。教學模式的建立，必須針對教學活動的進行，結合各種教學要素、教學理論、教學方法、教學目標的訂定、教學評量的規劃設計等，建立一個教學的綜合模式。教師應該在教學前的規劃設計階段，針對各種內外在情境，分析影響教學的各種因素，建立屬於自己特色的教學模式。

一般而言，教師教學實施歷程，需要建立一個教學的綜合模式，作為各學科教學設計規劃的參考，這個教學模式，包括明確的教學目標、學習者的診斷、教學策略的選擇、師生互動關係的建立、教學活動的評鑑等五個基本的教學要項（林進材，2019b），茲詳加分析如下：

(一) 明確的教學目標

任何教學活動規劃設計，都要以明確的教學目標為依據。教學目標訂定決定教學活動的方向與重點。教師在教學活動進行時，可以整合各種教學活動的資源、素材、設備，將各種經過篩選的目標，做教學活動邏輯上的編排，轉換成為具體的目標，依據教學計畫進行教學，同時需要評鑑教學目標的適切性。

(二) 學習情形的診斷

學習情形的診斷，主要在於有了明確的教學目標之後，教師應該針對教學目標，了解學習者在學習上的準備度（例如學習者會哪些、不會哪

些，已經有了哪些先前概念的問題）、個人需求與興趣、學習的特質，以及舊有的學習經驗，依據這些訊息訂定新的學習起點，作為教學活動實施的參考。教師在診斷學習者的學習起點之後，比較能掌握教學計畫的安排，是否能符合學習者的程度與喜好，進而提高學習效能，並可以作為調整教學計畫的參考。

(三) 教學策略的選擇

教學策略是教師用來達成教學目標的途徑與方法，教學策略的選擇必須依據既定的教學目標、教學科目與單元主題需要，以及學習者的學習型態，作為選擇教學策略的標準。教師在設計教學時，可以依據本身在教學上的實際需要與教學經驗的特性，選擇適當的教學策略，發展出屬於自身特性的教學策略，作為教學活動實施的參考。就教師而言，並無一種「最好」的教學策略，適用於任何情境或任何學習者。教師選擇教學策略，如同建立基本假設一般，尋求教學中可能的教學策略，以促進學習者的學習能力，基本假設必須透過教學活動的實施與評鑑，加以驗證假設的準確度。良好的教學策略，必須透過教學現場的驗證與修正，才能找出適合教學現場的各種策略。

(四) 師生關係的建立

教學模式的選擇與應用，展現在教師與學生的互動關係上。教學活動進行時，教師透過各種教學專業技巧和學生產生互動關係，例如發問的技巧、增強技術的運用、班級經營技巧的採用、人際關係的處理等。教師在教學活動進行時，如何有效地與學生進行雙向溝通，產生教學上的互動，是教師在教學活動中應該思考的議題。缺乏良好師生互動關係的教學，則教學效果無法提高，學生的學習效果無法如預期。

(五) 教學活動的評鑑

　　教學活動的評鑑工作，涉及教學效能是否能提升的問題。教學評鑑工作的進行，應該在教學歷程中的每一階段實施，讓教師可以隨時了解教學活動的進行情形。在教學中、教學後，蒐集與教學有關的資料，以評鑑教學活動的優缺點，讓教師針對教學的缺點部分隨時改進，作為調整教學計畫的參考。

　　教學活動的評鑑內容包括具體的教學目標是否適當？診斷教學的相關資訊是適宜？所選擇的教學策略是否得當？教學中師生關係互動是否可以促進教學效果？透過各種形式的評鑑所得結果是否有效？是否足以作為教師調整教學活動計畫的參考？

　　上述這些教學模式所包括的內容（圖 1-4），是教師在教學模式選用時需要特別顧及的相關因素。只有教師在教學規劃設計階段，將這些影響教學的因素（或流程）做專業上的規劃，才能使得教學活動的進行達到預期的效果。

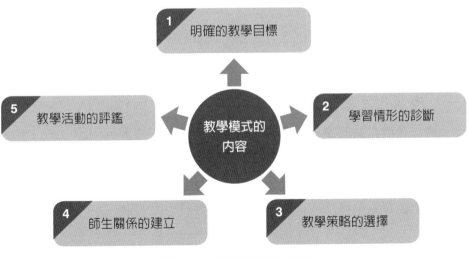

圖 1-4　教學模式的內容

四 教學設計的流程

完整的教學設計除了應該要掌握教學的主要意義，對於教學模式有深入的理解，也應該將各種影響教學的因素，納入教學設計規劃當中。Briggs 等人（1991）指出，教師的教學設計應該要包括下列流程（林進材，2019c）：

(一) 確認需求與目標

教學活動設計首要在於了解學習的需求，透過需求的了解擬定相關的教學目標。在教學設計過程中，需求評估的進行有助於教學目標的擬定，以確認後續教學活動的進行。換言之，教學目標的內容確定與陳述，涉及教學活動、資源、設備、環境等與教學有關的規劃。

(二) 組織教學科目

在教學目標與需求確認之後，教師可以依據實際的教學需要，進行學科方面的組織，將學科與學科之間、學科內容與學科內容之間，做專業方面的統整，以利教學活動的進行。教學科目的組織，對各種教學概念與原則的學習，具有統整的作用。

(三) 分析與擬定教學目標

教學目標是教師選擇教學活動，以及組織教學資源的依據，可以用來研擬評鑑學生的方法，或作為教學評鑑的標準。教學目標在內容方面，包括認知、情意、技能等三方面，三者相輔相成。教學目標的分析和擬定，在教學活動實施中扮演相當重要的角色，並且影響整個教學活動的進行。

(四) 設計並運用教學策略

教學策略的設計與運用，是達成教學目標的手段。教學策略的設計應該要考量教學目標的內涵，和學習者的特性，在設計教學策略時，必須先

將教學目標作適當的分類，做為教材呈現時的參考。其次，發展教學內容呈現及加強學習者參與的有效策略。教學策略的設計與應用，決定教學活動實施的成敗與否，因而策略的設計應結合學科性質與教學目標及學習者特性、才能。

(五) 設計各課或各單元內容

各課或各單元內容的設計，是達成教學目標的要件，教師在進行教學活動規劃時，應該統整所有的教學資源與學科性質，針對學習者的學習特性，將各學科的原理原則融入各課（lesson）設計或各單元（unit）設計中，引導教學活動的進行，讓學生學到完整的概念。

(六) 準備評估學生表現的工具或方法

學生的學習表現與教學目標的達成，在教學歷程中是相輔相成的。因此，教師在評估學生表現的方法與工具，必須針對原先擬定的教學目標及學習者的特性分析，才能選定或編擬適當的方法與工具，深入了解學生在學習與成長方面的改變情形，以及教學目標的達成程度。

(七) 安置教學科目

教學科目的安置，是教學活動實施達到相當程度之後，教師在實施教學評鑑之前的重要工作。教師在實施教學評量之前，應該針對教學科目作整合與統整工作，使科目與科目之間能夠在橫向與垂直面做結合，讓評量工作和學科性質得以密切的配合。

(八) 實施形成性與總結性評量

形成性與總結性評量的主要作用，在於確認教學目標達成的程度。在教學活動進行中與結束之前，學習者在認知、情意、技能方面的改變情形。在教學設計時，評量方式的選擇、評量標準的訂定、評量本身的信度與效度、評量階段的劃分，必須在教學設計的階段中就處理好。

有關教學設計流程，統整如圖 1-5。

圖 1-5　教學設計的流程

五 教學的原則與流程

　　在教學原則與教學流程的相關問題中，學者認爲教師應該要建立原則，用來維持或改善教學活動。缺乏教學原則作爲教學活動的參考，容易讓教師在教學歷程中失去方向感，無法達到教學的預期目標，提升學生的學習成就。有學者認爲教師本身無法在教學反省中，準確地提出或陳述教學所秉持的原則，因此，教師應該學習的不是教學原則的建立，而是熟悉教學的一般流程。教學原則的建立，通常源自於艱深的理論探究，並非來自於對實際問題的思考，教學流程的學習可以讓教師更熟悉在教學進行中，如何發揮專業能力，使教學活動更爲有效、更爲流暢。

　　此外，教學原則與流程的建立，對教師教學活動的進行都有正面的幫

助，原則的建立有助於教師了解在教學歷程中「應該做哪些？」「可以做哪些？」的問題；流程的建立有助於教師明確熟悉在教學歷程中「應該採何種步驟？」「可以採何種策略？」的問題。有了教學原則，教師可以了解形成新的流程，隨時調整策略以因應各種複雜的教學情境，釐清教學流程可能產生的問題，作為調整教學活動的參考；有了教學流程，教師可以診斷教學原則是否需要再調整。

教師在實際教學中，應該隨時掌握教學流程，以實際的教學經驗與教學行動，形成屬於自己教學風格的教學流程，運用教學流程以適應複雜的教學情境，隨時檢視教學流程的缺失以及不足之處，作為修正教學原則的參考。此外，教師也應該運用各種教學原則，成為一位熟悉教學理論的教學專業人員，使自己的教學行為更符合專業方面的要求，藉以提升教學效能與學習品質。

(一) 有效的教學原則

一般而言，有效的教學原則，包括教學活動的實施及教學的相關因素（圖 1-6）：

1. 教學活動意義化

有效的教學必須教師運用意義化的策略，鼓勵學生將學習主題與學習經驗（包括過去、現在及未來的經驗）進行學理上的連結，使學生的學習和教師的教學活動做橫向的聯繫和縱向的連結，使得學習活動變得有意義。

2. 重視學習的先備條件

教師在教學前，必須了解學習者「已經知道什麼？」「還需要學什麼？」的議題。透過學習先備條件的評估，了解學生的學習知識和技能水準，作為調整教學及學生學習的準備。

3. 雙向教學溝通原則

教學是一種「教」與「學」雙向溝通的活動。教師在教學時，應該以開放的心，確實讓學生了解所要學習的內容，在未來的教學活動需要扮演

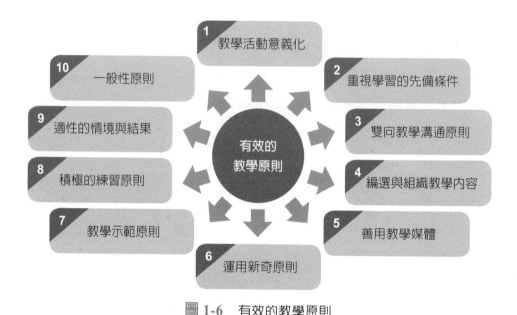

圖 1-6　有效的教學原則

哪些重要的角色，以專注於學習內容。因此，教師的教學活動計畫，應該由師生共同協商而成，讓學生也有參與教學計畫的機會。

4. 編選與組織教學內容

教師在教學歷程中，應該指導學生專注於學習內容，運用有效策略協助學生建構學習的重要內容，使其成為知識體系的一部分。教學內容的組織與編選，有利於學生做下一個階段學習的準備。

5. 善用教學媒體

教師在教學活動實施前，應該規劃教學媒體的運用，以利於教學活動的推展。教學輔助器材的運用，不但可以增強教學效果，強化學生的學習經驗，同時可以促進學習的成效。教師在教學歷程中，引導學生使用各種教學設施，可以讓學生在學習進行時，減少學習困難的產生，讓學習更快更容易，同時可以降低教師在教學時的焦慮，增進教學的自信心。

6. 運用新奇原則

學習效果的產生來自於對外界訊息的好奇，進而對各種原理原則產生

學習的需求和驅力。教師在教學中，應該運用各種策略，變化教學刺激以維持學生的學習專注力。新奇原則的運用，可以讓教師的教學充滿「神奇色彩」，導引學生對教學產生好奇心，進而強化學習的效果。

7. 教學示範原則

教師教學歷程中，應該依據教學內容重要的原理原則，向學生展示記憶、思考、行動與解決問題的過程，讓學生了解教師教學的思考與決定。良好的教學示範，對學生的學習不但具有正面的意義，同時可以隨時作為學生修正學習行為的參考，對教學中各種抽象概念的轉化具有正面的作用。

8. 積極的練習原則

教學歷程中屬於技能層面的學習，教師必須提供學生正確、適當且足夠的練習時間或機會，讓學生擁有不斷練習各種知識形式的機會。教師提供記憶、思考、實際操作，以及解決問題的練習機會，讓學生可以將學習到的知識應用在實際生活中，透過練習知識的轉化，解決生活上面臨的各種問題。

9. 適性的情境與結果

教學歷程中，應該提供讓學生可以感受到愉悅的情境與學習結果，使學生對學習內容感到舒適，而且可以具體明確地了解學習可以達到的成果，學生就能激發對學習的動機並持續練習，將學習應用到日常生活中。相反的，枯燥或過於僵化的教學內容，容易降低學習的興趣和動機，影響學生的學習參與和學習品質。

10. 一般性原則

教師應該設法讓教學目標、內容、活動、練習概念等能前後一致，讓學生在練習歷程中，可以收到前後連貫的效果，引導學生學習需要的內容，並應用於教學情境之外，使其對所學的內容可以收到實質的效果。

高效能的教學原則，在於教師可以有意義且快速地將各種教學原則融入教學中，使教學活動快速順利進行，引導學習者從事高品質學習。透過

原理原則的運用，結合教學的科學與藝術，使教學活動達到預定的效果。

(二) 教學的一般流程

　　教學的一般流程，至少應該包括三個主要的階段（林進材，2019b）：教學計畫階段（planning phase）、教學實施階段（implementing phase）及教學評鑑階段（evaluating phase）：

1. 教學計畫階段

　　在教學計畫階段，教師首要建立明確的教學目標，作為教學活動進行的引導。教師在教學計畫階段的行為，決定教師未來的教學活動實施。

2. 教學實施階段

　　教學實施階段中，包括教師預定運用哪些重要的策略？如何運用策略？如何統整各種教學資源於教學活動中？其次，教師應該做好班級管理與經營工作，將阻礙學生學習的各種因素降到最低的程度。

3. 教學評鑑階段

　　在教學評鑑階段，教師應該蒐集教學中的各種資料，作為決定教學是否成功的依據。教師在這一個階段中，應該不斷做教學反省工作，藉以形成新的教學參考架構與教學設計。在教學評鑑階段中，教師同時應該要透過總結性評鑑了解學生的學習成果，作為是否補救教學的參考。

　　教師在教學過程中，應該熟悉教學的相關流程，使之成為教學活動實施的心理參考架構或腹案，隨時依據教學流程做調整，以活化的教學流程提供學生更為彈性的學習空間，並促進教學效果。

六　教學效能的議題

　　教師教學效能的提升，除了需要相關理論的支持，同時也需要教師在教學現場中，對於教學活動的反思與實踐，透過經驗的累積形成高效能的教學模式。高效能教師具備嫻熟的教學知識與經驗，能有效融合課程與教

學的知識；在教學法的運用方面，具有快速理解或判斷線索的能力；在師生關係方面融洽和諧等。

　　高效能教師的教學是能將專業之能力有效的發揮，面對複雜教學情境，能採取審慎的行動，並能批判地檢視行為的後果；當教師自我效能增加時，高效能教師嘗試新知識的意願隨著增加，願意花更多的時間與努力去完成新的任務；再者，高效能的教師在教學管理技巧、學科知識、學科教學法知識等，均能展現出專業的行為（林進材，2019a）。

　　有關教師教學效能方面的論述，Ashton（1983）指出，高、低效能教師在教學行為上的特徵如下：

1. 低效能教師認為低成就學生對教室情境和班級常規會構成威脅，高效能教師則並不以為然。
2. 低效能教師以潛在的分裂（potential disruption）來定義學生行為，高效能教師則較少以負面情緒和學生互動。
3. 低效能教師比較偏向將教學焦點集中在高成就學生身上，高效能教師則否。
4. 低效能教師傾向將班級學生依能力高低來排列，並給予差別待遇（例如對高能力學生給予較多的指導、較多互動的機會、讚美和回饋，以及較多的作業）。
5. 高效能教師在學期初和學期末在班級訂立明確的期望和工作的程序，並執行前述的期望。
6. 高效能教師會讓學生處於工作的狀態中。
7. 高效能教師會與學生建立專業的親近關係，以協助學生學習。

　　綜合以上的論述，高效能教師在教學時，對自身及學習者的肯定及期望比較積極而有信心，願意提供學習者更多的學習機會；相對的，低效能教師對教學工作及學習者均持著消極的態度，與學習者保持比較大的距離且多挫折感，無法在教學歷程中發揮專業方面的知能。

【本章大部分改寫自林進材（2019），《教學原理》，第一章】

本 章 討 論 的 議 題

1. 教學的主要意義有哪些？請舉不同領域的教學意義？

2. 教學的科學意義為何？教學的藝術意義為何？如何結合教學的科學與藝術？

3. 教學設計的流程包括哪些重要的步驟？教師如何在教學活動中落實這些重要的步驟？

4. 教學的原則與流程包括哪些重要的因素？教師如何將這些因素融入教學活動中？

5. 教師在教學設計規劃階段，如何關注教學效能的問題？有哪些方法可以幫助教師提升教學效能？

第2章 教學設計的意義與模式

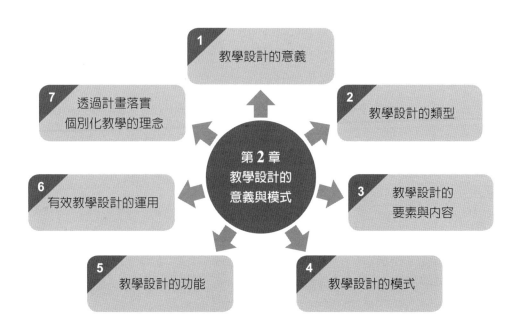

1 教學設計的意義

2 教學設計的類型

3 教學設計的要素與內容

4 教學設計的模式

5 教學設計的功能

6 有效教學設計的運用

7 透過計畫落實個別化教學的理念

第2章
教學設計的
意義與模式

本 章 重 點

　　教學設計主要的意義，在於正式教學之前，針對教學的所有步驟做系統性的規劃設計。想要提升教師教學效能，就必須針對教學活動的主要內涵，進行專業方面的構思，才能在未來的教學活動中，提升教師的教學效能，進而提高學生的學習品質。本章的主要內容，在於說明教學設計的意義、類型、內容、模式、功能、應用等概念。

 一 教學設計的意義

(一) 傳統的教學計畫觀點

　　傳統的觀點中，將教學計畫分成「理性—直線的計畫模式」和「非直線計畫模式」。理性—直線模式將教學設計的焦點放在目標的設定，然後接下來的活動是選擇適當的策略以達成目標，認為一般的教師在進行教學設計與教學實施時，採用的是直線的計畫模式，教師的教學設計以教學目標為主，透過教學目標的擬定，作為教學實施的主要標準。非直線計畫模式，主要是以教學行為作為起點，教學目標則在行動之後（圖 2-1、2-2）。

　　在教學活動的進行中，相關的研究與理論指出，任何活動的計畫都有助於活動結果的改善。教師如果在教學前進行專業性的計畫活動，可以讓教師與學生在未來的學習中更有方向感，且能幫助學生對學習目標和任務更有察覺力，教師對學生的學習需求和想法更為敏銳，班級教學活動的進行，經由計畫之後，在運作歷程能更加順暢與緩和（林進材，2006）。

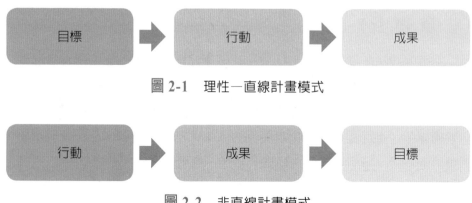

圖 2-1　理性－直線計畫模式

圖 2-2　非直線計畫模式

(二) 教學設計的意義

　　教學設計本身含有計畫的意義，Smith 和 Ragan（1993）指出，教學設計一般具有二方面的意義：(1) 作為教學活動的藍圖；(2) 作為教師教學處方，針對特定的對象與目標，選擇應用特定的方法、內容及策略。教學活動如果缺乏完善的設計，容易造成時間和資源的浪費，更會帶來學習無效的後果。李宗薇（1993）指出，教學計畫是對教學的目標與學習者的特性，進行一系列分析、規劃、執行與評估的過程。此種定義，如同醫師對於病人的醫療計畫一樣，需要針對特定對象的需求、目標，選取適當的策略與方法，以達成各種預期的目標。

　　教學計畫是將教學過程中的各項要素做統整，教師在教學前就要思考教學目標，選擇教學策略和教學方法，使自己的教學活動可以達到良好的效果。因此，教學計畫可以界定為教師教學前的安排和設計，它是一組基本的心理歷程，透過這些歷程，教師自己建構一個可以引導未來教學活動的參考架構。教學計畫同時是未來教學活動的藍本，透過各種教學方案，以達到預期的教學目標（簡紅珠，1992）。

　　Gagné、Briggs 和 Wagner（1992）針對教學設計的意義指出，教學計畫是對增進學習活動相關資源及歷程之安排，使教學活動更系統化，以及活化並支持每一位學生的學習。因此，教學計畫是根基於人類學習，以系

統方法組織及提出訊息，以達成成功學習的方式，其目的在使學習變得更有效果、效率，更為生動（林進材，2006）。

教學設計是一種多面向且持續的歷程，其範圍幾乎包括教師教學中的每一個層面。不僅僅是教師對明日課程的計畫，也包括教學中必須立即判斷和評鑑教學成果所做的計畫。教學設計的歷程是一種循環的歷程，每一個評價的訊息或資料，都影響教師教學的下一個步驟，以及接下來的教學行動（林進材，2006）。

綜上所述，教學設計的意義包括三個重要的議題：(1) 我們要往哪裡去？（教學目標）；(2) 我們要怎麼去？（教學理論、策略與方法）；(3) 如何了解已經達到目標（教學評量與修正）（圖 2-3）。

(三) 教學設計的基本假定

教學設計與教案的概念是有所不同的，教學設計偏向整體的教學活動規劃設計，教案比較偏向靜態的書面計畫；教學設計隨時可以依據教學上

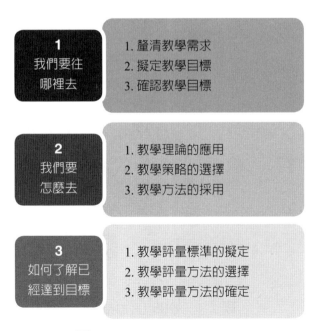

圖 2-3　教學設計的範圍

的需要而調整修正，教案則規範教學活動必須依據內容實施教學。

Gagné、Briggs 和 Wagner（1992）指出，教學設計的基本假設有五項（圖 2-4）：

1. 協助個人學習

教學是學習者個人導向，即使學習的型態是團體導向，教學設計的重點仍應該放在個別學習上面。

2. 教學設計包括短期與長期類別

一般而言，短期的教學設計是教師每天教學前的規劃，例如每課的教學設計（或教案）；長期的則較為複雜多變，包括各種不同主題或科目，由多位教師參與，以集體或多科的方式進行，例如教師的年度課程設計或教學進度表等。

3. 系統設計的教學影響個人的發展

教學設計者認為缺乏計畫及指引的學習，無法帶來滿意的學習結果，每個學習者都應該擁有相同發展潛能的機會。

圖 2-4　教學設計的基本假設

4. 教學設計應該以系統方式進行

系統方式的教學設計是一系列步驟，例如需求、目標分析及評量系統。擬定這些應該依據經驗證據，而且每一個步驟的有效性均可由下一個步驟的回饋來驗證。

5. 教學應該依據人類如何學習知識而設計

教學設計如果只有討論個人能力如何發展，僅提出應該具備哪些能力還不夠，還需要檢視如何獲得這些能力的問題；教材不僅反應作者「知道什麼」，還應該考慮學習者如何「習得這些知識」，是以必須考慮學習條件。

由上述有關教學設計的假設得知，教學設計的意義隨著教學理論與學習理論的演進而有不同的定義與重點。良好與完整的教學設計引導教學活動與實施的進行，進而提升教學的成效與學習的成果（林進材，2019）。

(四) 教學設計的重要觀念

教學設計是教師實施教學活動的重要依據，透過教學設計的內容構思，了解未來教學活動進行的重要關鍵。教學設計的概念不等同於教案，教學設計的範圍比較廣泛，教案只是將其中的一部分以文字方式呈現出來而已。一般而言，教案都是以固定格式撰寫成的單元（或課）教學設計（周新富，2017）。

教師教學前的規劃設計，應該要掌握教學設計的重要觀念，並且針對重要觀念的關鍵，將各種影響教學與學習的要素，納入教學設計的歷程中。有關教學設計的重要觀念，任慶儀（2019）指出包括下列要素：(1) 教學設計的過程需要將教學設計視為一個系統，而系統中的每一個因素，都應當應用科學的態度來處理；(2) 應用教學設計的過程於一門課程中，是教學發展最佳的層次；(3) 教學設計的策劃是教師或是課程設計小組所運用；(4) 教學設計過程最主要的目的是幫助學習者學習；(5) 在教學設計的過程中，應盡可能讓學習者達到滿意的學習效果；(6) 沒有任何一種教學設計方法是最完美的；(7) 教學設計是世界的趨勢。

此外，林進材（2019b）指出，教學設計的重要觀念，包括：(1) 教學

圖 2-5 教學設計的重要觀念

設計應該包括教師的教學與學生的學習；(2) 教學設計包括書面式與內心式計畫；(3) 教學設計是一種科學與藝術的結合；(4) 教學設計應該可以針對教學現場隨時修正調整；(5) 教學設計過程是一種系統化的歷程；(6) 教學設計重點在於讓教師了解如何教學，學生了解如何學習；(7) 教學設計應該從書面式逐漸發展至內心式；(8) 教學設計目標在於提升教學品質、提升學習效能；(9) 教師應該透過專業能力發展適合自己的教學設計模式；(10) 教學設計是專業能力與教學能力的結合（圖 2-5）。

二 教學設計的類型

教學設計的類型，依據內容、時間、教材的範圍而有不同的類型。教學設計依據不同形式來分，有內心式與書面式的教學設計；從內容來分，教學設計有簡案設計與詳案設計；依據型態分，有單元設計、每課設計、

每日設計、每週設計、每月設計、長程設計、學期設計、學年設計等（林進材，2019）。

(一) 教學設計形式

　　教師在教學前，將所要達成的目標、使用的方法與策略、師生活動與教學資源，事先做妥善的規劃，作為教學上的參考。部分教師在進行教學設計時，會以書面式設計呈現，將教學設計過程中的主要因素（例如學習者、方法、目標、評鑑）等以文字方式呈現出來。書面式的設計有簡案與詳案之分。教學設計的詳案通常包括單元主題名稱、一般教學目標的敘述、教學內容的主要概念、具體行為目標、單元活動順序、時間的安排、評量活動的實施等完整的教學設計（圖 2-6）。簡案是教師以簡單的書面文字所做的教學設計，用意在提醒教師主要的教學流程或概念。依據相關的研究（林進材，1997）指出，教師通常會以簡單的文字或符號進行教學設計活動，並且在適當的地方（例如教科書、筆記本、雜記本或行事曆）寫一些文字提醒自己，作為引導教學活動的依據。

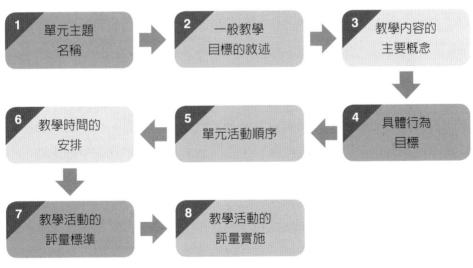

圖 2-6　教學設計詳案的主要內涵

(二) 教學設計型態

教學設計的型態，依據不同的類型與學校教育的實際需要，包括單元計畫、每課計畫、每週計畫、學期或學年計畫（林進材，2019）（圖2-7）：

1. 單元計畫

單元計畫是以一個單元教材爲範圍，以較大單元爲主，且以活動的方式進行教學設計。單元計畫通常包括一個比較完整的學習經驗或學習活動，完整的教學活動通常需要比較長的教學時間。例如，目前國小各學科領域的教學單元，都是以完整的大單元爲主。

2. 每課計畫

每課計畫是教師最常使用的一種教學設計，又稱之爲「教案」。此種設計是以一課課文或一節的時間爲範圍所做的教學設計。通常完整的每課計畫應該包括教學目標、教學主題內容、教學策略、教學資源、教學評量等活動。每位教師都會建立一個屬於個人特色的每課計畫。每課計畫通常以自己可以理解的方式進行，此爲每位教師未必將教學設計訴諸文字的主因。國內目前在推中小學教師的「說課」、「備課」、「觀課」、「議課」活動，就是希望了解教師在教學前的設計、教學中的教學實施、教學後的教學反思等，用正式的表格和文字的形式呈現出來。

3. 每週計畫

每週計畫是以時間爲考量因素的教學計畫形式，每週計畫通常是由幾個每課計畫所構成的，教師事先做一週形式的教學計畫，有助於教師請假或缺席時，代理教師方便處理教學上的問題。例如，單元教學的主題、重點、方法等。

4. 學期或學年計畫

學期或學年計畫通常與學校的行事曆相互配合，以「教學進度表」的型態呈現。它是以每週爲單位，屬於整個學期或學年的計畫。學期或學年計畫的擬定，通常會由學校教學研究會、教務單位或學年主任召開相關的

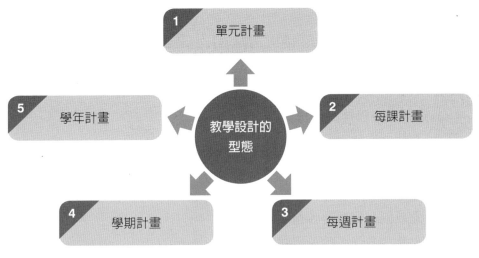

圖 2-7　教學設計的型態

會議，邀請教師共同協商，形式上的意義大於實質上的意義。目前臺灣中小學規定教師在寒暑假期間，必須針對未來一學期或一學年的教學，進行課程教學計畫的撰寫，完成之後必須送到各縣市教育局，經過審查通過之後作爲新學期（或新學年）的教學實施依據。

三　教學設計的要素與內容

　　有關教學設計的要素與內容，相關的研究文獻將重點關注在教師的教學活動，與學生的學習活動及其相關因素上。教學設計攸關教師的教學成效，有周密的規劃、完整的設計，才能使教學活動達到預期的目標。

(一) 泰勒模式與應用

　　Tyler（1949）指出課程與教學設計的主要內涵及要素如下：

1. 目標的獲得

(1) 學科知識的傳授。

(2) 人類文化的傳授。

(3) 促進學生身心健康與滿足兒童的身心需要。

(4) 解決現實問題。

(5) 敘寫目標的方法。

2. 選擇經驗以達到目標

(1) 學科系統知識。

(2) 學生能夠由此獲得滿足的知識。

(3) 學生能夠理解的知識。

(4) 達成同一目標的各種不同經驗。

(5) 產生許多作用的一種知識。

3. 組織學習經驗進行有效的教學

組織學生的學習經驗，使其具有程序性（sequence）、持續性（continuity）與統整性（integration）。

4. 評鑑目標是否有效達成

(1) 評估學生行為，以了解其行為的改變情形。

(2) 選擇正確評鑑學生行為的方法。

(3) 設計評鑑程序、活動、內容及工具。

(4) 運用評鑑結果以發揮評鑑的功能。

以 Tyler 的理念作為教學設計之依據，強調教師在從事課程與教學計畫時，首先要確立目標，明確具體的目標之後，則要了解學生、熟悉教學場地與硬體設備，才能針對教學情境做合適的計畫。此外，在編選教材時，可以依據目標、學生、教材性質，確定採用的教學理論與策略，並且配合教學需要和場地悉心設計，以期減少可能發生的困擾。

(二) Gagné 等人的系統化教學設計

Gagné、Briggs 和 Wagner（1992）指出，系統化的教學設計，必須在教學構思與規劃時，包括下列幾個重要的步驟：

1. 確認與分析教學現實上的各種需要。

2. 確定教學的一般性目標與特殊目標。

3. 設定教學診斷與評估的程序。

4. 形成教學策略及學習環境的條件。包括學習者起點行為與目標應有的學習表現、人力資源、教學媒體及教室管理等。

5. 發展、預試新編的或經過修正的教材。

6. 教育環境的設計及管理程序。包括教室布置、放置教材的地點、學習活動的程序，與教師行為等方面的說明。

7. 教師訓練教材的準備及訓練工作。

8. 小規模的實驗、形成性評量及修正。

9. 大規模的測試、資料蒐集及報告計畫的特性與效果。

10. 正式的實施與推廣。

(三) Shavelson 和 Stern 的教學計畫要素

Shavelson 和 Stern（1981）針對教學計畫的要素指出，教學計畫要素應該要包括下列要項：

1. 內容：教師要教給學生的內容。

2. 教材：指學生在學習過程中可以觀察及操作的物質。

3. 活動：指教師與學生在教室中所做的事，包括教學內容及教材順序、教學進行的速度、時間的安排與調配等。

4. 目標：有別於一般所謂的行為目標，是教師對教學工作所認定的一般性目標。

5. 學生：尤其是學生的能力、需求與興趣。

6. 教學的社會文化脈絡。

(四) 完整的教學設計因素

Kemp（1985）在教學設計專書中指出，教學的基本要素包括目標、學習者、方法、評鑑等四個基本元素。因此，教學設計時應該要考慮上述的幾個基本元素，將教學的四個元素，納入教學設計當中。任慶儀

圖 2-8　完整的教學設計因素

（2019）指出完整的教學設計因素，包括：(1) 確認教學目標；(2) 實施教學分析；(3) 分析學習者與脈絡；(4) 撰寫表現目標；(5) 發展評量工具；(6) 發展與設計教學策略；(7) 發展與選擇教材；(8) 設計與實施形成性評鑑；(9) 修訂教學；(10) 實施與設計總結性評鑑（圖 2-8）。

(五) 教學設計的內容

從相關的文獻與理論分析，教學設計的內容應該至少包括下列九項要點（林進材，2019）：

1. 教學目標

教學目標是教學設計的首要關鍵，使教師對於未來的教學內容與程序有更清楚的了解，引導教師從事教學活動。教學目標是教師選擇教學活動與組織教學資源的依據，可用來研擬評鑑學生的方法與標準。教師將教學目標明確地定出來，才知道要教些什麼，並且依據教學目標評量教學成果。教學目標在擬定方面應該先指出總體目標，再列出細項目標（參見表2-1）。

表 2-1　一般性目標敘寫的步驟

內　容	範　例
總體目標	了解和欣賞臺灣社會的多元性
附屬目標 1	多元性的定義
附屬目標 2	舉例多元文化對臺灣社會的影響
附屬目標 3	論述維持臺灣社會多元性的困難點

　　教學目標的擬定與選擇，容易受到國家教育政策及教師本身喜好的影響，然而，教學目標擬定的意義在於引導學生了解教師所要表達的意涵，並作為教師評量學生學習成果的依據。因此，教學目標的擬定在撰寫方式必須依據目標本身作為取捨的參考。

(1) **認知領域教學目標**：認知領域教學目標依據 Bloom 的分類修定包括知識層面（knowledge dimension）與認知層面（cognitive dimension）（Arends, 2019），詳細內容參見表 2-2 至表 2-4。

表 2-2　Bloom 修定教育目標雙向度分類表

知識層面	認知歷程層面					
	1. 記憶	2. 理解	3. 應用	4. 分析	5. 評鑑	6. 創作
A. 事實知識						
B. 概念知識						
C. 程序知識						
D. 後設認知知識						

資料來源：Arend, (2019).

表 2-3　知識層面中的主要知識類型

主類別／次類別	範　例
A. 事實知識（factual knowledge）：學習科目後與解決問題時應該具備的基本要素。	
A.A. 術語的知識（knowledge of terminology）	技術性詞彙、音樂符號

主類別／次類別	範　例
A.B. 特定細節和要素知識（knowledge of specific details and elements）	自然資源、可信的訊息來源
B. 概念知識（conceptional knowledge）：知識結構中能產生功能的各基本要素之相互關係。	
B.A. 分類的知識（knowledge of class-ification and categories）	地質年代、商業所有權的形式
B.B 原理原則知識（knowledge of Principles and generalization）	畢達哥拉斯原理、供需法則
B.C. 理論模式結構性知識（knowledge of theories, models and structure）	進化論、美國國會組織
C. 程序性知識（procedural knowledge）：有關如何完成事情的流程、探究方法，以及使用技巧、技術和方法的相關規準。	
C.A. 特定學科的技能和演算的知識（knowledge of subject-specific skill and algorithms）	運用水彩畫圖的技巧、整數的除法運算
C.B. 特定學科的技術和方法知識（knowledge of subject-specific skills techniques and methods）	面談技巧、科學方法
C.C. 決定何時使用適當程序的規準知識（knowledge of criteria for determining when to use appropriate procedures）	決定何時運用牛頓定律、判斷決定商業成本方法的可行性
D. 後設認知知識（metacognitive knowledge）：認知和知覺的知識及對自身認知的知識。	
D.A. 策略知識（strategical knowledge）	啓發式教學法
D.B. 認知任務知識（包括情境脈絡知識）（knowledge about cognitive tasks, including appropriate contextual and conditional knowledge）	認知任務需求
D.C. 自我知識（self knowledge）	批評文章為一個人的長處，然而撰寫文章是一個人的弱點，是一個對自我認知的覺察。

資料來源：Arend, (2019).

表 2-4　認知歷程層面及其相關內容

主類別／次類別	範例
1. 記憶（remember）：從長期記憶中提取相關知識	
1.1 確認（recognizing）	確認美國歷史上重要事件的日期
1.2 回憶（recalling）	回憶美國歷史上重要事件的日期
2. 理解（understand）：從口述、書寫和圖像溝通形式的教學資訊中建構意義	
2.1 說明（interpreting）	解說重要的演講和報告
2.2 舉例（exemplifying）	舉例說明不同繪畫風格
2.3 分類（classifying）	將可觀察或描述的心理疾病案例加以分類
2.4 摘要（summarizing）	將錄影帶中的情節寫成一篇簡短摘要
2.5 推論（inferring）	學習外語時，從例子中推論出文法規則
2.6 比較（comparing）	比較歷史事件和現代發展之異同
2.7 解釋（explaining）	解釋 18 世紀法國發生重要事件的原因
3. 應用（apply）：面對某種情境時所執行或使用的程序	
3.1 執行（executing）	多位數的整數除法
3.2 實行（implementing）	決定牛頓第二定律使用的適當狀況
4. 分析（analyze）：將教材的組成成分分散，並判定各成分的相互關係	
4.1 辨別（differentiating）	分辨在數學文字題中何者為關鍵數字
4.2 組織（organizing）	利用歷史證據作為支持或反對某特定解釋
4.3 歸因（attributing）	從作者的政治立場決定文章的觀點
5. 評鑑（evaluation）：依據規準或標準下判斷	
5.1 檢視（checking）	從可觀察的資料中判定一個科學家的結論
5.2 評論（critiquing）	判斷解決問題的最佳方法
6. 創造（create）：集合要素以組成一個具協調性或功能性的整體；重組要素為一個新的模型或結構	
6.1 歸納（generating）	從觀察到的現象建立假設
6.2 計畫（planning）	撰寫一個以歷史為主題的研究計畫
6.3 製作（producing）	為了某些理由為某些生物族類建立棲息地

資料來源：Arend, (2019).

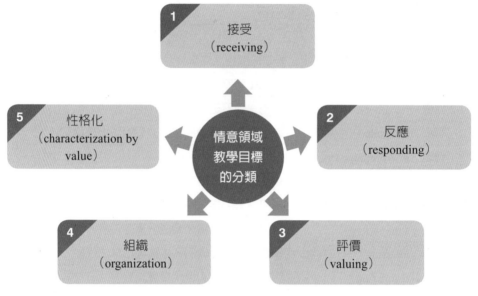

圖 2-9　情意領域教學目標的分類

(2) **情意領域教學目標**：Bloom 將情意領域教學目標，依據學生的學習態度或是情感的需求分成五類（圖 2-9）：

①接受（receiving）：指學生對於環境中某事物的察覺與參與。

②反應（responding）：學生展現由於經驗產生的新行為，並對其經驗有所回應。

③評價（valuing）：學生表現出明確的涉入行為或對某些經驗有所保證。

④組織（organization）：學生將新價值觀念和本身的價值觀相結合，使之成為有組織的系統。

⑤性格化（characterization by value）：學生依據價值表現出一貫的行為並與經驗相結合。

(3) **技能領域教學目標**：技能領域的教學目標是從個體簡單的反射動作，到與他人溝通的複雜行為，將技能領域的教學目標分成六大類（圖 2-10）：

①反射動作（reflex movement）：學生對於刺激所產生的本能行為。

②基本動作（basic fundamental movement）：學生具有本能的運動類型，此為反射動作的組合。

③知覺能力（perceptual abilities）：學生將接收到的刺激轉化成為想要的動作。

④體能（physical abilities）：學生發展基本動作，以便能發展為更高技巧的動作。

⑤技巧動作（skilled abilities）：學生透過一定的效率來發展更複雜的動作。

⑥有意的溝通（nondiscursive communications）：學生透過肢體動作進行溝通的能力。

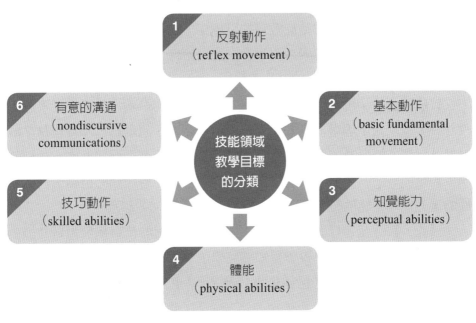

圖 2-10　技能領域教學目標的分類

2. 教學內容

教學內容在教學過程中，是屬於「教什麼」的部分，通常是指有關課程與教材的部分，是依據教學目標及任教對象的特性編製而成。教學內容的決定，有助於教師選擇教材教法及決定教具，並作為教學成果評鑑的依據。一般而言，教學內容的選擇，應該要符合適切性與多樣性，依據教學目標而定，考量學習者的能力和興趣，並提供多樣性的學習經驗。學習內容應該以有意義的次序安排，依照邏輯性及複雜程度合理的分配，學生的學習活動才會有進展。

通常中小學教師的教學內容，主要是參考教科書中的知識結構，或是直接參考教科書的內容，將教科書中想要教給學生的知識，作為主要的教學內容。所以，教師在進行教學設計時，會將教科書的內容放在教學活動實施的「發展活動」中，作為教師教學活動實施的主要依據。在展開教學活動之前，教師在確認教學目標之後，接下來就是進行教學分析的工作。教學分析的主要目的是從教學的目標中，決定學習者應該具備哪些能力、知識和態度，才能夠成功的學習該能力指標（任慶儀，2019）。

3. 教學對象

教學對象的了解與需求，是教學設計中重要的一環。教師在從事教學設計時，需要先了解學習者的能力、興趣、需求、起點行為、舊經驗、成熟度、特殊才能、身心狀態、對教學內容具有的學習動機與態度、先前的學習經驗等方面的資料，才能決定主題的選擇、想要達到的目標、前述目標的優先性、主題的難易度，以及各種有關學習的決定等。

因此，教師在進行教學設計與決定時，除了對於學科學習領域知識內容的了解，也應該針對學科學習知識與學生學習的對應，進行專業方面的理解和處理，了解學生「已經學會什麼？」「未來要學什麼」，作為擬定教學方法與策略的參考。

4. 教學方法

在擬定教學目標與需求，進而分析學習對象之後，接下來的工作就是依據前述的特性，配合學科領域的需求，選擇適當的教學與學習方法。教

學方法是達成教學目標的途徑與手段，通常教學方法的選擇，取決於三個主要的條件：(1) 以教學目標為依據；(2) 以學習者的狀態及特性為主；(3) 視教材的性質而定。

5. 教學資源

有效的教學活動與學習活動，除了需要選擇適當的方法之外，也需要運用相當的教學資源。教學資源的運用有助於教學進行中，引發學生的學習興趣，讓學生可以在教學中積極的參與，使學習者獲得有意義的學習經驗，並協助補充教學內容及提供學習者個人能力表現的評估。教師在教學設計階段，應該蒐集與教學有關的資源，以融入教學活動中，可以使教學更具有彈性化，更適應個別差異。

例如，108 課綱強調學生核心素養的培育，希望透過教學活動結合各項生活能力所需，使學生的基本能力可以更為提升。一般而言，教學資源的內涵泛指教師用來作為輔助教學活動進行的各種實物（或資源）、非放映性教材（例如圖書、圖解、表、圖表、相片）、錄音器材、電腦資訊設備、教學媒體等各種設備。

6. 教學環境

教學環境的規劃設計，一般指的是學生的學習場所，包括心理環境與物理環境。教學的心理環境通常指的是班級教室氣氛或班級學習環境、班級的心理社會環境，是一種無形的心理環境，由班級學生的相互關係、師生之間的互動關係、學生與教學及學習活動的關係，以及對班級組織特性的知覺所構成。教學的物理環境指的是班級教室及其他可以提供教學活動進行的場所，以及相關的教學設施，包括教室配備、地點、外觀等。近年來，由於開放教育與教育改革運動的流行，教師的教學環境已經不只限於學校教育場所，而是強調「走出教室」、「走進社區」、「走進社會」、「放眼世界」的理念。因此，教師在教學環境的規劃設計，應該要以更為寬廣、更為開闊的理念，提供學生更有寬度與廣度的學習。

7. 教學活動

教學活動的安排是教學設計過程中，想要達成各種教學目標所規劃的主要內容。主要目的是依據教學內容與教學目標，選擇安排各項「教學」與「學習」的活動，以達到最高的學習成效與預定的目標。教師在教學設計階段，教學活動應該考量的要素包括：(1) 教師將要做什麼；(2) 學習者可以做什麼等問題。因此，教學活動的規劃設計，必須參酌上述各個教學要素，作為教學活動設計的參考依據。

8. 教學時間

教學時間的規劃與考量，一般來說需要配合學科領域的教學時間，以及學生在該領域學習所需要的時間。不同學科領域在教學時間上的分配，可提供教師在教學設計時的參考。時間的變化與消逝，可使教師了解教學活動進行的情形，改變時間與控制時間，同時也改變並支配相關的教學活動。

9. 教學評量

教學評量的標準與方式的擬定，主要是確定教學目標達成的情形。當學習者完成一個教學單元時，評鑑學習者以確定教學是否成功達成該單元的目標。教學評量的實施運用科學方法，蒐集有關學生學習行為及其成就的正確資料，再依據教學目標，就學生學習表現的情形，給予分析、研究與評斷的一系列工作。教學評量的功用，是教師在教學活動之前，先衡量學生的起點行為，而後配合教學目標，依據學生的需求，提供各種學習活動，學習活動結束之後，再加以評量學習成果，作為修正教學目標，並改進教學活動及使用的教材教法。因而，教學評量不是教學活動的終點，就整個教學歷程而言，是屬於起承轉合的關鍵部分。

有關教學設計的內容與流程，統整如圖 2-11。

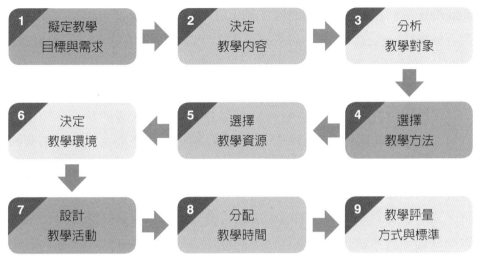

圖 2-11　教學設計的內容與流程

四　教學設計的模式

　　一般而言，教學設計的模式來自於對教學的關注，將教學歷程中的各種要素，融入教學設計的模式中。任何不同的教學設計模式，都有其強調的重點，以及教學實施中重視的部分。教師在從事教學設計與規劃時，應該要掌握教學重視的部分，結合教學現場的需要，以及學生的學習特質，選擇適合教師教學與學生學習的教學設計模式，才能提升教學效能和學習品質。

　　一般教學設計的模式，包括 ASSURE 模式、DICK 和 CAREY 模式、KEMP 模式、ARCS 模式、R2D2 模式。不同的教學設計模式，強調的教學重點不同，但有關教學的內容則大同小異（林進材，2019）。

(一) ASSURE 模式

　　ASSURE 的教學設計模式，包括分析學習者（analyze learner）、陳述學習目標（state objectives）、選擇教學媒體與教材（select medias &

materials）、使用教學媒體與教材（utilize medias & materials）、要求學習者參與（request learner performance），以及評鑑及修正（evaluation/revise）等六個重要的流程：

1. 分析學習者

在教學設計階段，首先要分析學習者，了解學習者的特性、需求、特質、性別、年齡、學習背景、家庭社經地位，或是與未來學習有關的特質，作為教學設計的參考和依據。教師如果不了解學習者的學習舊經驗，以及以往的學習成效與學習特質，在選擇教學資源、教學理論方法時，就無法針對學生的學習需要，進行有效的教學設計，所設計出來的教學活動，就無法提供學生適性、個別化的學習需求。例如，在設計小學「如何解題」的數學教學計畫時，需要了解學生在學習數學「假設題」時的學習特質，作為數學如何解題設計的參考，才能針對學生的學習特質，選擇高效能的學習策略教學。

2. 陳述學習目標

分析學習者之後，接下來就要針對學習知識與學習者的特質，進行學習目標的陳述。學習目標的陳述，讓教師了解教學活動應該要達成的階段（或程度），學習結束之後，學習者應該要具備哪些特質或哪些基本能力。教學設計階段，應該要參考教科書、學科領域教學目標、學科領域學習知識等，陳述教學者要達成的目標，或是學習者要達成的能力目標等。學習目標的陳述，要儘量具體可行，並且考慮學習者、教學條件、行為及程度等和教學有關的因素。

3. 選擇教學媒體與教材

在學習者分析與學習目標確定之後，接下來就是針對學習目標選擇教學媒體與教材。教學媒體與教材的選擇，由教師針對教學目標及教學上的各種考量，參考相關的媒體目錄，以提升教學成效。教材的來源可由現成的教材、修正現有的教材及研發教材三種途徑，選擇相關的媒體與教材。目前，中小學教師在教學媒體與教材的選擇方面，須配合學校現有的教學設備，調整的空間比較有限。教師在進行學科領域教學時，可以依據

現有的學校教室設備，進行教學媒體的選擇，在教材方面可以運用電腦資訊設備，透過網路搜尋的方式，運用網路上的教材，作為補充教學之用。

4. 使用教學媒體與教材

媒體與教材的使用包括教學者事前的觀看、教學環境的安排、觀賞者的準備、操作或放映教材等步驟。媒體與教材的使用，必須配合教學活動的實施，以簡單、方便、效率為準。近年來，由於資訊科技的快速發展，中小學教室中的教學媒體，都能配合教師教學上的需要。因此，教師要能在教學現場，依據教學上的需要運用各種教學媒體，吸引學生學習參與，以提高學習效果。

5. 要求學習者參與

教學活動的主體是學習者，只有學習者積極參與，才能提高教學效能，讓教學活動的實施達到預期的目標。教師在教學設計階段，應該要想辦法提供機會讓學習者參與，從學習者的參與、態度、動機等，擬定增強學習成效的策略。教學活動的實施，教師可以透過討論、分享、應用、演練等，提供學習者參與學習的機會。

6. 評鑑及修正

評鑑及修正是教學設計中最後一個步驟，內容包括對學習者學習成果的評鑑、對教學過程的評鑑、教學媒體與教材的評鑑。針對評鑑結果修正教學設計本身，形成新的教學設計活動。例如，在社會科領域的單元教學「認識社區的生活」，教師的教學設計重點在於讓學生從認識個人、認識家庭、認識社區等，達到融入社區的目標。在單元教學結束之後，教師應該要評鑑學生對於認識自己、認識家庭、認識社區等方面的改變情形，如果學生確實掌握這些目標，就可以形成新的教學設計；如果學生在這些方面還沒有達到預期的目標，教師在新的教學活動設計中，還需要強調社區情感和意識的加強。

有關 ASSURE 教學設計模式，統整如圖 2-12。

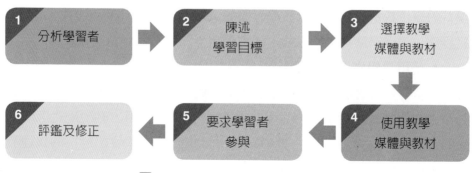

圖 2-12　ASSURE 教學設計模式

(二) DICK 和 CAREY 模式

DICK 和 CAREY 教學設計模式，是以單元教材及教學活動設計為重心的教學設計。此一模式的教學設計，內容包括需求評估與確認目標（assess needs to identify goals）、教學分析（conduct instructional analysis）、分析學習者與教學內容（analyzing learners & contexts）、撰寫教學目標（writing performance objectives）、發展評量工具（develop assessment instruments）、發展教學策略（develop instructional strategy）、發展與選擇教材（develop & select instructional materials）、設計與進行形成性評鑑（design & conduct formative evaluation）、設計與進行總結性評鑑（design & conduct summative evaluation）等幾個階段。DICK 和 CAREY 教學設計模式比較適合目前國內中小學教學設計，可以提供教師完整的教學與學習概念。

1. 需求評估與確認目標

在教學設計過程中，需求評估的進行有助於教學目標的擬定，以確認後續教學活動的進行。在需求評估方面，需要配合學生舊經驗、先前概念、起點行為等訊息，作為教學設計規劃的參考。教學目標內容的陳述，涉及後續教學活動、教學資源、教學設備、教學環境方面的規劃。

例如，教師在教學前的規劃設計，需要針對學生在學習單元的學習需求有哪些、這些學習需求如何轉化成為學習目標，有了這些目標之後，後

續的教學活動設計如何配合擬定，教學理論與方法的採用如何和目標相互契合。

2. 教學分析

教學分析的重點在於依據教學目標內容，分析學習者在完成或達到目標時，所必須表現的行為內容。並且依據各種效能排定學習活動程序，採用適當的教學策略，因應學習者的身心特質、學習認知情形，以達到預定的目標。在此過程中，學習者的認知架構、舊經驗、起點行為、背景都是教學分析的重點。

例如，小學階段的分數除法教學，教師在教學設計階段，要先了解學生對分數的概念、對分數的運用、對分數加減法是否熟悉、對分數乘法是否精熟等，才能在未來分數除法運算中，採用適當的教學策略，提高學生學習成功的機會。

3. 分析學習者與教學內容

學習者與教學內容的配合，決定教學成敗的主要關鍵。學習者的分析包括學習者的特性、起點行為與學習型態。在教學前，教師必須深入了解學習者的先備概念與知識、文化背景、認知架構與特質等，其次是界定完成教學時的行為表現內容與情境。在教學內容分析方面，應該考量方法的運用、資源的取得、時間的分配、活動先後順序的安排、環境布置及相關限制（例如社區家長的期望、法令規章、學校行事曆等）。

4. 撰寫教學目標

教學目標是教師選擇教學活動及組織教學資源的依據，可以用來研擬評鑑學生的方法。DICK 和 CAREY 的教學設計模式中，教學目標的訂定須時時回溯、檢視學習者與內容及教學方面的分析結果，對照需求的來源及評估，以確保教學目標是有所依據且符合所求的，在教學目標擬定之後始能據以進行後續各步驟。

教學目標的擬定與撰寫是每一個教學設計模式的重要關鍵，透過教學目標的擬定與撰寫，可以讓教師清楚了解教學活動實施的方向，以及學生需要達成的學習行為目標。教學活動設計、教學理論方法的選擇、教學策

略的選用、教學媒體與教材的選擇與運用等，都需要以教學目標為依歸。

5. 發展評量工具

教學評量工具的發展，是依據教學目標內容而來。教學過程中的評量活動，是學習者完成一個教學單元之後，評量學習者以確定教學是否成功地達成單元的目標。教學評量是在教學活動之前，先衡量學生的起點行為，而後配合教學目標，依據學生的需求，提供各種學習活動，學習結束之後，再加以評量學習成果，以適當地修正教學目標，並改進教學活動及使用的教材教法。因此，評量工具的發展應該以教學目標的內容為標準。

目前中小學的教學評量，比較偏向總結性評量工具的使用，一個學期會有二至三次的教學評量（或稱之為月考、期中考試、期末考試），在教學評量的工具發展方面，由教師針對學科領域單元教學的進度，參考教學目標與教學內容所編製的教學評量而定。

6. 發展教學策略

教學策略的發展是達成教學目標的方式之一，因而應該考量教學目標的類別與學習者的特性。在此過程中，必須先將教學目標做適當的分類，作為教材呈現的依據，其次發展教學內容呈現，以及加強學習者參與的有效策略。

7. 發展與選擇教材

教材的發展與選擇，在教學活動中屬於執行的一環。從確認教學目標、教學分析、分析學習者與教學內容、撰寫教學目標、發展評量工具到發展教學策略等步驟，希望教學活動能在有計畫、有效率的情況下進行。讓「教」與「學」達到最大的效果。因此，教材的發展與選擇，必須循著上述活動內容，做適當的因應，才能達到預定的效果。

8. 設計與進行形成性評鑑

形成性評鑑至少應該包括資料的蒐集、分析與修正活動，其功用在於隨時確認教學活動的進行是否有問題，以做適當的修正與調整，避免教學活動的進行迷失於每一個階段中，讓教學者可以檢視自身的教學活動是否與教學目標有所偏離，學習者的學習是否符合預定成效。

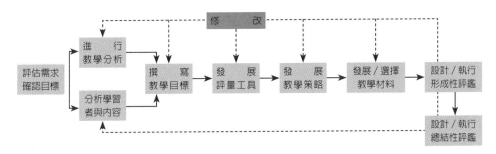

圖 2-13　DICK 和 CAREY 教學設計模式

9. 設計與進行總結性評鑑

總結性評鑑的主要作用，在於確定教學目標與學習成效的一致性，透過評鑑活動偵測教學目標的擬定是否適當。

有關 DICK 和 CAREY 教學設計模式，統整如圖 2-13。

(三) KEMP 模式

KEMP 的教學設計模式，在內容方面，包括學習需求與教學目標、主題、工作項目與一般性目標、學習者特性、主題內容與工作分析、教學目標、教學與學習活動、教學資源、支援服務、學習評鑑、預試，茲詳述如下：

1. 學習需求與教學目標

學習需求與教學目標是 KEMP 教學設計模式最重要的一環，在教學設計過程中，必須先了解需求的來源與層次，作為教學設計的主軸。在教學設計中，初期階段最重要的工作是：(1) 實施需求評估、確定需求；(2) 敘述教學目的；(3) 確定優先順序、考量相關的限制因素。以上的活動是整體教學計畫的核心，並且為整體教學活動的基礎。

這方面是中小學教師在進行教學規劃設計時，比較需要提升的關鍵。主要是國內目前的中小學教師，在教學計畫階段不必花太多的心思在學習需求和教學目標的擬定上，而是運用現成的教科書與教師備課手冊，教師需要花心思的是在「怎樣進行教學」、「學生如何學習」的問題上面。

53

2. 主題、工作項目與一般性目標

在教學目標確定之後，接下來就是擬定學習者學習內容或是單元內容。一般而言，主題、工作項目與一般性目標的設計，必須以教學目標為準，將內容依順序加以排列，將學習者知識、背景、能力、起點行為納入考慮，擬定一般性目標以利教學活動的進行。

中小學教師在此方面的構思，主要的重點在於如何將學習內容或是單元內容，轉化成為生動活潑的教學活動，如何讓學生能夠積極參與教學活動，以及如何提升學生的學習動機和態度。

3. 學習者特性

學習者特性的考量，通常包括學籍資料、個人與社會特性、特殊的學習特性、學習型態等方面。在學籍資料方面，包括學習者以往的學習成就、測驗結果、教師的建議等；在個人與社會特性方面，包括動機、態度、期望水準、經驗、特殊才能與表現等；在特殊學習特性方面，包括文化不利兒童、少數群族；在學習型態方面，包括學習情境、認知學習型態、生理功能等。

學習者特性是目前中小學教師在備課時，比較容易忽略的因素。教師在準備教學時，往往將重點放在課程與教學內容，而忽略對於學習者特性的掌握，或是針對學習者特性，來思考如何讓教學活動能夠和學習者特性契合。

4. 主題內容與工作分析

主題內容的擬定、組織與排列是達成教學目標的要件。在工作分析方面，包括訊息來源的有效掌握、評列工作項目與繪製流程圖。主題內容與工作分析是撰寫教學目標的前置工作，並且是教學過程中選擇教學媒體、教材與評鑑活動的依據。

在教學主題內容與工作分析方面，中小學教師需要的專業能力，就是改寫現有的教科書，或是調整教科書現有的知識體系（或內容），使其能適合班級學生的學習特質與學習程度。

5. 教學目標

教學目標在類別方面，包括知識、情意、技能等三方面，三者相輔相成。教學目標的撰寫，在教學設計過程中，扮演相當重要的角色，影響教學活動的進行。

目前國內中小學的教學強調核心素養的養成，以及學生在學科領域學習和生活基本能力的連結。因此，在教學目標的擬定與撰寫方面，強調由教師的教學轉而專注學生的學習。其實，教學與學習是一體兩面的概念，教師的教學同時囊括學生學習的概念，教師在進行教學設計時，需要將核心素養的理念和具體作法，融入未來的教學活動設計中。

6. 教學與學習活動

在教學設計時，有關教學與學習活動的考量，包括教學與學習方式、有效的學習情境與學習原理、各類教學法等。在此一步驟中，教學者與學習者應該要做些什麼，成為決定教學與學習活動的重點。

在教學與學習活動的規劃設計階段，比較需要的是教師與學生雙方面的對話關係，教師應該多花一些時間與學生展開教學方面的對話，了解學生的學習需要提供哪些重點的策略與方法，讓學生可以在未來的學習活動中，降低對於學科領域學習的恐懼，或是降低對學科學習的陌生感。

7. 教學資源

教學資源的運用，在教學活動實施中，有助於提升教學效果。一般而言，教學資源指教師用來作為輔助教學活動進行的各種實物，包括輔助教學活動進行的實物、非放映性教材（例如圖書、圖解、表、圖表、相片）、錄音器材、教學媒體等相關資料。在媒體的選擇方面應該以現有的資源為依據，以教學者最為熟悉或方便使用的器材為主。

8. 支援服務

教學設計除了上述條件之外，也應該將其他的條件納入考慮。例如學校的預算額度、現有的教學設計、教材教具、教學進度、學校的年度行事曆，以及各類人員的能力。目前中小學的教學支援服務，大部分指的是教室中的教學設備，或是學校現有的各種資訊電腦設備、支援教學的各種

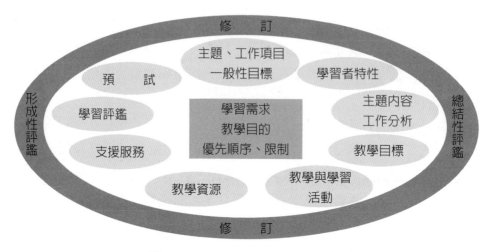

圖 2-14　KEMP 的教學設計模式

設備等，教師在進行教學設計時，應該要了解學生有哪些現有的教學設備，可以支援單元或學科領域的教學。

9. 學習評鑑

學習評鑑的主要作用，在於確認教學目標達到的程度。在教學結束之後，學習者在知識、情意、技能方面的改變情形，即為學習評鑑的主要重點。因此，達成教學目標是學習評鑑進行的依據和參考點。在教學設計中，學習評鑑方式的選擇、評鑑標準的訂定、評鑑本身的信度與效度、評鑑階段如何劃分等，必須在教學設計中處理好。

10. 預試

預試的作用主要是在教學前了解學習者程度，以便擬定適當的教學活動等。透過預試活動得以了解學習者的先備知識，以及對新單元的舊經驗和認知程度。

有關 KEMP 的教學設計模式，統整如圖 2-14。

(四) ARCS 模式

ARCS 教學設計模式，是 Keller 於 1983 年針對教學活動實施提出來的設計模式。此一模式的設計，主要是以學習者的動機為主要的概念，

將學習者動機視爲教學設計的重點，教師在教學設計規劃階段，應該要將學習者的學習動機視爲最關鍵的要素。ARCS 教學設計模式內涵包括注意力（attention）、關聯性（relevance）、信心（confidence）、滿意度（satisfaction）等四個關鍵因素。

1. 注意力

教學活動的實施，需要學生集中注意力，尤其是重要概念的講解與學習。因此，在教學設計階段，教師必須針對學生的學習注意力，預先準備各種引起學生注意力的有效策略（例如運用資訊媒體、講能吸引學習者的故事等）。教學活動實施首要工作，在於有效引起學習者的注意力，而後才能收到預定的效果，如果教師的教學只有關注在教師講解上，而忽略學生是否處於「積極學習」狀態中，則教學品質勢必不佳。

2. 關聯性

教學設計的關聯性指的是，在教學活動前，教師必須針對學習者的新、舊經驗做有效的連結。在單元與單元之間，科目與科目之間做上下的連貫、左右的聯繫。透過關聯性的連結，滿足學習者在學習上內、外在的需求，以增進主動積極的學習。

3. 信心

信心因素指的是，教學設計應該要考慮學習者對於新單元或新教材，是否具備學習成功的信心。如果學習者對學習活動缺乏信心，則內在學習動機必然隨著降低，對學習興趣低落，教師教學成效無法達到預期的水準。換言之，如果學習者對於學習活動充滿信心，則學習的內、外在動機必然強烈，倘若在學習過程中遇到困難，也會設法解決。建立學習者在學習上的信心以完成學習活動，是教學設計中相當關鍵的要素。

4. 滿意度

教學設計中的滿意度，指的是在教學設計中，應該研擬如何提高學習者在學習上的動機，以促進學習成效。學習者的學習成果與本身的成就動機如果產生落差，或是學習者在學習過程中付出與收穫不成比例的話，可以預期學習動機的低落，必然造成教學成效不彰。在教學設計中，應該將

提高學習者的滿意度納入考慮。

Keller 在教學設計模式中，列舉 12 項策略，加以說明各要素的運用：

A 注意力	**R 關聯性**	**C 信心**	**S 滿意度**
1. 感官引發	1. 熟悉度	1. 學習要件	1. 內在增強
2. 探詢引發	2. 目標導向	2. 成功機會	2. 外在報酬
3. 多樣性	3. 動機契合	3. 自我負責	3. 公平性

(五) R2D2 模式

R2D2 教學設計模式是屬於建構觀的教學設計模式，由 Willis 於 1995 年提出來。這一個教學模式是屬於「循環反省設計與發展模式」（Recursive Reflective Design & Development Model, R2D2），分成界定（define）、設計及發展（design & development）、散播（dissemination）等三個階段：

1. 界定

在界定階段中，教師應該要做學習者分析與教學需求評估的工作。此階段的重點不在於提出教學目標，而是引導教師及學習者全程參與教學設計活動。

2. 設計及發展

教學設計及發展包括媒體及形式的選擇、發展的選定、成品或結果的設計及發展、快速製作原型及形成性評量（李宗薇，1997）。

3. 散播

這一個階段包括最後的包裝整理、教學的採用與散播。

(六) 在教學設計上的應用

教學設計的重點，在於引導教師進行有效的教學，讓教師在教學前對於未來的教學活動有整體的想法和概念，並且可以各種腹案進行教學。因此，周密與完整的教學設計，影響教學的品質與學習的成效。教學是一種雙向回饋與互動的歷程，教師如果想要以固定的教學設計模式掌握教學活

動，是相當困難的事。教師應該要因應各種教學情境脈絡與實際上的需求，以自己的教學經驗發展出一套「教師本位」的教學設計模式，並且將教學設計落實於未來的教學活動中，才能使教師在教學活動實施中，發展出自己的教學專業。

五　教學設計的功能

　　教學設計的功能如同一般蓋房子使用的設計圖，提供建築師對於未來蓋房子的格局大小、方位布置的參考；教學設計提供教師在教學活動實施的遵循方向，了解未來的教學活動重點、學習者的學習目標、教學理論與方法的運用等方面的訊息。對於專家教師而言，教學設計提供教師在教學活動實施的大方向，教師可以隨時依據教學現場的需要，做小幅度的修正，或是幅度比較大的教學修正；對於新手教師而言，教學設計提供教師在教學活動實施的依據，讓教師的教學活動不至於偏離教學目標太遠，教師在教學現場修正教學計畫的幅度不宜過大。

　　有關教學設計的功能，林進材（1997）研究指出，教師的教學計畫主要功能在於：(1) 迎合個人教學過程中立即性的心理需求，例如，減少教學時的緊張焦慮與惶恐不安的狀態，讓教師在進行教學時有方向可循，因而增加信心與安全感；(2) 教學計畫是一種達到目標的方法：使教師在精神、物質或教具等方面做好教學準備，從教學計畫中熟悉學習材料的蒐集與組織、時間的分配及活動的安排等；(3) 提供教學的引導：計畫的功能在於教學期間提供教師適當的引導，例如，學生如何組織，以什麼活動開始教學，並提供教學與評鑑的參考架構；(4) 可預期和避免教學過程中所產生的各種困難。

　　除了以上的功能之外，教學設計同時可以迎合行政運作上的需求，例如，教學活動設計可以形成檔案形式，提供教師專業發展與成長之需要，讓教師了解整個學期的教學進度、實際的教學活動與預定的教學進度是否相符等；當教師請假時，教學設計檔案可以提供另一位教師教學上

的銜接，不至於因爲更換教師而導致教學上的銜接問題。教學設計的功用，還包括教學目標、教材準備、教學方法、教學時間、教學對象、教學評量等方面的規劃與規準，提供教師在教學實施的參考依據。

六 有效教學設計的運用

教學設計是教師教學的前置工作，引導教師擬定有效的教學策略，達到預期的教學目標。有效的教學設計，必須針對教學實際的需要，以教學者與學習者爲主軸，擬定專業的教學設計。

(一) 了解教學與學習理論

教學設計的擬定，應該要以教學與學習理論爲主。學習是引導個人由經驗而導致知識、情意、技能、態度，或能力的一種長期性改變的結果。學習的形成可以是正式的、非正式的、偶然的，經由計畫性的活動，達到預定的效果。教學設計的擬定，必須從各種教學理論中，了解教學本身的意義、教學活動的實施、教學理論與方法的運用、教學成果的評鑑；從各種學習理論中，了解學習的形成、學習困難的原因、提升學習效能的策略如何使用。如此，教學設計才能因應實際上的需要，從教學者與學習者的立場，擬定有效的教學設計，進而提升教學成效。

(二) 熟悉教學設計內容與形式

教師在進行教學規劃設計時，應該先熟悉教學設計的內容與形式。教學設計的內容包括教學目標、教學內容、教學對象、教學方法、教學資源、教學環境、教學活動、教學時間、教學評量等要素。完整的教學設計，需要從上述要素做專業上的考量，才能在未來的教學活動中加以落實。教學設計在形式方面，包括書面式的教學計畫、內心式的教學計畫、長期性的教學計畫、短期性的教學計畫，教師在從事教學設計時，要先了解教學設計本身的功能在教學歷程中所扮演的角色，依據實際教學上

的需要，採用適當的教學設計內容和形式。

(三) 善用一般教學模式

　　教學模式提供教師教學方面的思考，讓教師對於教學實施有完整的了解，進而完成專業的教學構思。一般的教學模式包括四個要素：(1) 教學目標；(2) 預估；(3) 教學程序；(4) 教學評鑑。教學目標是教學模式中最重要的步驟，教學者應該在擬定教學計畫時選擇、分類、分析與詳述教學目標；預估是了解學生的舊經驗、起點行為、前置知識（或先前概念）等條件，作為教學設計的參考；教學程序是教師在選用設計教材之後，設計達成教學目標最有效的途徑；評鑑是教師在教學告一段落或結束之後，針對教學目標與教學實際成果做專業上的對照，以了解學習者的進步情形，作為修正調整教學活動及形成新的教學設計之參考。

(四) 運用教學設計模式

　　一般教學設計常用的模式，包括 ASSURE 模式、DICK 和 CAREY 模式、KEMP 模式、ARCS 模式，以及 R2D2 模式。不同的教學設計模式，強調的重點和關鍵不一樣，然而都針對教學活動的實施，提出教師需要關注的重點。不同模式的應用，說明教學活動的變項與變項之間的關係，有助於教師了解複雜的教學現象，引導教學活動的進行。教師在進行教學設計時，應該將各種設計模式，做學理的連結與實務性的論證，以不同模式互補的方式，作為教學設計的參考。比較理想的是教師在教學多年以後，從教學現場中持續且系統的修正傳統的教學設計模式，揉合教學經驗與教學專業，建立屬於自身特色的教學設計模式。

(五) 發展實用性教學設計程序

　　依據 Tyler 提出的系統教學模式概念，指出有效的教學設計應該包括四個重要的步驟：(1) 確定目標；(2) 選擇學習活動；(3) 組織學習活動；(4) 確定評鑑程序（林進材，2019）。

　　Tyler 提出的教學設計模式具有相當程度的科學性與合理性,廣受一般人的接受,幾乎成爲教學設計的標準。相關的研究指出,教師的教學受到教學設計的影響。雖然如此,教學設計的研究尙未針對教學設計提出完整的模式,因而發展實用性教學設計程序,對教師的教學活動而言,實爲相當重要的議題。

(六) 有效運用教學設計的相關研究

　　教學設計理論的演進,是以教學研究的發展爲主,從行爲主義、認知主義至建構主義的學習論、教學心理學、社會學、哲學理論基礎及其對教學的影響,從教師爲主的教學到學生爲中心的教學,從部分至整體的認知,部分至整體的視野,相關的研究結果提示教學設計發展的契機。教師在設計教學活動時,應該有效地掌握教學設計的相關研究,從理論的驗證、建立至修正,實際的論證至對照,做妥善的教學設計,使教學活動在計畫性與專業化的前提下進行,方能確保教學的品質與成效。

　　有關有效教學設計的應用,統整如圖 2-15。

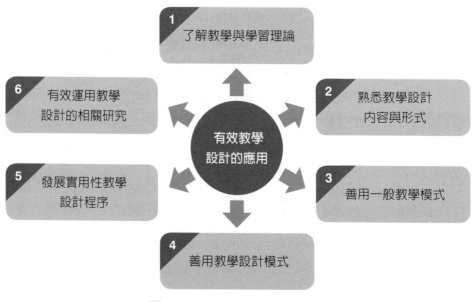

圖 2-15　有效教學設計的應用

七 透過計畫落實個別化教學的理念

教學設計主要的用意，在於讓教師教學前，對於未來的教學活動及相關因素有一個簡要的概念，作為達到教學成功的藍圖。完整的教學設計，需要將各種教學的因素納入活動的設計當中。

教師在平日透過教學專業的發展與實施，建立教學設計的檔案，作為改進教學與精緻教學的參考。教師可以透過教學計畫實施個別化教學，迎合每一個學生的學習需求，透過周詳的計畫，可以提供學生更多時間完成教學指定作業、調整教學材料的難易度、配合學習的進行，並提供多樣的學習活動使教學活動更為活潑。教師在透過計畫落實個別化教學的理念方面，包括下列幾個重要的因素：

(一) 對象一致化

對象一致化指的是在教學設計方面，教師應該讓每一位學生的學習目標一致，在活動內容設計方面擬定統一的標準，讓每一位學生都可以達成精熟的目標，尤其是核心課程方面。教師的活動設計，應該可以反映出依據個別能力幫助學生進步的方法與策略。

(二) 時間彈性化

教學設計在時間規劃運用方面，應該依據學生的學習速度而調整時間。換言之，在教學時間的運用方面，應該以更彈性化的方式規劃，讓有需要的學生可以擁有比較長的時間練習，如果學習進度超前的學生，可以進行高深主題的學習；對於學習落後的學生，可以擁有補救學習的機會。

(三) 教材適性化

教師在教材的規劃與運用方面，可以藉由改變教材的難易度，來計畫及修改教師教學。在教材的改編方面，可以提供學生淺顯易懂的學習指引、製作長短牌、閃示牌或是透過其他的練習設備，將教材轉化成為學生

可以理解的方式。例如，當教師在教國小高年級數學「如何解題」或「解提策略」時，可以將原本寫的很難的教材，改編或改寫成學生比較容易理解的學習材料，讓學生可以掌握教學的重點，進行高效能的學習。

(四) 活動多樣化

在教學活動的規劃設計方面，教師可以運用教科書蒐集各方面的資訊，並且擬定各種多樣化的活動，提供學生在學習上的選擇機會。例如，有些學生習慣課堂上聽講，有些學生喜歡處理抽象的概念，有些學生需要在動手做的教材上才比較有成功的表現。因此，教師應該在教學設計階段，針對教學內容做各種活動多樣化的設計，至少可以提供幾套有趣的活動，讓學生從活動中完成學習任務。

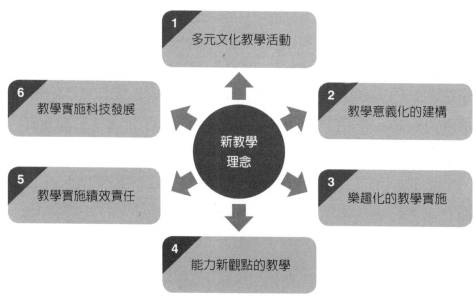

圖 2-16　透過計畫落實個別化教學的理念

(五) 目標興趣化

在教學目標方面，教師可以在教學情境脈絡中，依據需要逕行修改學習目標，讓學生可以自由選擇感到興趣的主題，或是依據自己的能力選擇學習題材。所以，教學目標除了彈性化之外，也應該儘量將教學目標結合學生的學習興趣，讓學生對學習產生樂趣之後，才願意進行學習活動。

有關透過計畫落實個別化教學的理念，統整如圖 2-16。

【本章主要修改自林進材（2006），《教學論》，第三章】

本章討論的議題

1. 教學設計的類型包括哪些？這些在教學上有什麼意義？

2. 教學設計的要素與內容有哪些？這些在教學上如何有效運用？

3. 請任選一種教學設計的模式，說明主要的流程、步驟，和在教學上的應用？

4. 教學設計的功能有哪些？這些功能對教師的教學活動有哪些意義？

5. 教師如何透過計畫落實個別化教學的理念？有哪些方法可以運用？

第3章　教學中心的教學設計

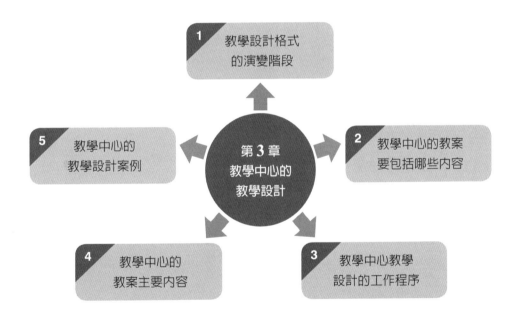

1 教學設計格式
的演變階段

第3章
教學中心的
教學設計

2 教學中心的教案
要包括哪些內容

5 教學中心的
教學設計案例

3 教學中心教學
設計的工作程序

4 教學中心的
教案主要內容

本章重點

　　教學中心的教學設計，主要是以「教師教學」為中心進行的教學設計與規劃，主要關鍵在於以「教師為中心」進行教學及其相關因素的設計。本章主要的重點在於說明教學設計格式的演變階段、教學設計要包括哪些內容、教學中心的設計理念、教學設計的步驟，以及教學設計案例說明等。

一　教學設計格式的演變階段

　　由於過去不同階段、不同時期，對於教師教學的要求有所不同，因此在教案格式方面的演變有所不同，主要的用意都在於提示教師對教學活動要有完整的教學設計和構思。教案格式的演變，依據相關的文獻指出，大約分成幾個階段（林進材、林香河 2019a）：

(一) 第一個階段

　　大約在民國 48 年（1959）以前，當時的教學計畫稱之為「教案」，意義指的是教學的方案。當時在教案內容上，比較偏重於教師的教學活動之規劃設計，從教師的教學立場規劃設計學生的學習活動，並從教學的實施中探討學習活動的實施。

(二) 第二個階段

　　民國 48 年以後，教學計畫統稱的教案，依據當時教育思潮的改變修改成「單元教學活動設計」，當時的教案設計，同時兼顧教師的教學活動與學生的學習活動。

(三) 第三個階段

民國 63 年（1974）以後，由於受到學生能力本位等思潮的影響，單元教學活動設計的教學目標以「行為目標方式」呈現，完全從學生學習的立場，規劃設計未來的教學活動。因此，教案重視的是「教師要教什麼？」「學生要學哪些？」的問題。

(四) 第四個階段

第四個階段大約在民國 90 年（2001 年），實施九年一貫課程改革之後。當時由於教育改革的實施，課程與教學實施有了嶄新的概念，學校教學活動與各專業領域的教學活動（例如醫學、護理、成人教育等）皆重視教學者的教學計畫，希望透過完整的教學計畫達成教學的預期目標，並且確保學習品質的提升。在教學設計之前，強調教學前的規劃，必須將教師教學活動與學生的學習活動，做專業上緊密的結合。教學設計要能提供有經驗的教師與新手教師在教學上的參考架構，確保教學目標的達成。

(五) 第五個階段

第五個階段在民國 108 年（2019 年），108 課綱實施的同時，強調學生學習的「核心素養」。核心素養的理念，強調的是學習者的主體性，和傳統以「學科知識學習」為學習唯一的範疇有所不同，而是強調與真實情境結合並在生活中能夠實踐力行的特質。核心素養的本質是以個人為中心的多面向發展，內涵包括知識、能力、態度等，所需要的心理功能運作涉及複雜的體系。因此，在教學設計方面，強調教學設計內容應該要以學生的核心素養為主題，指導學生適應現在生活及未來挑戰所應該要具備的知識、能力與態度（林進材，2019）。此一階段的教師教學設計，強調「以學習者為中心」的教學設計。

有關教學設計格式的演變階段，統整如圖 3-1。

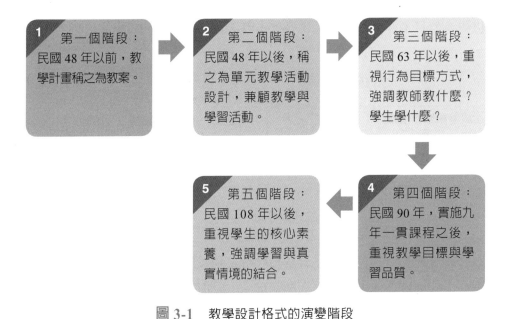

圖 3-1 教學設計格式的演變階段

二 教學中心的教案要包括哪些內容

以教學中心為主的教學設計，又稱之為教案。一般在教案內容方面，應該要囊括所有與教學有關的因素，才能在教師設計規劃教學時，能顧及所有的因素，使教學活動順利進行，收到預期的教學效果（林進材，2019c）。

教學中心的教案內容，至少應該要包括下列要素：

(一) 單元名稱

教學中心的教案內容要在標題或適當的地方，將單元名稱及相關的訊息標示出來。教案單元名稱的標示，有助於觀課者或相關人員了解教案的主要單元名稱，以及和教學計畫有關的訊息。

例如，表 3-1 的教案內容包括教學領域、單元名稱、單元節數、教學

班級、教材來源、教學者、指導者、教學日期等相關的資料。

表 3-1　臺南市中西區永正國民小學 109 學年度第一學期三年五班國語科領域教案設計

教學領域	國語科	單元名稱	阿瑪迪斯	單元節數	五節
教學班級	三年五班	教材來源	南一版國小三年級上學期（第十一課）		
教學者	李小民	指導者	林進材教授	教學日期	11/21、12/02

(二) 設計理念

　　設計理念指的是教師在教案設計時，是採用哪些重要的理念，而這些理念是如何影響未來的教學活動安排。一般而言，設計理念要依據單元教學的主要目標、學科教學知識、學科性質、學生的特性等。例如，國小語文領域國語科的設計理念如下：

1. 這一課堂以「形式探究」的方式，讓學生能學會課文中的修辭和句型，並引導學生將句子完整呈現出來。前半節課透過教師的問答，讓學生去發現課文中所使用的修辭。

2. 後半節課透過遊戲的方式，在活動進行之中，循序漸進地建構修辭與句型的觀念，讓語句更為優美、完整且令人印象深刻，達到寓教於樂的正面效果。

3. 最後，透過教師所設計的學習單，讓學生統整這一堂課所學到的概念，並透過實際書寫加強學生的印象，進而運用到日常生活中。

　　教學設計中的「設計理念」，在撰寫過程中，教師可以參考學校提供的「教學指引」或「備課手冊」，這些手冊中會針對單元教學的內容進行分析，指導教師運用教學方法、各單元的學習策略、學生的學習舊經驗、教師可以運用的教學資源等。

(三) 單元目標與教學目標

教案中的單元目標，一般分成認知、情意、技能三個層面的目標。教學中心教案設計，在單元目標的寫法，採用的是行為目標的撰寫方式。新式的教案在單元目標與教學目標方面，除了增列九年一貫的能力指標、十二年國民教育的核心素養之外，強調學生的學習成效，教師在進行教學設計時，應該要參考教育部提供的單元目標與教學目標等方面的資料，其在教學中心的教案設計，舉例如表 3-2：

表 3-2　單元目標與教學目標

能力指標	單元目標	具體目標
N-3-18 能由日常生活中常用的數量關係，運用於理解問題，並解決問題。 C-T-04 能把待解的問題轉化成數學的問題。 C-R-01 能察覺生活中與數學相關的情境。 C-S-04 能多層面的理解，數學可以用來解決日常生活所遇到的問題。 C-S-05 能了解一數學問題可有不同的解法，並嘗試不同的解法。	1. 學生能正確解決時間的乘法問題。 2. 學生能正確解決時間的除法問題。 3. 學生能正確解決日常生活中有關時間除法的相關問題。	1-1 運用分和秒的單位換算，解決時間的乘法問題。 1-2 運用時和分的單位換算，解決時間的乘法問題。 1-3 運用日和時的單位換算，解決時間的乘法問題。 2-1 運用分和秒的單位換算，解決時間的除法問題。 2-2 運用時和分的單位換算，解決時間的除法問題。 2-3 運用日和時的單位換算，解決時間的除法問題。 3-1 能將生活中有關時間除法的相關問題列式並計算。 3-2 能將生活中有關時間除法的相關問題列式並計算。

(四) 學生分析

教案撰寫在學生分析方面，包括對學生學習舊經驗的說明、學生學習特性、學生的經驗背景、學習動機、起點行為、學科學習經驗和銜接等。重視學生在學習方面的經驗、能力的發展與關聯。有關學生的學習經驗分析，舉例說明如下：

1. 學生能運用「角」、「邊」等構成要素，並且辨認簡單的平面圖形。
2. 學生能夠透過操作方式，認識基本三角形與四邊形的簡單性質。
3. 學生能正確認識平面圖形全等的意義。

有關學生的分析方面，教師除了可以參考「備課手冊」、「教學指引」之外，還可以依據自己的教學經驗，分析學生在新單元（或課）的學習中，已經具備哪些概念，依據學生這些學習特性，作為教學規劃設計的依據。

(五) 教材使用與分析

一般而言，教學設計階段中的教材使用與分析，包括教科書、教學指引、教師手冊（或稱備課手冊），或是教師自行編製的活動、教師自行設計的教材等，都是屬於教材使用的範疇。教材分析指的是該單元在教學上的地位，以及在各單元教學的前後關聯性。中小學教師在教材與分析方面，一般來說是使用現成的教材，或是學校現有的教學設備，教師所要進行的工作是了解教材和教學活動之間的關聯性，透過關聯性的分析，確定教學所要達成的目標。

有關教材分析方面，簡要舉例如表 3-3：

表 3-3　教學設計中教材分析舉例

過去	現在	未來
1. 第四冊第九單元：認識生活中的「角」、「邊」、「平面」。 2. 第四冊第四、八單元：理解平面上兩線垂直與平行的關係。 3. 利用三角板和摺紙做直角。 4. 認識兩平行圖形全等的意義。	本單元 1. 察覺線對稱圖形的現象。 2. 認識線對稱圖形及對稱軸。 3. 繪製線對稱圖形。	第十一冊第九單元。 1. 知道原圖縮圖或擴大圖的對應角、對稱邊的關係。 2. 能畫出簡單圖形的擴大圖或者縮圖。

(六) 教具資源

　　教具資源指的是教師在未來教學活動中，因應教學目標與教學效能所採用的教學資源，包括各式各樣的教學資源、教學媒體、教學輔助材料等。這些教具資源的運用，可以幫助教師達到教學效果，讓學生的學習參與更為積極。

(七) 教學理論與方法

　　教學理論與方法是教學設計與教學實施的重要關鍵，透過教學理論與方法的擬定與採用，可以提升教師教學品質。教學方法指的是在教案中，想要達成行為目標（或教學目標）所採用的理論與方法。例如啟發式教學法、觀察法等各種教學方法的運用；此外，例如提示、發現、放映、觀察、記錄、實驗、練習、討論、閱讀、欣賞、表演、展覽、發表、示範、製作等方法。

(八) 教學活動流程

　　教學活動流程指的是教師在教學中所使用的步驟。為了達成教學目標（或行為目標），一般來說教學活動流程會以流程圖的方式表現之。以教學為中心的教學活動流程，分成：(1) 引起動機；(2) 發展活動；(3) 綜合活動。

(九) 教學時間

教學時間的表示方法，使用的形式「共○○節，共○○分鐘」，指的是單元教學活動的總時間。一般而言，小學階段的教學時間一節課為 40 分鐘，國中以上階段的教學時間為 45 分鐘，專科大學以上一節課為 50 分鐘。教師在教學設計時，應該要針對單元（或學科領域的教學時間）進行各種教學步驟的規劃設計。

(十) 教學評量與標準

教學評量一項，應該要包括教學評量方式、教學評量的標準等。教學評量方式指的是採用的教學評量方法，例如紙筆測驗、多元評量、檔案評量、卷宗評量等；教學評量的標準，指的是教學評量標準的擬定，應該要依據單元目標的行為目標，以確定教學活動可以達到學生的學習效果。

有關教案要包括的主要內容，統整如圖 3-2。

圖 3-2　教案要包括的主要內容

三　教學中心教學設計的工作程序

以教學為中心的教學設計，主要是基於教師教學立場而規劃設計的教學方案。因此，教案設計的主要工作，圍繞在教師教學活動規劃與實施上。以教學中心的教學設計，在工作程序方面，包括良好的教案設計與教案設計的工作程序二個部分，茲詳加說明如下（修改自羅鴻祥，1976）（圖 3-3、3-4）：

(一) 良好的教案設計

1. 教案要簡單易懂

教案的內容撰寫要能簡單易懂，避免過於艱深複雜，必須讓每一位教學者（或專業教育者），可以了解教案內容所要展現的意義，讓教師了解在未來的教學活動中，怎樣依據教案進行教學活動，同時可以隨時依據實際的教學活動修正書面教案的內容。

2. 教案必須科學化

教案撰寫的內容設計，必須遵守科學化原則。內容的呈現部分，要囊括教學相關的因素、理論與方法、步驟與策略、原則與流程等，並且要有系統化的將教學活動呈現出來。

3. 教案必須模式化

教案的內容要能將相關的因素，形成淺顯易懂的模式。例如，將教學目標、教學情境、教學活動、教學評量等，做專業性的連貫及聯繫。教學者可以依據教案的模式，進行順序性與科學性的教學活動。

4. 教案目標具體化

教案的內容在教學目標、單元目標的呈現上，要以行為目標方式、可測量的行為目標形式，引導教學活動的進行。在教學目標的擬定上，除了依據教學目標與單元目標的特性，也要將教學目標具體化。

5. 教案目標細部化

教案內容在教學目標的擬定上，要能在將教學目標結合教材與教學歷

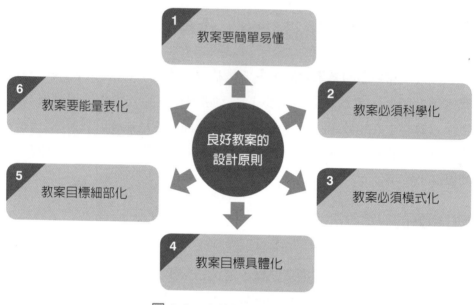

圖 3-3　良好教案的設計原則

程上，遵守細部化原則，降低教學概念的難度，使教學概念、教學知識簡單化，降低學生的學習困難情形。教學目標要能符合程度高的學生，也能符合程度低的學生。

6. 教案要能量表化

　　教案的設計，要能在單元教學中，讓教師的教學簡化，同時也讓學生的學習簡化。教案設計要能符合教學目標的需求，教案的評估與教學上的診斷都量表化。

(二) 教案設計的工作程序

　　完整的教案設計工作要能系統化、模式化，並且將提供教學者在進行教案撰寫時，能有完整的概念和清晰的構思。一般教案設計，工作程序上應該包括 16 個步驟：

　　1. 設計開始。

　　2. 確定教學單元：確定教學單元有關的各項事務，例如教學單元採用

的教科書、備課手冊、教學資源、教學媒體等。

3. 確定本單元教學目標及教學地位：課程目標與地位的確定。

4. 進行教材系統分析：包括認知、情意、技能等系統的分析。

5. 選擇教學重點：教學重點的選擇，以及單元重點的調適與精簡。

6. 確定單元目標：認知、情意、技能單元目標的確定。

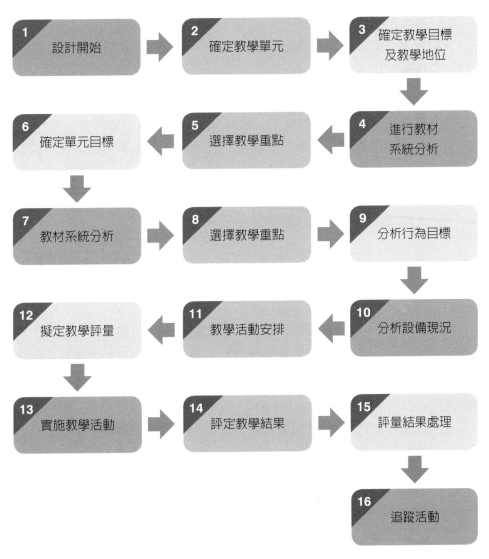

圖 3-4　教案設計的工作程序

7. 教材系統分析：分析該單元的教材系統。

8. 選擇教學重點：依據單元目標與教學目標進行教學重點的選擇與安排。

9. 分析認知、情意、技能的行為目標；針對教學目標中的認知、情意、技能目標，進行系統性的分析，並作為教學設計的參考。

10. 分析設備現況：包括教學場所、教材、教具、教學資源、教學方式等。

11. 教學活動安排：包括教學方法、教學流程、教學時間等方面的分析與安排。

12. 擬定教學評量：包括單元教學評量標準、單元教學評量方式。

13. 實施教學活動：依據教學計畫的規劃，進行教學活動。

14. 評定教學結果：依據教學計畫的設計，實施教學活動之後，評定教學的各種結果。

15. 實施評量結果處理：增強、鼓勵、補救教學等。

16. 追蹤活動。

四 教學中心的教案主要內容

教案的撰寫，除了要符合一般教學計畫的格式和規範之外，也要了解一般的教案內容必須包括哪些重要的項目。教案的主要目的，在於提醒教師單元教學的目標在哪裡，讓教師了解教學活動的實施需要哪些重要的步驟，確認教學目標的達成。

教學中心的教案在主要內容方面，包括課程與教學研究、學生的學習經驗、引起動機、教學理論與方法的採用、教學目標的擬定、教學活動與流程、教學資源的運用、教學時間管理、教學評量方法與標準的擬定等項目。

(一) 課程與教學研究

　　教案中課程與教學研究的主要目的，在於提供教師有關該單元教學活動，在課程與教學方面的研究有哪些重要的研究議題、哪些重要的經驗，以及對於本單元教學有哪些重要的意義。教師在撰寫教案時，有關課程與教學研究方面的訊息，可以參考採用的教科書版本，出版社所附贈的教師手冊（或教學指引、備課手冊）都會提供課程與教學研究方面的訊息。

1. 教案中課程研究的意義

　　在教案撰寫歷程中，雖然教師本身不必為課程研究的意義，花太多的心思在上面，然而課程研究的主要意義，在於提供該單元課程內容分析、課程組成的分析、課程實施的分析等方面的訊息。課程的概念是由幾個單元（或幾節課）組成的，透過各單元的組成，形成該學科領域的課程研究。例如，國小五年級上學期數學領域的教學，在課程方面的研究，指的是五年級上學期數學領域所有單元教學的總和。在課程研究中，針對每一個單元教學設計，在教案中會提供該單元的課程意義，以及在該單元教學前，教師教過哪些相關的概念、未來的教學會教哪些相關的概念。換言之，課程研究提供該單元概念的過去、現在與未來方面課程與教學的訊息。

2. 教案中教學研究的意義

　　在教案撰寫中，教學研究與課程研究的意義是相當接近的，課程研究通常會囊括所有的教學研究，教學研究指的是該單元在課程實施上的意義。一般教學研究的內容，大略包括教材分析、教材的地位、學生經驗分析、教材準備等與教學有關的性質和內容，這些通常會在教案中的教學研究標示出來。教師可以在領域學科的教師手冊（或教學指引、備課手冊）等相關簿冊中，了解單元教學教案的教學研究資料。透過教學研究資料的閱讀，可以提供教師在未來教學中的參考，讓教師的教學活動實施有方向可依循。

(二) 學生的學習經驗

教案撰寫中的學生學習經驗，主要是和課程教學有關的學生特質，透過對於學習經驗的了解，教師才能在教學設計階段，規劃設計教學活動的實施和成效。一般而言，學生的學習經驗，指的是在單元教學前，學生與單元知識概念有關的經驗。教師在撰寫教案時，應該要先了解學生如何學習，以及學習歷程中，個體產生的各種變化與心理歷程，才能確定教學進行程序能有效引導學生學習。

有關學生的學習經驗，一般指的是學生在單元學習方面的起始狀況，包括學生的舊經驗、起點行為、學習狀況、單元知識學習情形、學習潛能等，即所謂的「學生已經學會什麼」及「學生即將學什麼」方面的議題。例如，國小學生在學習「梯形面積的計算」之前，所具備的先前概念為三角形面積的計算、長方形面積的計算、面積的概念等。

教師在撰寫教案時，有關於學生的學習經驗，可以參考教科書出版商提供的教師手冊，了解單元教學時學生的學習經驗，透過學習經驗的分析和了解，可以擬定單元教學方法和策略，作為規劃教學的參考。有了學生的學習經驗，教師可以在教案撰寫時，針對學生的舊經驗，決定單元教學所需要的時間、教學理論與方法的運用、教學評量方法與標準等。

(三) 引起動機

引起動機是教學活動的起始階段，透過引起動機的運用，來點燃學生的學習熱情，讓學生對於教學活動有更積極的興趣、更想要參與教學活動。引起動機通常會放在「準備活動」階段，透過 3-5 分鐘的活動，提升學生對單元教學的興趣。引起動機在於透過教學活動方式，激發學生對該單元學習的興趣，將舊經驗與新概念的學習做有效的連結。教師在教學活動實施前，應該針對單元學習的重要概念，設計各種具有教學意義的趣味活動，藉以激發學生的學習心像。

引起動機設計的要領，包括下列幾個要項（林進材，2020）：(1) 配合單元教學目標選取活動內容；(2) 引起動機以 3-5 分鐘為原則；(3) 引起

動機必須銜接發展活動；(4) 引起動機的活動要全班一起來；(5) 引起動機要能激發學習興趣；(6) 引起動機以活動設計爲原則。

(四) 教學理論與方法的採用

教學理論與方法的採用，是教學活動設計最專業的階段，透過教學理論方法的運用，影響教師教學實施的成效。教學方法的採用，引導教師在教學活動實施時的專業思考，教學方法在於系統地提供學生各種概念的學習，以及經驗的驗證。

1. 教學法的類型

(1) **傳統教學法**：一般的傳統教學法，包括講述法、觀察法、問題教學法、啓發法、討論法、自學輔導法、社會化教學法、練習法、設計教學法、發表教學法、單元教學法等。有關傳統教學法的實施流程、運用、優缺點等，建議參考一般教學理論與方法的專書。

(2) **個別化教學法**：個別化教學法模式包括文那特卡計畫、道爾敦計畫、莫禮生的精熟學習理念、卡羅的學校學習模式、凱勒的學習模式、編序教學法、精熟學習法、個別處方教學、適性教學模式等。

(3) **群性發展教學法**：群性發展教學法包括群性化教學模式、合作學習法、協同教學法、分組探索教學法等。

(4) **概念與思考教學法**：概念與思考教學法包括創造思考教學法、批判思考教學法、多元智能課程與教學法。

(5) **認知發展教學法**：認知發展教學法包括道德討論教學法、價值澄清教學法、角色扮演教學法、探究教學法、電腦輔助教學法等。

2. 教學法的運用

教學法的運用在教學設計階段扮演關鍵性的角色，在單元教學目標決定之後，教師應該依據目標決定採用的教學方法，以達到教學目標。教學方法的採用，一般會依據學科的性質，採用不同的教學方法。例如，語文

領域國語科和數學領域的教學，一般比較會採用傳統教學方法；藝能領域的教學方法比較會偏向採用個別化教學法。

(五) 教學目標的擬定

教學目標是教學活動的重要關鍵，引導教師了解教學活動實施所要達成的預期效果。透過教學目標的掌握，有助於教師在教學中隨時修正教學活動的內容，引導學生朝向既定的目標學習。教案中的教學目標所包括的內容是相當廣泛的，教案中的單元目標、具體目標、行為目標、能力指標等，都是屬於教學目標的範疇。

教師在撰寫教案時，要先了解單元所要達成的教學目標是哪些？這些目標可以透過哪些理論與策略、活動與方法，達到預定的目標。如果忽略教學目標的重要性，在撰寫教案時便無法依據目標而選擇教學理論與方法、教學資源與策略，以及教學時間與評量指標。

在單元教學目標的撰寫與擬定方面，教師可以參考備課手冊中提醒教師的單元教學目標內容，依據單元教學性質和教學（或學習）目標，作為規劃設計的參考依據。

(六) 教學活動與流程

教學活動與流程在教案撰寫時，指的是準備活動、發展活動與綜合活動等三個階段的教學活動與流程。教師在教學設計階段，要先了解教學目標或單元目標的主要內涵，結合教材來源、教學資源等，做系統化、科學化的教案設計。將教學活動中的教學目標、教學方法、教學理論、教學策略、教學資源、教學評量等，在教學活動與流程中呈現，讓使用教案的教學者，可以了解教案中的教學活動與流程所代表的意義。

1. 準備活動

教學的準備活動階段，包括教學前的準備活動與教學後的準備活動。教學前的準備活動，指的是進行教學設計時，撰寫教案階段所構思的各種教育準備活動；教學後的準備活動，指的是每一節（或課）結束後，課與

課間的準備活動。在教案中的準備活動，包括「課前準備」與「引起動機」二項。

2. 發展活動

教學的發展活動階段，包括實際單元內容的教與學活動。在發展活動階段，教師必須掌握與教學有關的各種要素，透過各種預定的活動，引導學生進行學習，以達到預期的教學目標。發展活動與內容，包括各種認知方法、學習方法及學習活動等。每一個概念（或小單元）的教學，都會在發展活動階段呈現。

3. 綜合活動

教學的綜合活動階段，指的是教學歷程中最後一個階段，在這個階段的活動，通常包括「綜合該節課教學」、「總結性評量」、「提示下一節課重點」等三個階段。在教學綜合活動階段，教師除了提醒學生該節課的重點，進行歸納外，也應該提示下一單元（或下一節課）的教學重點。

(七) 教學資源的運用

教學資源的運用，有助於教學效果與學習效能的提升，在教學設計階段，教師應該針對教學目標規劃教學資源的運用。教學資源的內容是相當廣的，舉凡對於教師教學活動的進行與學生學習活動的進行，有任何幫助或有輔助作用的，都是教學資源的內容。近幾年，由於資訊科技的進步，全國大學、中小學等學校的教學資源設備相當的充裕，舉凡電腦設備、單槍投影機、互動式電子白板、資訊軟體等教學設備，已經相當充裕且和教學活動的實施可以配合上。因此，教師在教學資源的運用方面，比較能和單元教學目標達到契合的程度。

(八) 教學時間的管理

教學時間的運用與管理，在教學設計階段屬於比較彈性的一環。教師可以依據班級教學中實際的教學需要，調整教學時間的幅度。目前的教學時間方面，小學階段每一節課以 40 分鐘為原則；國中、高中階段以 45 分

鐘為原則；大學校院以 50 分鐘為原則。

在教案設計中的時間管理，簡要的原則如下：(1) 引起動機部分以 3-5 分鐘為原則；(2) 概念教學活動以 5 分鐘為原則；(3) 準備階段的時間不可以超過發展活動的時間；(4) 綜合活動以 5 分鐘為原則。

(九) 教學評量方法與標準的擬定

教學評量活動是在完成每一個教學單元時評鑑學生，以確定教學是否成功達成該單元的目標。教學評量協助教師了解學生的學習變化情形，同時引導教師反省教學活動的實施情形，作為改進教學的參考，並據而形成新的教學計畫。一般而言，教學評量的功能包括：(1) 了解教學目標的達成情形；(2) 了解學生學習變化情形；(3) 作為是否補救教學的依據；(4) 了解學生的學習特質、性向與學習成就，以判斷學習效果；(5) 作為診斷、治療補救教學措施之參考；(6) 發展與研究的功能；(7) 媒觸學習動機。

有關教學中心的教案內容及流程，統整如圖 3-5。

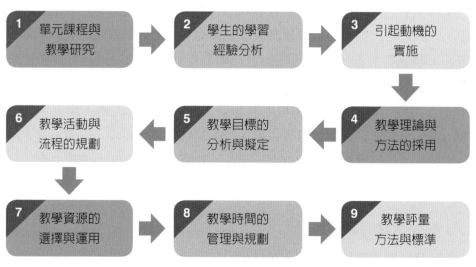

圖 3-5　教學中心的教案內容及流程

五 教學中心的教學設計案例

臺南市○○國小 110 學年度第二學期五年一班國語科教案設計

教學領域	國語：學習領域	單元名稱	臺灣風情	單元節數	5(1)
教學班級	五年一班	教材來源	翰林版第 十 冊第 一 單元（章）第 三 課（節）		
教學者	林郁珊	指導者	林進材	教學日期	

能力指標	2-1-2-4 能有條理的掌握聆聽到的內容 2-2-2-3 能發展仔細聆聽與歸納要點的能力 2-4-2-3 能理解對方說話的用意和觀點 2-4-2-4 能充分了解對方表達的情意 2-4-2-5 能將聆聽的重點歸納整理 3-2-1-1 在討論問題或交換意見時，能清楚說出自己的意思 3-2-1-2 在看圖或觀察事物後，能以完整語句簡要說明其內容 3-2-2-5 能說出一段話或一篇短文的要點 3-4-1-10 能明確表達意見，並清楚表達情意 5-1-2-1 能分辨基本的文體 5-1-2-2 能概略了解課文的內容與大意 5-2-1 能掌握文章要點，並熟習字詞句型 5-2-3-2 能了解文章的主旨、取材及結構 5-4-3 能欣賞作品的寫作風格、特色及修辭技巧

	單元教學目標	具體行為目標
認知	1-1 能了解課文內容，以及教師上課的重點 1-2 能了解本課主旨及文章架構 1-3 能熟悉本課生字詞語、句型等形音義重點 1-4 能學會本課所教的修辭	1-1-1 能正確的說出重點 1-2-1 能說出主旨、架構 1-3-1 能正確讀出生字詞語 1-3-2 能正確運用句型 1-4-1 能說出句子的修辭
技能	2-1 能掌握課文所敘述重點，並歸納綱要 2-2 能清楚說明所要表達的意見及看法 2-3 能正確運用詞語於文章中 2-4 能正確運用句型，安排段落，組織成文章 2-5 能正確運用課文中所教的修辭	2-1-1 能正確寫出重點歸納 2-2-1 能明確表達意見 2-3-1 能靈活運用詞語 2-4-1 能正確組織文章 2-4-1 能熟悉修辭法

情意	3-1 能透過閱讀，從課文中產生熱愛鄉土情懷	3-1-1 能產生鄉土情懷
	教學重點	學生學習表現
	1. 生字與字詞教學 2. 大意摘取 3. 篇章結構分析 4. 句型、修辭分析 5. 小組討論策略	1. 語詞理解策略 2. 略讀技巧 3. 大意摘取策略 4. 精讀技巧 5. 討論策略 6. 篇章結構分析技巧

教學前準備	
教師準備事項	學生準備事項
1. 生字詞語卡 2. 教學 CD 3. 課文結構表	1. 預習課文、預查新字詞 2. 蒐集有關土角厝建築特色 3. 蒐集有關寶島臺灣的溫馨故事或相關報導

教學活動流程

目標代號	教學活動	時間分配	教學資源	評量方式與表現標準
	〈教學前準備〉 教師準備：教學 PPT 以及所需要用到的影片。 學生準備：請學生複習上次的課文大意，將有問題的段落於下次課堂提出。 --------------5(1)--------------			
2-4-1 能熟悉修辭法	壹、引起動機 透過影片欣賞喚起大家的童年回憶，讓同學分享自己的童年回憶，帶出課文主旨。 •影片 https://www.youtube.com/watch?v=vnEFz2G_fU4 以小組方式進行討論，挑選一位學生代表發言分享。	5 分鐘 （影片欣賞 2 分鐘／分享 3 分鐘）	電腦、投影機	
	貳、發展活動 1. 課文修辭欣賞——類疊 　同一個字詞語句，接二連三反覆使用，稱為「類疊」。	3 分鐘	課本、黑板	能清楚分辨修辭法

	例如：泛黃的舊臺幣，有汗水的痕跡；大大小小的彩色彈珠，有童年的快樂回憶。			
	2. 課文修辭欣賞——摹寫 　對事物的各種感受，加以形容描述，稱為「摹寫」。	3分鐘		
	例如：它的外表灰灰舊舊的並不起眼，從不平整的邊緣，隱隱約約還可以看到其中的稻草和稻根。			
	3. 課文修辭欣賞——設問 　講話行文，忽然變平敘的語氣為詢問的語氣，稱為「設問」。	3分鐘		
	例如：土角厝能遮風避雨嗎？			
	4. 課文修辭欣賞——感嘆 　當人遇到喜、怒、哀、樂之事時，常會以呼聲來表達情感，稱為「感嘆」。	3分鐘		
	例如：哇！廢物利用呢！			
	5. 課文修辭欣賞——映襯 　又稱對比法，在語文中，把兩種不同的，特別是相反的觀念或事物對列起來，兩相比較，從而使語氣增強，使意義明顯的修辭法，稱為「映襯」。	3分鐘		
	例如：哇！廢物利用呢！只可惜用的是泥土，不能蓋高樓大廈。			
1-3-2 能正確運用句型	6. 以小組為單位，進行討論配對課文當中的修辭，並照樣造句進行修辭練習，最後指派一名同學上臺發表。	5分鐘	白紙	能正確說出句子的修辭，並照樣造句
1-4-1 能說出句子的修辭	參、綜合活動 <u>統整</u>：複習本課四大修辭法。 <u>隨堂測驗</u>：出一張修辭學的學習單，讓學生做句子與修辭的配對。	5分鐘 5分鐘	學習單	

--------------5(1)--------------

【本單元計畫提供者現為臺南市喜樹國小林郁珊老師，臺南大學教育學系課程】

本 章 討 論 的 議 題

1. 請說明教學中心的教學設計有哪些特色？

2. 請說明教學中心的教案要包括哪些內容？在教學設計中如何運用？

3. 請說明教學中心的教學設計工作程序有哪些？並且擬定一個教學設計的工作程序單？

4. 請說明教學中心的教案主要內容有哪些？

5. 請採用教師中心的教學設計方式，設計一個學科單元的教案？

核心素養的教學設計

第4章　核心素養的教學設計

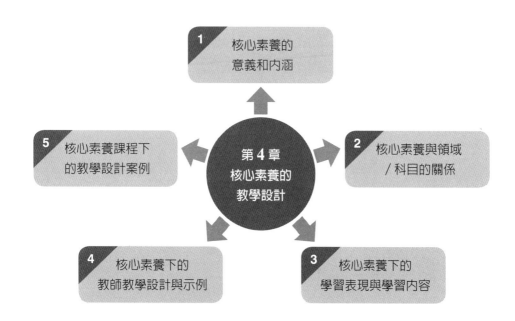

　　教育改革啓動之後，十二年國民義務教育的實施，和九年一貫課程的改革，具有相當大的差異。108 課綱實施之後，中小學教育以核心素養為主軸，希望學校教育可以和社會生活進行密切的結合。核心素養（key competencies）指的是一位地球村現代公民的基本素養，包括發展主動積極的社會參與、溝通互動及個人自我實現等（徐綺穗，2019）。核心素養的理念，強調的是學習者的主體性，和傳統以「學科知識學習」為學習的唯一範疇有所不同，而是強調與真實情境結合並在生活中能夠實踐力行的特質。

　　本章的重點在於說明核心素養的意義和內涵、核心素養與領域／科目的關係、核心素養下的學習表現與學習內容、核心素養下教師教學設計與示例、核心素養課程下的教學設計案例。

核心素養的意義和內涵

　　核心素養的本質是以個人爲中心的多面向發展，內涵包括知識、能力及態度等，所需要的心理功能運作涉及複雜的體系。核心素養的特性包括：(1) 跨領域與科技整合的運作；(2) 與生活情境的連結與運用；(3) 有利於個人社會的發展（蔡清田，2014）。有關核心素養的意義和內涵，簡要說明如下：

(一) 核心素養的意義

　　核心素養的意義，依據教育部國家教育研究院課程及教學研究中心（2015）指出，包括下列四項：

1.「核心素養」是指一個人爲適應現在生活及未來挑戰，所應具備的知識、能力與態度。

2. 核心素養較過去課程綱要的「基本能力」、「學科知識」涵蓋更寬廣和豐富的教育內涵。

3. 核心素養的表述可彰顯學習者的主體性，不以「學科知識」為學習的唯一範疇，強調其與情境結合並在生活中能夠實踐力行的特質。

4. 核心素養強調「終身學習」的意涵，注重學習歷程、方法及策略。

從上述對核心素養的意義說明，在內容方面包括知識、能力與態度的部分，以及學科知識及基本能力的培養，同時也強調個體在終身學習與學習方法策略運用的重要性。有關國際上對核心素養意義的主張，如表4-1。

此外，為落實十二年國民基本教育課程的理念與目標，茲以「核心素養」作為課程發展之主軸，以裨益各教育階段間的連貫以及各領域／科目間的統整。核心素養主要應用於國民小學、國民中學及高級中等學校的一般領域／科目，至於技術型、綜合型、單科型高級中等學校則依其專業特性及群科特性進行發展，核心素養可整合或彈性納入（教育部，2014）。

有關上述核心素養的說明，係教育部在公布十二年國民教育課程綱要時，針對該次修正與改革的關鍵要素所做的說明。

表 4-1　國際對核心素養意義的主張

教師與教學 核心素養	聯合國教科文組織 （UNESCO）-2003	歐盟組織 （EU）-2005	經濟合作與發展組織 （OECD）-2005
主張	1. 學會求知 2. 學會做事 3. 學會共處 4. 學會自處 5. 學會改變	1. 母語溝通 2. 外語溝通 3. 數學與基本科技素養 4. 數位素養 5. 學習如何學習 6. 人際及跨文化與社會 7. 公民素養 8. 創業家精神 9. 文化表達	1. 自律自主的行動 2. 互動的運用工具溝通 3. 與異質性團體互動

(二) 核心素養的內涵

十二年國民基本教育課程的擬定與修正，主要在於核心素養的培養。因此，十二年國民基本教育之核心素養係強調培養以人爲本的「終身學習者」。

十二年國民基本教育課程的實施，希望能以學生的核心素養爲主，培養可以適用生活的能力，以解決生活上的各種問題。因此，中小學教師在進行課程與教學設計時，應該聚焦在十二年國民基本教育課程實施與核心素養的重點之上，從「教師教學中心」的教學設計，轉而以「學生學習中心」的教學設計（林進材，2020c）。

(三) 核心素養的三大面向與九大項目

核心素養的內涵依據相關的論述與研究，在內容方面囊括下列三大面向與九大項目（國家教育研究院課程及教學研究中心，2015）：

1. 三大面向

在以核心素養爲改革主軸的十二年國民基本教育之核心素養，強調培養以人爲本的「終身學習者」，分爲三大面向：「自主行動」、「溝通互動」、「社會參與」。

2. 九大項目

三大面向再細分爲九大項目：「身心素質與自我精進」、「系統思考與解決問題」、「規劃執行與創新應變」、「符號運用與溝通表達」、「科技資訊與媒體素養」、「藝術涵養與美感素養」、「道德實踐與公民意識」、「人際關係與團隊合作」、「多元文化與國際理解」。有關十二年國民教育核心素養的內涵，如圖 4-1 所示。

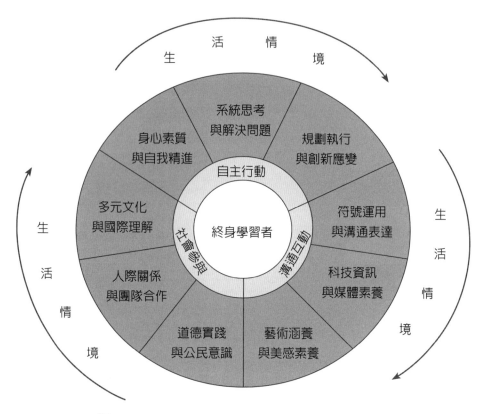

圖 4-1　十二年國民教育核心素養的滾動圓輪意象

資料來源：教育部（2014）。

(四) 各教育階段核心素養具體內涵

在各教育階段的核心素養，轉化成為具體的內涵方面，依學生個體身心發展狀況，各階段教育訂有不同核心素養之具體內涵。以下分國民小學教育、國民中學教育及高級中等學校教育等三階段說明，期培養學生在「自主行動」、「溝通互動」與「社會參與」等三大面向上循序漸進，成為均衡發展的現代國民（教育部，2014）。請參見表 4-2 所示。

表 4-2　各教育階段核心素養內涵

關鍵要素	核心素養面向	核心素養項目	項目說明	核心素養具體內涵		
				國民小學教育	國民中學教育	高級中等學校教育
終身學習者	A 自主行動	A1 身心素質與自我精進	具備身心健全發展的素質，擁有合宜的人性觀與自我觀，同時透過選擇、分析與運用新知，有效規劃生涯發展，探尋生命意義，並不斷自我精進，追求至善。	E-A1 具備良好的生活習慣，促進身心健全發展，並認識個人特質，發展生命潛能。	J-A1 具備良好的身心發展知能與態度，並展現自我潛能、探索人性、自我價值與生命意義、積極實踐。	U-A1 提升各項身心健全發展素質，發展個人潛能，探索自我觀，肯定自我價值，有效規劃生涯，並透過自我精進與超越，追求至善與幸福人生。
		A2 系統思考與解決問題	具備問題理解、思辨分析、推理批判的系統思考與後設思考素養，並能行動與反思，以有效處理及解決生活、生命問題。	E-A2 具備探索問題的思考能力，並透過體驗與實踐處理日常生活問題。	J-A2 具備理解情境全貌，並做獨立思考與分析的知能，運用適當的策略處理解決生活及生命議題。	U-A2 具備系統思考、分析與探索的素養，深化後設思考，並積極面對挑戰以解決人生的各種問題。
		A3 規劃執行與創新應變	具備規劃及執行計畫的能力，並試探與發展多元專業知能、充實生活經驗，發揮創新精神，以因應社會變遷、增進個人的彈性適應力。	E-A3 具備擬定計畫與實作的能力，並以創新思考方式，因應日常生活情境。	J-A3 具備善用資源以擬定計畫，有效執行，並發揮主動學習與創新求變的素養。	U-A3 具備規劃、實踐與檢討反省的素養，並以創新的態度與作為因應新的情境或問題。

關鍵要素	核心素養面向	核心素養項目	項目說明	核心素養具體內涵		
				國民小學教育	國民中學教育	高級中等學校教育
終身學習者	B溝通互動	B1 符號運用與溝通表達	具備理解及使用語言、文字、數理、肢體及藝術等各種符號進行表達、溝通及互動的能力，並能了解與同理他人，應用在日常生活及工作上。	E-B1 具備「聽、說、讀、寫、作」的基本語文素養，並具有生活所需的基礎數理、肢體及藝術等符號知能，能以同理心應用在生活與人際溝通。	J-B1 具備運用各類符號表情達意的素養，能以同理心與人溝通互動，並理解數理、美學等基本概念，應用於日常生活中。	U-B1 具備掌握各類符號表達的能力，以進行經驗、思想、價值與情意之表達，能以同理心與他人溝通並解決問題。
		B2 科技資訊與媒體素養	具備善用科技、資訊與各類媒體之能力，培養相關倫理及媒體識讀的素養，俾能分析、思辨、批判人與科技、資訊及媒體之關係。	E-B2 具備科技與資訊應用的基本素養，並理解各類媒體內容的意義與影響。	J-B2 具備善用科技、資訊與媒體以增進學習的素養，並察覺、思辨人與科技、資訊、媒體的互動關係。	U-B2 具備適當運用科技、資訊與媒體之素養，進行各類媒體識讀與批判，並能反思科技、資訊與媒體倫理的議題。
		B3 藝術涵養與美感素養	具備藝術感知、創作與鑑賞能力，體會藝術文化之美，透過生活美學的省思，豐富美感體驗，培養對美善的人事物，進行賞析、建構與分享的態度與能力。	E-B3 具備藝術創作與欣賞的基本素養，促進多元感官的發展，培養生活環境中的美感體驗。	J-B3 具備藝術展演的一般知能及表現能力，欣賞各種藝術的風格和價值，並了解美感的特質、認知與表現方式，增進生活的豐富性與美感體驗。	U-B3 具備藝術感知、欣賞、創作與鑑賞的能力，體會藝術創作與社會、歷史、文化之間的互動關係，透過生活美學的涵養，對美善的人事物，進行賞析、建構與分享。

關鍵要素	核心素養面向	核心素養項目	項目說明	核心素養具體內涵		
				國民小學教育	國民中學教育	高級中等學校教育
終身學習者	C社會參與	C1 道德實踐與公民意識	具備道德實踐的素養，從個人小我到社會公民，循序漸進，養成社會責任感及公民意識，主動關注公共議題並積極參與社會活動，關懷自然生態與人類永續發展，而展現知善、樂善與行善的品德。	E-C1 具備個人生活道德的知識與是非判斷的能力，理解並遵守社會道德規範，培養公民意識，關懷生態環境。	J-C1 培養道德思辨與實踐能力，具備民主素養、法治觀念與環境意識，並主動參與公益團體活動，關懷生命倫理議題與生態環境。	U-C1 具備對道德課題與公共議題的思考與對話素養，培養良好品德、公民意識與社會責任，主動參與環境保育與社會公共事務。
		C2 人際關係與團隊合作	具備友善的人際情懷及與他人建立良好的互動關係，並發展與人溝通協調、包容異己、社會參與及服務等團隊合作的素養。	E-C2 具備理解他人感受，樂於與人互動，並與團隊成員合作之素養。	J-C2 具備利他與合群的知能與態度，並培育相互合作及與人和諧互動的素養。	U-C2 發展適切的人際互動關係，並展現包容異己、溝通協調及團隊合作的精神與行動。
		C3 多元文化與國際理解	具備自我文化認同的信念，並尊重與欣賞多元文化，積極關心全球議題及國際情勢，且能順應時代脈動與社會需	E-C3 具備理解與關心本土與國際事務的素養，並認識與包容文化的多元性。	J-C3 具備敏察和接納多元文化的涵養，關心本土與國際事務，並尊重與欣賞差異。	U-C3 在堅定自我文化價值的同時，又能尊重欣賞多元文化，具備國際視野，並主動關心全球議題或國際情勢，具備國際移動力。

關鍵要素	核心素養面向	核心素養項目	項目說明	核心素養具體內涵		
				國民小學教育	國民中學教育	高級中等學校教育
			要，發展國際理解、多元文化價值觀與世界和平的胸懷。			

註：上表中，A、B、C 代表核心素養「自主行動」、「溝通互動」與「社會參與」等
　　三大面向。國民小學、國民中學、高級中等學校所對應之教育階段的各項核心
　　素養，依各階段的教育特質加以衍生，並加上階段別之編碼：其中 E 代表國民
　　小學教育階段、J 代表國民中學教育階段、U 代表高級中等學校教育階段。
資料來源：教育部（2014）。

　　表述的核心素養，將透過各學習階段、各課程類型的規劃，並結合領域綱要的研修，以落實於課程、教學與評量中。各領域／科目的課程綱要研修須參照教育部審議通過的「十二年國民基本教育課程發展指引」，考量領域／科目的理念與目標，結合或呼應核心素養具體內涵，以發展及訂定「各領域／科目之核心素養」及「各領域／科目學習重點」。

二　核心素養與領域／科目的關係

(一) 核心素養、基本能力、核心能力三者的關係

　　核心素養、基本能力和核心能力三者的意義，有其相同與差異之處。國家教育研究院課程及教學研究中心（2015）指出，三者之間的關係說明如下：

1. 核心素養的意義

　　核心素養是指一個人為適應現在生活及未來挑戰，所應具備的知識、

能力與態度。素養是一種能夠成功地回應個人或社會的生活需求，包括使用知識、認知與技能的能力，以及態度、情意、價值與動機等；核心素養的內涵涉及一個成功的生活與功能健全社會對人的期望。

2. 三者之間的關係

「素養」要比「能力」更適用於當今臺灣社會，「核心素養」承續過去課程綱要的「基本能力」、「核心能力」與「學科知識」，但涵蓋更寬廣和豐富的教育內涵。核心素養的表述可彰顯學習者的主體性，不再只以學科知識爲學習的唯一範疇，而是關照學習者可整合運用於「生活情境」，強調其在生活中能夠實踐力行的特質。

(二) 核心素養與領域 / 科目的關係

十二年國民基礎教育課程的理念，是建立在「核心素養」導向之上。因此，課程教學的設計與實施，是建立在核心素養之上。在核心素養與領域學科的關係，簡要說明如下（國家教育研究院課程及教學研究中心，2015）：

1. 核心素養的作用

核心素養是培育能自我實現與社會健全發展的國民與終身學習者的「素養」，可作爲各領域 / 科目垂直連貫與水平統整課程設計的組織「核心」。

2. 核心素養與領域 / 科目的對應關係

核心素養可以引導各領域 / 科目內容的發展，各教育階段領域 / 科目的課程內涵應具體呼應、統整並融入核心素養，但各領域 / 科目各有其特性，因此，無須勉強將所有核心素養內容全部納入其課程內涵中。

(三) 核心素養的培養原則

核心素養的培養須秉持漸進、加廣加深、跨領域 / 科目等原則，可透過各教育階段的不同領域 / 科目的學習達成。

(四) 核心素養與領域／科目的連結方式

各教育階段領域／科目的規劃應包括該「領域／科目核心素養」及「領域／科目學習重點」，並視需要發展補充說明。

教師在班級教學活動實施中，應該針對核心素養和學科之間的關聯性，調整自己的教學設計與實踐。例如，在不同領域學科的教學活動中，透過核心素養的聯繫，進行學科領域的橫向聯繫與垂直連貫。

(五) 各領域／科目學習重點

十二年國民基本教育課程，各領域／科目學習重點由「學習表現」與「學習內容」二個向度所組成，各領域／科目學習重點用以引導課程設計、教材發展、教科書審查及學習評量等，並配合教學加以實踐。

各領域／科目學習重點係由該領域／科目理念、目標與特性發展而來，但各領域／科目學習重點應與「各領域／科目核心素養」進行雙向檢核，以了解二者的對應情形。亦即領域／科目學習重點須能展現及呼應該領域／科目的核心素養具體內涵。領域／科目學習重點的架構提供各領域／科目教材設計的彈性，在不同版本教材中，學習表現與學習內容可以有不同的對應關係（國家教育研究院課程及教學研究中心，2015）。

三　核心素養下的學習表現與學習內容

十二年國民基礎教育課程，在核心素養下的學習，包括學習表現與學習內容二個重要的部分。

學習表現是強調以學習者為中心的概念，重視認知歷程、情意與技能之學習展現，代表該領域／科目的非具體內容向度，應能具體展現或呼應該領域／科目核心素養。例如，能運用一手資料，進行歷史推論。學習表現的內涵在性質上非常接近現行九年一貫課程中的分段能力指標，以及高中職課綱的核心能力之非具體內容部分（國家教育研究院課程及教學研究中心，2015）。

(一) 學習表現

在學習表現方面包含：

1. 認知向度

認知向度包括記憶、理解、應用、分析、評鑑、創造等層次。

2. 情意向度

情意向度包括接受、反應、評價、價值組織、價值性格化等層次。

3. 技能向度

技能向度包括感知、準備狀態、引導反應（或模仿）、機械化、複雜的外在反應、調整、獨創等層次。

(二) 學習內容

學習內容須能涵蓋該領域／科目之重要事實、概念、原理原則、技能、態度與後設認知等知識。學習內容是該領域／科目重要的、基礎的內容，學校、地方政府或出版社得依其專業需求與特性，將學習內容做適當的轉化，以發展適當的教材。

根據上述，學習內容的內涵非常接近現行九年一貫課程中各領域的「基本內容」、「分年細目」、「教材內容」，或是高中的「教材綱要」、高職的「教材大綱」概念，但學習內容應只是基本的、重要的部分，既無須列出所有教材，也藉此保留教師補充教材的彈性空間（國家教育研究院課程及教學研究中心，2015）。

四 核心素養下的教師教學設計與示例

(一) 教師教學設計的內涵

教學設計是教師的教學規劃與未來發展的方向，因此在撰寫教學設計時，需要掌握與教學有關的因素，才能擬定完善的教學設計。教案的撰寫，除了要符合一般教學計畫的格式和規範之外，也要了解一般的教案內

容，必須包含哪些重要的項目。教案的主要目的，在於提醒教師單元教學
（或課教學）的目標在哪裡，讓教師了解教學活動的實施，需要哪些重要
的步驟，確認教學目標的達成。一般教案在內容方面，大略分成課程與教
學研究、學生的學習經驗、引起動機、教學理論與方法的採用、教學目標
的擬定、教學活動與流程、教學資源的運用、教學時間管理、教學評量方
法與標準的擬定等。

(二) 教師教學設計的功能

教學設計的主要目的，在於提供教師教學活動實施的參考和依據，引
導教師考慮與教學目標、教學過程、理論、方法、材料及評量等有關的各
項事宜。

教學設計主要包括下列功能（林進材，2018）：

1. 教學目標

教學設計的首要功能，在於使教學目標明確周全，提供教師在教學活
動實施的心理參考架構，確實具體達成教學目標。教學目標的擬定提供教
師教學活動實施的具體方針，教師在教學活動實施時，應該不斷依據教學
目標調整教學活動。

2. 教材準備

教學設計有助於教師在教學前針對學習議題，選取合適的教材，以適
應在教學活動中的需求。教材準備的完整性有助於教學活動進行時，提高
學生的學習興趣和動機，媒觸教學效果以達成目標。

3. 教學方法

教學設計引導教師依據教學目標、教材性質及學習者的特性（例如舊
經驗、學習風格、學習成效），採取適當的教學方法，配合充分的教學策
略、教學器材，安排合適的教學活動。

4. 教學時間

教學設計有助於教師在教學時間的安排方面，依據教學過程分配時
間，以提高教學效率。在教學活動實施過程中，教學時間的安排與運

用，影響教學活動的進行，教師如果缺乏教學時間的有效管理，教學活動的進行就無法達成預期的目標。

5. 教學對象

教學設計活動讓教師了解學生的起點行為、舊經驗、學習興趣、學習成就、能力及需要，作為教學上的因應。教師對教學對象的了解，可以提供教師各種學習者心理歷程的相關訊息，作為調整教學計畫的參考。

6. 教學評量

教學設計可以用來記錄班級的教學活動，以及教師各種觀念的運作，作為未來教學活動修正與調整，提供教師教學與評量關係的參考架構。例如，教師在教學活動進行時如何運用各種評量，包括形成性評量、總結性評量，以確定教學目標的達成情形。

7. 教學行政

在教學行政方面，教學設計的功能有助於迎合教師個人在教學過程中立即性的心理需求，降低教師對教學的焦慮，增加信心與安全感。此外，可以提供其他對教師教學活動的構想、藍圖及運作，當教師無法親自擔任教學工作時，代理教師可以透過教學設計的內容，掌握教師對教學活動的規劃設計。

(三) 核心素養課程下的教學設計

1. 核心素養的課程教學設計

十二年國民基本教育的課程理念是建立在「核心素養」的培養理念之上，透過課程與教學的實施，讓學生可以將學校所學的知識，有效運用在日常生活當中，解決生活上的問題。

2. 十二年國民基本教育課程教學設計格式

十二年國民基本教育課程與教學方面的設計，和九年一貫課程的教學設計，在內容和格式方面，稍微有所不同。十二年國民基本教育的課程，強調學生學習的重要性。因此，在教學設計格式方面，包括基本資料、設計依據（學習重點、核心素養、議題融入、其他領域／科目的連

結、教材來源、教學設備等）、各單元學習重點與學習目標（學習表現、
學習內容）、教學單元設計等，教師可以依據教學實際上的需要做增減
（參見表 4-3）。

表 4-3　十二年國民基本教育課程教學設計參考格式

領域／科目			設計者	
實施年級			總節數	共＿＿節，＿＿分鐘
主題名稱	或單元名稱			
設計依據				
學習重點	學習表現			
	學習內容			
核心素養	總綱			
	領綱			
議題融入	實質內涵			
	所融入之單元			
與其他領域／科目的連結				
教材來源				
教學設備／資源				
各單元學習重點與學習目標				
單元名稱		學習重點		學習目標
單元一單元名稱	學習表現			
	學習內容			
單元二單元名稱	學習表現			
	學習內容			
單元三單元名稱	學習表現			
	學習內容			
單元四單元名稱	學習表現			
	學習內容			

單元一設計（單元二、三、四⋯⋯可自行增列）

教學單元活動設計				
單元名稱	或節數名稱	**時間**	共＿＿節，＿＿分鐘	
主要設計者				
學習目標				
學習表現				
學習內容				
領綱核心素養				
核心素養呼應說明				
議題融入說明				
教學活動內容及實施方式			備註	
試教成果或教學提醒	（非必要項目）			
參考資料	（若有請列出）			
附錄				

註：教學案例撰寫原則說明

1. 各示例與前面章節如何相互配合，以利讀者了解案例發展的脈絡。

2. 此章節選取各案例的理由與重要性。

一、課程設計原則與教學理念說明

請加一段說明，針對此案例之教學設計理念，敘寫重點可包括：

(一) 總體學習目標。

(二) 學生學習特質與需求（起始行為或先備知識）。

(三) 核心素養的展現（例如整合知識、情意、能力、學習歷程與方法、學習情境與脈絡、實踐力行的表現）。

(四) 學習重點（表現與內容）的概述與銜接。

(五)議題融入與跨科/領域統整。

(六)重要教學策略與評量。

二、教學案例（填寫示例）

領域/科目			設計者	各單元設計團隊或主要設計者
實施年級			總節數	共＿＿節，＿＿分鐘
主題名稱		或單元名稱		
設計依據				
學習重點	學習表現	・列出本主題所使用之相關學習表現，且能具體表現在學習目標上。 ・學習表現與學習內容須能明確地連結。 ・可連結項次「參、核心素養與學習重點的呼應說明」、項次「伍、素養導向教材編寫原則」所使用之「學習表現及學習內容雙向細目表」，提供更完整的素養導向編寫原則與示例的連結。		
	學習內容	・列出本主題所使用之相關學習內容，且能具體表現在學習目標上。 ・學習表現與學習內容需能明確地連結。 ・可連結項次「參、核心素養與學習重點的呼應說明」、項次「伍、素養導向教材編寫原則」所使用之「學習表現及學習內容雙向細目表」，提供更完整的素養導向編寫原則與示例的連結。		
核心素養	總綱	・羅列出本主題所使用之總綱核心素養。		
	領綱	・羅列出本主題所使用之領綱核心素養。 ・應為高度相關之領綱核心素養精神與意涵。		
議題融入	實質內涵	・以總綱十九項議題為考量，並落實議題核心精神，建議列出將融入的議題實質內容。 ・議題融入不是必要的項目，可視需要再列出。		
	所融入之單元	・若有議題融入再列出此欄。 ・說明上述議題融入於哪一個單元/節次中。		
與其他領域/科目的連結		・與其他領域/科目的連結不是必要的項目，可視需要再列出。		
教材來源				
教學設備/資源				

各單元學習重點與學習目標			
單元名稱	學習重點		學習目標
單元一 單元名稱	學習表現		· 以淺顯易懂文字說明各單元學習目標。 · 建議配合「學習表現及學習內容雙向細目表」之內容，提供更完整的素養導向編寫原則與示例的連結。 · 可參考「素養導向教材編寫原則之學習表現及學習內容雙向細目表」之編寫方法。 · 應以學生為中心敘寫。
單元二 單元名稱	學習內容		
	學習表現		
單元三 單元名稱	學習內容		
	學習表現		
單元四 單元名稱	學習內容		
	學習表現		

三、單元一設計

教學單元活動設計			
單元名稱	或節數名稱	時間	共＿＿＿節，＿＿＿分鐘
主要設計者			
學習目標	· 請參閱上表		
學習表現	· 請參閱上表，但必須保留完整學習表現編碼及實質內容。		
學習內容	· 請參閱上表，但必須保留完整學習內容編碼及實質內容。		
領綱核心素養	· 僅列舉出高度相關之領綱核心素養精神與意涵		

核心素養呼應說明	· 請搭配課程手冊項次「參、核心素養與學習重點的呼應說明」敘寫。其相關建議包含： 1.應以學生學習的角度出發，敘寫學習重點與核心素養的關係。 2.可舉出學生達成核心素養的可能途徑，例如學習素材、學習方法及教學引導等。 · 例如，在日常生活的消費情境中，學生應培養正確的消費態度、獲得重要的消費資訊，並建立符合個人需求的消費習慣。透過消費案例及經驗分享，學生能覺知消費與健康安全的關聯性，體會消費行為的利益與障礙及其帶來的後果。藉由決策與批判技能的演練，正確判讀並思辨媒體資訊的合理性，學習搜尋相關資訊並透過合宜管道選擇適切的產品與服務，表現理性負責任的消費行為。
議題融入說明	· 若有議題融入再列出此欄。

教學活動內容及實施方式	備註
· 摘要學習活動內容即可，呈現呼應素養導向教學的內涵。 · 學習活動略案可包括引起動機、發展活動、總結活動、評量活動等內容，或以簡單的教學流程呈現。 · 教學流程須落實素養導向教學之教材教法，掌握整合知識情意技能、結合生活情境與實踐、突顯學習策略與學習過程等。 · 前述之各個次單元不必全部列出，可挑選部分合適的次單元進行說明，重點在於完整說明各活動的組織架構，不必窮盡敘述。	· 可適時列出學習評量的方式，以及其他學習輔助事項，原則如下： · 簡要說明各項教學活動評量內容，提出可採行方法、重要過程、規準等。 · 發展核心素養、學習重點與學習目標三者結合的評量內容。 · 檢視學習目標、學習重點／活動與評量三者之一致關係。 · 羅列評量工具，例如學習單、檢核表或同儕互評表等。

試教成果或教學提醒	（非必要項目） 試教成果不是必要的項目，可視需要再列出。可包括學習歷程案例、教師教學心得、觀課者心得、學習者心得等。
參考資料	（若有請列出） 若有參考資料請列出。
附錄	列出與此教案有關之補充說明。

【本表格示例感謝高雄市路竹國小鄭進斛校長提供】

五 核心素養課程下的教學設計案例

(一) 國小語文領域設計案例

國民小學語文領域國語科核心素養教案設計

單元名稱	自然饗宴	課名	貝殼砂	設計者	林梓容
教材來源	☑ 翰林 版第 九 冊 第一單元（章）第一課（節） ☐自己編選 ☐其他_____				
教學時間	本單元教學共需 5 節 200 分鐘		教學節次	第 二～三 節	

學習目標	第二節 1. 能運用摘要策略寫出文本大意及主旨。 2. 理解文本主旨，反思人類對環境的破壞，並提出自己的想法。 第三節 1. 能自行檢索及識讀資訊。 2. 製作具創意性且內容簡潔的海報。 3. 能穩健流暢的進行口頭報告。	學習表現	1-III-1 能夠聆聽他人的發言，並簡要記錄。 2-III-5 把握說話內容的主題、重要細節與結構邏輯。 5-III-12 運用圖書館(室)、科技與網路，進行資料蒐集、解讀與判斷，提升多元文本的閱讀和應用能力。
		學習內容	Ac-III-4 各類文句表達的情感與意義。 Ad-III-2 篇章的大意、主旨、結構與寓意。 Ca-III-2 各類文本中表現科技演進、環境發展的文化內涵。

核心素養	國 E-A2 透過國語文學習，掌握文本要旨、發展學習及解決問題策略、初探邏輯思維，並透過體驗與實踐，處理日常生活問題。
核心素養呼應說明	〈貝殼砂〉一課的主旨為透過豐富的想像力，歌頌美麗的貝殼砂，並表達出人對自然環境的省思。因此本課的學習目標在於使學生學習掌握文本要旨、理解作者欲傳達的「環境保護」之觀念，促進學生反思自己及人類的行為、態度對環境所造成的問題，並且在擬出解決問題的策略後能實際落實於生活中。
融入議題	**海洋教育**：A2 系統思考與問題解決
跨領域教學	**跨藝文領域** 學習表現：1-III-6 能學習設計思考，進行創意發想和實作。 學習內容：視 E-III-3 設計思考與實作。 **跨自然科學領域** 學習表現：po-III-1 能從學習活動、日常經驗及科技運用、自然環境、書刊及網路媒體等察覺問題。 學習內容：INd-III-2 人類可以控制各種因素來影響物質或自然現象的改變，改變前後的差異可以被觀察，改變的快慢可以被測量與了解。
設計理念	臺灣為海島型國家，因此「海洋教育」必不可少。另外，過去人類的環境保護觀念較差，對大自然提供的資源不知足，索取的多而又只回饋了各種汙染及不可逆的破壞。雖然近年人們的環保意識抬頭，但長久以來累積的負面影響，是需要社會中的每一分子盡心盡力去改善的，不管力量看似多渺小，從日常生活中的行為甚至態度開始改變，集結成的力量就非常可觀。 本課為學生提供一個「認識海洋汙染議題」非常好的管道，因其文句優美，讓讀者閱讀時能感到輕鬆、愉悅，但又透過簡短的三句話「而人呢，拿什麼跟她交換？除了一地的假期垃圾，破香菸盒子和空啤酒罐。」將讀者從愜意的沙灘景致中拉回現實中的受汙染沙灘，強化讀者對於海洋汙染的感受及重視。 藉由「海洋議題」的融入，及「問題解決教學法」的應用，教師引導兒童主動探究海洋汙染的原因、影響以及發想解決策略，學習過程中不僅能讓學生深入了解此議題，也培養其「以科技檢索、判讀資訊，發揮創造思考能力擬出解決問題的策略，並能實踐於日常生活中」的情意、知識及技能。

節次	學習活動歷程	時間	評量
第二節	**一、引起動機** 對於上一節課學生朗讀課文的表現給予肯定及鼓勵，接著提問是否記得課文內容，並給予時間閱讀。 T：第一節課老師請大家朗讀第一課的詩歌，大家都念得好棒！抑揚頓挫、斷句、情感都有表現出來，讓老師印象很深刻。那你們念得這麼精采，還記得念的內容是什麼嗎？ ＊不論學生是否記得，給學生2分鐘快速瀏覽課文。 **二、發展活動** (一) 以提問方式讓學生了解課文意義及作者欲傳達的情感。 ＊學生分組討論並搶答，答對的同學整組加一分。 T：詩歌中的故事發生在哪裡？ 學生可能回應的答案：沙灘／白淨沙灘／墾丁沙灘…… T：詩歌中發生了什麼事？ 學生可能回應的答案：在交易／海神送人類東西／海神送人類貝殼跟珊瑚…… T：海神送人類貝殼跟珊瑚，人類回送了什麼呢？ 學生可能回應的答案：垃圾／啤酒罐／菸盒／假期垃圾…… ＊老師依教學時學生的回應調整追問的問題。 ＊請學生翻開課本一起朗讀第三句到第八句，並接著提問。 T：請問這一段在傳達什麼訊息？ ＊讓學生思考及發表後，老師統整說明作者欲傳達的重點——突顯大海經長年的歲月，才把海裡的貝殼與珊瑚琢磨成細緻精巧的貝殼砂，讓人們得以擁有如此美好的沙灘景致。 老師朗讀詩歌的最後三段，並提問： T：「請問這三句傳達的是什麼感受？」 ＊引導學生思考人類對沙灘環境的態度及行為，以美麗的沙灘及人類造成的假期垃圾形成的對比，引導學生對自然環境保護的省思。	2分鐘 15分鐘	口頭問答

	（二）學生分組討論文章大意、主旨及畫出文章心智圖（小白板），最後指派一人上臺發表。 　＊分組討論時，老師到各組關心學生狀況，並適時指導大意摘要、歸納主旨及建構心智圖的策略。 　＊學生進行發表前，向學生說明評量口頭報告的重點：1.音量適中；2.眼神環視同學；3.臺風穩重。	20分鐘	摘大意／主旨／繪製心智圖／口頭報告
	三、綜合活動（含延伸活動）	3分鐘	
	（一）讓學生看受汙染海灘的照片，並預告下節課課程——探究環境汙染問題。 （二）指派回家作業——習作、學習單（附件一）。		
第三節	一、引起動機 　播放海洋汙染影片：https：//reurl.cc/GVjYpZ（6分鐘），以海龜死亡的新聞，啟發學生對海洋汙染影響的反思。	6分鐘	
	二、發展活動	30分鐘	
	（一）老師說明除了影片中的海龜，其實所有海洋生物都因為海洋汙染而受到傷害，例如鯨魚、魚、海豹……且不只是海洋生物，整個食物鏈都會受到影響，例如海鳥，甚至是人類。 （二）分組任務——請各組學生以「海洋汙染」為主題蒐集資料、製成海報，最後予以報告分享。海報應包含的內容：成因、造成的負面效果及解決策略。 　＊海報範例： 		海報製作／口頭發表
	三、綜合活動 　統整各組提出的解決策略，並提醒學生要確實於日常生活中落實，自己的努力看似渺小，但要相信「蝴蝶效應」，只要持之以恆，最後必能大幅改善海洋汙染對生物造成的威脅。	4分鐘	

附件一：學習單

〈貝殼砂〉

一、從課文中哪些敘述，可以知道海是大方的？

二、你喜歡下列哪張圖片的沙灘？為什麼？

三、你去過海邊嗎？若有去過，請敘述或畫出你所看到海邊的樣貌。
　　若沒有去過，請描述或畫出你想像中海邊的樣貌。

【本教案設計者：林梓容（現為國立臺南大學教育學系四年級學生）】

(二) 國小綜合領域教學設計案例

教學案例

一、課程設計原則與教學理念說明

事情一定要有對與錯嗎？這堂課並不是要帶給大家一個眞正的「解答」，而是很多時候，我們常常在無意間與人發生爭執後，就做出了不恰當的解決方法，造成了彼此的關係有了隔閡。這堂課就是希望我們能好好思考自己有沒有盲目的地方，開啓一段不同立場的交談，以同理心爲基底來爲我們的生活建立多一點包容、表達多一點的關心，減少這世上因爲不理解而有的衝突。

二、主題說明

領域／科目		綜合	設計者	黃姵禎
實施年級		三年級	總節數	共 __1__ 節， __40__ 分鐘
主題名稱		單元三活動——心情氣象台		
設計依據				
學習重點	學習表現	1d-II-1 覺察情緒的變化，培養正向思考的態度。		
	學習內容	Ad-II-1 情緒的辨識與調適。		
核心素養	總綱	C2 人際關係與團隊合作 具備友善的人際情懷及與他人建立良好的互動關係，並發展與人溝通協調、包容異己、社會參與及服務等團隊合作的素養。		
	領綱	綜 E-B1 覺察自己的人際溝通方式，學習合宜的互動與溝通技巧，培養同理心，並應用於日常生活。		
議題融入	實質內涵	生 E16 情緒管理的能力。		
	所融入之單元	生命教育		
與其他領域／科目的連結		無		
教材來源		自編、南一綜合活動課本		
教學設備／資源		學習單、電腦		
各單元學習重點與學習目標				

單元名稱		學習重點	學習目標
單元一 單元名稱	學習表現	1d-II-1 覺察情緒的變化，培養正向思考的態度。	綜 E-B1-1 能增進自己和他人情緒的理解並選擇適當的處理方式
	學習內容	Ad-II-1 情緒的辨識與調適。	

三、單元設計

<table>
<tr><td colspan="4" align="center">教學單元活動設計</td></tr>
<tr><td>單元名稱</td><td>單元三活動——心情氣象台</td><td rowspan="2">時間</td><td>共　1　節，　40　分鐘</td></tr>
<tr><td>主要設計者</td><td>黃姵禎</td><td></td></tr>
<tr><td>學習目標</td><td colspan="3">綜 E-B1-1 能增進自己和他人情緒的理解並選擇適當的處理方式。</td></tr>
<tr><td>學習表現</td><td colspan="3">1d-II-1 覺察情緒的變化，培養正向思考的態度。</td></tr>
<tr><td>學習內容</td><td colspan="3">Ad-II-1 情緒的辨識與調適。</td></tr>
<tr><td>領綱核心素養</td><td colspan="3">綜 E-B1 覺察自己的人際溝通方式，學習合宜的互動與溝通技巧，培養同理心，並應用於日常生活。</td></tr>
<tr><td>核心素養呼應說明</td><td colspan="3">課程設計以情緒理解和遇到負面情緒問題的解決方式為主，課程中會以合作的方式進行，配合學習表現中的協同合作達成共同目標，以及學習內容中團體中的角色探索，學生藉由日常生活中的情境，試著了解對方的心情和體會對方的感受，使他們能夠用更正向的態度去面對人際溝通技巧。</td></tr>
<tr><td>議題融入說明</td><td colspan="3">將生命議題的情緒管理的能力，與品德議題的溝通合作與和諧人際關係、同理分享等融入綜合活動領域。</td></tr>
<tr><td colspan="3" align="center">教學活動內容及實施方式</td><td align="center">備註</td></tr>
<tr><td colspan="3">
課程名稱：初入情緒森林
一、準備活動
　(一) 講一個小故事，讓學生了解課程架構並進入同心島嶼的情境（5分鐘）。
　(二) 分為四組，每組各發一張海報紙、情緒卡和便利貼（5分鐘）。
二、發展活動
Ad-II-1 情緒的辨識與調適。
　(一) 活動一　情緒森林（25分鐘）
　　1.引導學生看小故事（5分鐘）
　　將故事放在投影幕上，讓學生閱讀故事，配合學習單。
　　老師提問：你們在故事中看到了什麼？菲力學會自己穿衣服了、菲力學會穿衣服後去給媽媽看。
　　老師：從第一張圖片到第四張圖片，菲力的情緒是如何變化的？
</td><td></td></tr>
</table>

老師：為什麼他的心情會有這樣的變化？

老師：當你們在做什麼事情的時候也會有這種心情？

老師：觀察圖片中的菲力，菲力得意的模樣是什麼樣子？

2.小組討論比較驕傲與得意的差異（5分鐘）。

3.小組自行討論（5分鐘）：

學生討論第二則故事，體會故事中菲力的心情，從情緒卡中找出情緒，上臺寫在黑板上，配合學習單。

4.小組分享（5分鐘）：

各組分享從情緒卡中找出的情緒和原因。

5.討論失望的程度（5分鐘）：

配合學習單。

（二）活動二　分類情緒（10分鐘）

每個人做出屬於自己的互動書，分類正向與負向情緒，讓學生了解正向、負向情緒，或是無法分類的情緒。

三、綜合活動：（5分鐘）

1d-II-1 覺察情緒的變化，培養正向思考的態度。

（一）統整上課內容

請每位孩子閉上眼睛，仔細聆聽，讓學生進行反思。

歸納：在生活中，可能會遇到很多困難，像是考試考不好，覺得生氣或難過；和同學吵架了，覺得很無助。每個人遇到同一件事情時，會有不同的情緒反應，但生氣和難過都不能解決問題，只能算發洩情緒，我們應該用正向愉快的態度去解決問題。

（二）指派回家作業

1.完成學習單。

2.完成互動書。

試教成果 或 教學提醒	（非必要項目）
參考資料	https：//www.books.com.tw/activity/2014/06/felix2/images/big_pix4.htm https：//www.books.com.tw/activity/2014/06/felix2/images/big_pix3.htm https：//www.books.com.tw/activity/2014/06/felix2/images/big_pix1.htm https：//www.books.com.tw/activity/2014/06/felix2/images/big_pix2.htm
附錄	附錄一情緒卡、附錄二互動書、附錄三學習單、附錄四課本

附錄一　情緒卡

高興	愉快	興奮	開心	悲傷	灰心	絕望	鬱悶
期待	幸福	滿足	甜蜜	失望	擔心	憂愁	難過
感謝	歡喜	溫暖	快樂	害怕	恐懼	憂慮	無助
得意	喜悅	自在	自卑	洩氣	驚惶	驚嚇	壓迫感
氣憤	厭惡	討厭	不爽	消沉	抓狂	委屈	憤怒
憎恨	生氣	寂寞	孤單	煩躁	痛苦	沉重	丟臉

附錄二　互動書

【本教案設計者：黃姵禎（現為國立臺南大學教育學系四年級學生）】

本 章 討 論 的 議 題

1. 請說明核心素養的意義？在教師教學設計與實施上的意義有哪些？

2. 請蒐集資料分析比較「能力指標」和「核心素養」的主要意義和差異
   有哪些？這些對教師教學設計與實施有什麼啟示？

3. 請說明十二年國教與新課綱中的主要意涵有哪些？這些對於中小學教
   師的教學設計與實施有哪些積極的意義？

4. 請說明核心素養如何運用在班級教學中？有哪些重要的方法可以增進
   教師對核心素養的認識與了解？

5. 請任選中小學任何一個學科領域的單元教學，進行融入核心素養概念
   的教學單元設計。

第 5 章　從教師教學信念與決定行為談教學效能

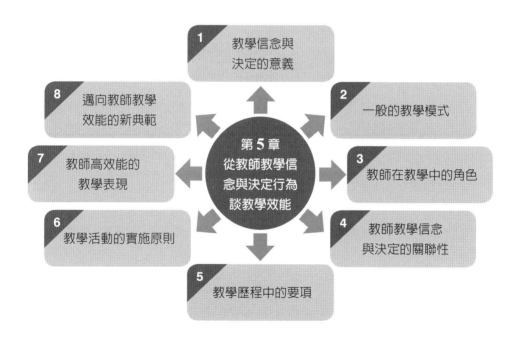

1　教學信念與決定的意義

2　一般的教學模式

3　教師在教學中的角色

4　教師教學信念與決定的關聯性

5　教學歷程中的要項

6　教學活動的實施原則

7　教師高效能的教學表現

8　邁向教師教學效能的新典範

第 5 章
從教師教學信念與決定行為談教學效能

(本章重點)————————————

　　教師的教學效能和教師教學信念與決定有很密切的關係，透過對教師教學信念的理解，以及教學行為的分析，可以了解如何提升教學效能，進而擬定提升教學品質的方法（林進材、林香河，2020）。本章重點在於闡釋教學信念與決定的意義、一般教學模式、教師在教學中的角色、教師教學信念與決定的關聯性、教學歷程中的要項、教學活動的實施原則、教師高效能的教學表現、邁向教學效能的新典範。

一　教學信念與決定的意義

　　教學是一種傳授技能、知識、態度與價值觀，以促進學習者改變的活動。從教師的觀點而言，教學是一種解決問題的活動，教師透過溝通、教導、示範、鼓勵、表徵等方式，將經驗、概念、原理原則傳達給學習者；從學生的觀點而言，教學是一種培養解決生活問題能力的學習活動。因此，教學是一種師生雙向互動的過程，是一種揉合科學和藝術的活動。成功的教學表現是一種運用教室管理的科學技術，以及創造學習環境的藝術並加以創生（林進材，1999a）。

　　教學既然是一種師生雙向互動的回饋過程，教師本身對教學所持的意向（imagine）、法則（rule）、信念、原理原則，學生對學習所持的先前概念（preconception）、學習的歸因、認知等，就成為影響教學成效的重要因素。教師本身的教學信念與效能，具有決定性的關鍵作用。例如，Kagan 研究指出，優秀教師本身在教學中發展出一連串固定的程序與策略，成為本身的內隱理論，使他們在教學中不知不覺地應用，隨時提取以維持教室生活中的自動化，掌握教學活動的進行。因此，教師的教學信念與決定影響教學行為，更進而影響教師的教學效能。

二　一般的教學模式

　　相關的研究指出，模式往往是被包含在理論之中，或是從理論之中衍生，可以詳細地呈現事物的模樣（林進材、林香河，2020）。教學模式的提出，提供教師在教學活動進行的參考架構。教學的一般模式是一種對教學設計、實施、評鑑和改進等程序的指導。教學模式指出有效能的教學活動是基於下列假定而產生（黃光雄，1988）：

1. 有關教學的目標和目的，最大的溝通存在於師生之間。
2. 提供給學生的教學目標要適合學生個別的需要和能力。
3. 提供給學生的教學經驗要能協助學生達到教學目標陳述的目的。
4. 提供學生進步的機會，如果需要，提供學生機會，透過各種教學單元，以學生的速度重複循環，直到熟練教學目標為止。

　　教學的一般模式，提供教師一套教學流程，作為教學決定時的參考。在教學的一般模式中，教師應該先決定學生需要達到的目標是什麼？或是教師教學之後學生應該能夠表現的行為是什麼。其次，教師依據教學目標，訂定學生行為表現的判斷標準，設法了解學生的各種學習特質、興趣、經驗、能力等，思索教學的前置工作應如何定位，學生的哪些經驗需要再調整，哪些能力需要再補充等問題。在教學程序方面，教師可以設計適性的教材，擬定各種教學方法、策略、組織等，指導教學做有效的學習。最後，教師透過評鑑程序，了解學生學習後的改變情形達到教學目標的程度，並從評鑑活動中了解教學活動得失，作為調整教學活動的依據（黃政傑，1993）（圖 5-1）。

　　教師從事教學活動時，應該要先熟悉教學的一般模式。在實際教學情境中，必須運用科學與藝術來選擇及組織相關的教學因素，將各種策略與教法運用在教學模式裡，並做成熟有效的教學決定，才能成為有效能的教師。

圖 5-1　教學模式圖

三　教師在教學中的角色

　　教師在教學中扮演重要的角色，教師的教學信念、教學行為影響學生的學習。Valli（2019）指出，初任教師所面臨的窘境，比經驗教師遭遇更多的問題，其主要原因包括：(1) 初任教師無法以寬廣的信念為基礎，發展出屬於自己的有效教學法；(2) 初任教師與其他教師的互動機會比較少，遇到教學問題時無法即時取得相關訊息作為因應；(3) 初任教師往往無法將教育理論做有效的轉化，結合理論與實際；(4) 初任教師在教學中無法發揮教師應有的角色，注意力往往集中於教學技巧而缺乏彈性與創造力。因而，教師在教學中應該發揮專業的角色功能，落實教師教學專業的理念。

(一) 安排吸引學生的學習環境

　　學習環境的安排，是引導學生做有效學習的先備條件，學習環境對學生的學習具有潛在的影響。教師想要教學活動達到預定的效果，必須將教學的心理環境與物理環境做妥善的安排，設法使其吸引學生，才能提高學生的學習動機，落實教學的成效。

(二) 引導學生進行學習探索

　　教師在教學活動中，應該引導學生如何解決問題、如何學習記憶、如何理解學科知識、如何自我監視和評鑑，並且管理前項活動的進行。因此，在教學中，教師引導學生學習探索時，要能針對各種策略知識與內容知識做有效的引導（林進材，1999）。

(三) 因應學生學習的個別差異

教師在教學中，應該針對不同學生的學習特質給予不同的指導。配合學習者的學習需求，加以運用各種技巧，以因應不同學生的個別差異。例如，以讚美方式增強學生的正確行為，偶爾對於比較有能力的學生做輕微的批評，以傳達對學生更高的期望，並且提升學生的挫折容忍力。

(四) 敏銳、耐心與機智的觀察力

教師在教學中，應該運用來自專業方面的敏銳觀察力，解決學習者學習上的各種問題，從觀察中了解學習者的問題癥結，釐清學習的主要關鍵，準確地回應學習者明顯與不明顯的訊息、經驗或情緒，讓學習者從教學中得到教師的多項回饋，提高學習驅力和興趣。

(五) 協助學生獨立自主

教師在教學中，應該尊重每個學習者都有尋求獨立的取向，引導學習者在學習活動中獨立自主，並運用「手持的知識」（knowledge on hand）解決各種學習上的問題，建構屬於自己的知識和經驗，擴充學習的量與質。例如，建構式教學強調學習者在學習過程中，主動學習知識而非被動汲取知識。引導學習者面對學習情境，獨立自主，是現代化教師必備的專業知能。

(六) 刺激學習動機及思考領域

引導動機是教學歷程中很重要的一環。學習者具備了學習動機，才會引發學習驅力，學習才會產生效果。教師在教學中，應該設法引起學生的學習動機，使學生積極地投入學習任務中，並且有所收穫。其次，在教學中引導學生面對問題情境，運用本身的智慧（或經驗）蒐集相關資料，解決問題並擴充思考領域。

(七) 引導學生了解自己的特質

　　教師在教學中，除了應該明白表示對學生的關懷、接納與重視，也應該要透過各種管道，了解學生在學習上所表現出來的特質；其次，教師在教學時，應該引導學生了解自己，尤其是學習上的各種特質、優缺點及限制，才能在學習過程中掌握自己的學習發展。

(八) 提供各類教學資源

　　有效的教學活動與學習活動，常需要運用相當的教學資源，教學資源的運用有助於教學進行時，引發學習者的學習動機，使學習者獲得有意義的學習經驗，並協助補充解說教學內容，以及提供學習者能力表現的自我評估。教師在教學中應該提供學生各類教學資源，提升學習成效。

(九) 引導學生進行有效的學習

　　學習活動的進行，教師的引導工作相當重要。教師在教學中，應該教導學生進行有效的學習，設法使教學活動與學習活動做更緊密的結合，運用各種專業技巧，使教學活動和教過的舊經驗、概念產生關聯，使具體活動和抽象活動之間靈活地相互轉換，使學生從各種活動中產生經驗的變化，進而落實學習成果。

(十) 不斷自我充實與成長

　　教師的專業知識和專門知識，應該隨時代的脈絡和資訊的快速成長不斷地充實、更新、調適、修正。以往，師資培育過程中的養成教育，僅提供教師在教學生涯中的指引和方向，無法全然應付教學生涯中的各種變化，教師要能體會此種瞬息萬變的時代步伐，隨時充實自己的專業知能，從同儕教師互動中汲取成熟的教學經驗，從在職進修活動中吸收新的教育觀念，提升教學品質，並從自我充實與改變中，獲取專業方面的自我實現。

　　有關教師在教學中的角色，統整如圖 5-2。

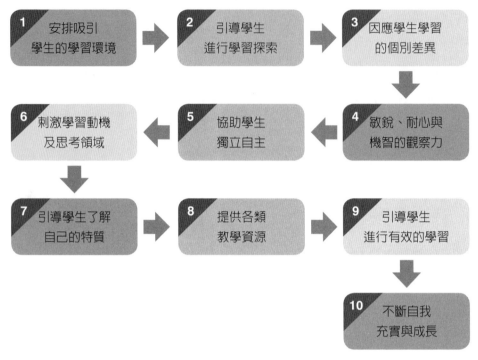

圖 5-2　教師在教學中的角色

四　教師教學信念與決定的關聯性

　　教師教學信念與決定之間的關聯性，對於教學活動設計與實施，以及教學實施的成效，具有關鍵性的地位：

(一) 教師教學信念

　　教師在教學歷程中，對於所有的相關因素及變項所持有且信以為真的信念，內涵包括對自我概念、課程發展、教材教法、教學理論、教學方法、教學活動、學習活動等方面的信念。教學信念影響教師本身對教學的評估、知覺、計畫，並且決定教學活動的進行。教師在實際教學進行中，必須不斷地運用實務知識進行一連串的教學思考與決定。在教學問題

的處理方面，教師在教室現場中，面對各種複雜多變的教學問題，必須做立即而迅速有效的判斷決定。教學信念有助於教師因應外界瞬息萬變的事件，協助教師在不確定與多變的教學情境中，主動將外在事件意義化，形成判斷的因素，並做成立即而正確的決定（林進材，1999）。

(二) 教師教學決定

教師教學決定是教師在教學過程中，從二種或二種以上的教師行動變通方案中所做的意識性選擇。教學決定在考量可行方案時，本身須有明確的參照點與標準，同時有多種變通方案可以相互比較（林進材，1997）。Shavelson（1973）指出，教師最基本的教學技能，就是在教室中隨時做決定。教師通常會不斷地評估教學情境，以及處理教學情境中所發生的訊息，以決定下一步要做的事情，並依據這些決定引導教學行為。教師在教學中的行為是對現存的訊息，依據個人的觀點，做有關認知方面的處理後，所產生的各種決定。因此，教師在教學過程中，具備判斷迅速、訊息分割與善於分辨的認知技能。教師的每一個行動都是基於教師與學生互動時的決定，而此種決定影響教學行為。

(三) 教師教學信念與決定

教學是一連串持續行為的複雜歷程與結果，教學活動涉及頻繁的師生互動，每一個互動都需要做決定，例如怎麼說、怎麼做、如何反應、接下去要怎麼做等問題（李茂興，1998）。研究發現，教師在教室裡的所作所為都需要經過縝密的計畫，當教師將計畫付諸實現時，即使是一瞬間（moment to moment）的反應，都會顯現出潛藏著的心智生活，對教學所持的理念與執著（林進材，1997）。此種教學所持的理念與執著，就是教師的教學信念。

林進材（1997）指出，教師的教學信念影響教師在教學歷程中的表現、思考與決定。教學信念使教師對教學的觀點，具有強烈的情感成分，此種情感反映在態度、偏見、判斷與意見之上。

教師的教學信念究竟是如何形成的？如何影響教學決定？對教學的意義何在？Nespor（1987）指出，教學信念具有存在的預設（existential presumption）、可選擇性（alternative）、情意和評價方面（affective and evaluation aspects），以及插曲式儲存（episodic storage）等特性。教師的教學信念，是教師對於實體存在或不存在的心理傾向、假定或預設，此種存在的預設是從平常的思考層次中發現；教學信念同時是教師心目中所欲選擇的真實世界或實體；教學信念比知識系統包含更多情意和評價方面；教學信念是來自於以往的生活經驗、對教學的先前概念、平日生活所見所聞累積而成。教師的教學信念影響對教學任務的界定、教學策略的選擇，以及如何處理複雜的教學問題等。

此外，信念是引導個體思想與行為的重要準則，教師對自己的教學工作、學習者的特性、學習是如何產生的、教學科目的性質、學科教材教法，都有屬於自己的想法、主觀意識和信念。如果教師對學習的認知為相信記憶背誦是最好的策略，則教師就會偏向指定需要背誦的作業，要求學生將內容背下來；如果教師認為學生理解比背誦更重要，則會花更多時間去解釋與說明重要的概念；如果教師重視學生主動學習和誠實原則的話，對考試作弊的學生勢必深以為惡（林進材，1999）。

有關教師教學信念與決定相關概念，統整如圖 5-3。

1 教師教學信念	1. 自我概念　　5. 教學方法 2. 課程發展　　6. 教學活動 3. 教材教法　　7. 學習活動 4. 教學理論
2 教師教學決定	1. 評估教學情境 2. 判斷訊息 3. 訊息分割 4. 決定行動
3 教師教學信念與決定	1. 教師本身的教學活動 2. 學習者的特性 3. 學習如何產生 4. 教學科目性質 5. 學科教材教法

圖 5-3　教師教學信念與決定

五 教學歷程中的要項

教學活動是一種師生雙向互動的過程，內容包括教師的教學活動與學生的學習活動，以及影響教學的各種內外在因素。在教學歷程中，教師需要掌握各種教學要項，才能提升教學效能。

(一) 引起學生注意

教師在教學歷程中應該設法引起學生的注意，才能增進學習成效。透過集中注意力策略的運用，學生才能專注教師的教學行為，將教師教學中所呈現的概念、原理原則等，有效轉化成為自己的認知。教師在教學前應該針對學生的學習特質，設計各種有效策略，藉以提升學習的成效。

(二) 提示教學目標

教學目標提供的資料，是有關學生必須「如何有效地」完成工作，以證實對於所定行為的適當熟練（黃光雄，1988）。教師在教學時應該適度提示教學目標，讓學生了解學習應該達到的成熟程度何在，同時了解學習結束之後，將學會哪些概念和原理原則。教學目標的提示，對教學活動具有引導作用。

(三) 喚起舊有經驗

教師在教學中，應該了解學生具有哪些舊經驗、學過哪些重要的概念，運用各種策略將各種新、舊經驗做有效的連結，讓學生從舊經驗的喚起中，啟發新的概念。教師在引導學生學習時，應避免新、舊經驗之間的順攝抑制或倒攝抑制現象的產生，干擾學生的學習活動。

(四) 提供教材內容

教材的提示與設計是教師教學實施過程中的重要環節，透過教材的設計將各種抽象的概念轉化成為實際的活動。教師在教學前、中、後要能

針對單元內容蒐集相關的資源，作為教學活動的輔助工具，強化教學的成效。

(五) 指導學生學習

教學過程中，教師引導學生做有效的學習，才能收到預定的成果。教師從師生互動中，了解學習者的學習特質、身心發展狀況、學習的障礙處，引導學生突破學習上的瓶頸，增進學習的興趣。

(六) 展現教學行為

教師在教學歷程中，透過溝通、表徵、詮釋、舉例、明喻等方式，將「形式課程」轉化成為「實質課程」，從教學行為的展現中發揮教學專業能力，讓學生從學習中得到正面的成效。教師應該在教學中將各種抽象概念做有效的轉化，因應學習者的個別差異，讓學習者得到適性的發展。

(七) 適時給予回饋

從教學的一般模式中得知，教學回饋活動是教師在教學進行到某一程度之後，用來了解成果的一種專業活動。從回饋中提供學生學習進步方面的資料，提醒教師教學活動應該修正調整的地方，並確認學生未熟達的目標，作為擬定補救教學或修正教學活動的依據。

(八) 評定學習成果

學習成果的評定，教師往往以形成性評量、總結性評量方式進行，而傳統的觀念在評量方面，採用紙筆形式的評量方式，學生的學習成果無法全然反應出來。教師在評量觀念方面，應該隨著時代的脈絡而調整，採用「動態評量」方式，提供學習者更多的選擇機會，或是設計更多的「變通方案」，以避免「一試定成就」的缺失，讓每位學習者可以選擇最適合自己特質的評量方式。

(九) 加強學習記憶

　　教學結束之後，學習者本身產生多少學習上的變化，或是觀念上的改變，是教學者在評量過程中關心的議題。學習者在教學之後各方面的改變，除了來自於自身在學習上的投入與參與之外，教師也應設法依據不同學習者身心特質，以及學習上的反應做適度的引導，讓學習者的記憶得以加強。

(十) 促進學習遷移

　　學習遷移是學習過程中重要的指標，同時也是教學成果評定指標之一，教師在教學活動中應該設法讓學習者的觀念產生正面的變化，促進學習上的遷移。其次，有效整合與接納學習者的互動，鼓勵學生積極投入學習活動中，從活動中得到成長。

　　有關教學歷程中的要項，統整如圖 5-4。

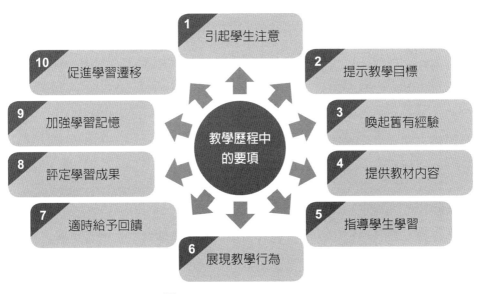

圖 5-4　教學歷程中的要項

六　教學活動的實施原則

教師在教學活動的實施過程中，應該發揮來自於專業方面的知能和素養，使教學活動更為順暢，學生的學習活動更有效。教師的教學活動實施應該針對下列原則，衡量實際的教學情境做彈性化的改變。

(一) 生活化原則

教師的教學活動，最受到批評的是「教學活動遠離生活經驗」，學生在學習過程中學到的是一回事，生活上實際的應用又是另一回事。換言之，理論與實務無法做專業方面的關聯與結合。教師在教學實施中，應該將學科單元知識轉化，選取與生活有關的教材進行教學活動。讓學習者學習從日常生活中取材，學習與生活可以做緊密的結合，學習活動才能產生意義化，才能燃起學習者高度的學習動機。晚近強調的核心素養概念，強調的是學生從課本上學到的知識，可以運用在日常生活中。

(二) 關聯性原則

傳統的教學活動，在教材的組織與運用方面，無法在課程內容取得上下連貫、左右聯繫，導致學習者所學習的概念和原則之間，經驗和經驗之間無法做有效的聯繫。因此，教師在教學時應該利用有關聯的教材，使新舊經驗之間、概念與原理原則之間做適度的連結，才能引導學習者從舊經驗中學習新概念，以產生國連結作用。

(三) 直觀性原則

學習活動的進行，必須學習者運用所有的感覺統合，將概念做認知方面的處理，才能產生學習行為。傳統的教學法過於偏向學習者在視覺、聽覺方面的學習，忽略感覺統合方面的訓練，教師應該重視學習者在此方面的訓練，透過各種教材或輔助工具，引導學習者強化學習效應。

(四) 活動性原則

教學活動的進行，如果偏向以教師為主的教學，學習者成為配角的話，教學品質容易打折扣；如果偏向以學生為主的教學，則缺乏教師有效引導，學習成效比較無法達成。教師應該針對學生好動與愛動的特質，將教學活動轉成為有趣的活動，讓學生從活動中學習，將日常生活情境引進教學活動中，藉以解決問題，達到知識生成的目標。

(五) 系統性原則

教學的系統性原則，是指教師應該在教學前，將課程與教學內容的邏輯關係、概念與原理原則等，做組織與統整的工作，以使學習者能按步驟循序漸進地學習。教師本身也應建立系統性的指導方針，按步驟指導學習者進行學習活動。

(六) 實用性原則

教學理論與實際無法做緊密的結合，源自於理論與實務缺乏對話的管道，導致二者無法相互修正。教師在教學中，轉化課程與實務時，要能考量實際層面的需求做適當的表徵，學生才能運用學得知識解決生活上的各種問題。

(七) 練習性原則

教師在教學中，要能強化學習成效，做有效的學習遷移，必須要求學生在教學進行到一定程度時，反覆地練習，將概念和原理原則固著下來，才能收到應有的學習成效。尤其是藝能科和技能科方面的學習，教師更應該要求學生針對某部分做反覆的練習與回饋活動。

(八) 編序性原則

編序性原則是教師將要傳達給學生的主要概念，依據學生的程度或學習特質做適性地編序，使學習活動適合學生的特質，以促進學習成效。在

此方面，教師可以依據學生的程度差異，以最小的進度，慢慢地進行指導，將概念轉化成為學生可以接受的程度，強化學生的學習意願，讓學生可以達到不同的精熟程度。

(九) 情意性原則

傳統的教學受到升學主義主導的影響，過於偏向知識或技能方面的傳授，情意方面的陶冶相形之下顯然無法得到應有的重視，學生在情意方面的成長相當緩慢，導致價值觀嚴重受到扭曲。教師在教學中，應該強調學習者在情意方面的陶冶和成長，培養鑑賞能力，培育情意方面的增長。

(十) 連貫性原則

教學的連貫性原則，指的是教師應該將各種學習內容做專業方面的統整與連貫，將各類資料與訊息做組織與整理的工作，學習者在學習中才能從系統中學到完整的概念，而非支離破碎的概念。因此，教師必須將學習活動做統整與連貫工作，學習成果才能提升。

有關教學活動的實施原則，統整如圖 5-5。

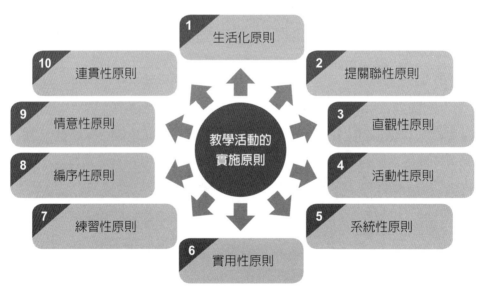

圖 5-5　教學活動的實施原則

七 教師高效能的教學表現

高效能教師的特質，在於將教學的知識技能顯露在教學的模式和固定的程序中，運用教室管理的紀律，提供資訊協助學生建立學習習慣。一般，將高效能教師的教學表現依據教學模式，分成教學前、教學中、教學後三個階段。教師在教學前的計畫階段，必須做許多重要的決定，包括擬定學習目標、預期學習時效、將目標與科目或單元做連結等工作；在教學互動階段，包括執行各種擬定的教學方案、引導學習者完成特定目標所設定之策略（例如溝通、引導、鼓勵、控制等）、運用各種教材教法等；在教學反省評鑑階段，包括對教學成果進行評鑑、顯示教學效果、評估學習表現與預定目標的達成程度、修正教學策略、反省教學評鑑結果與歷程等。教師高效能的教學表現特徵如下（林進材，2019c）：

(一) 確立教學目標

教學目標的確立，讓教師了解教學所要達成的程度，以及學生學習要改變的範圍。高效能教師在教學前，對於教學目標的擬定和決定具有相當程度的熟練，一旦決定目標之後，隨時選擇各種教學策略來達成目標。高效能教師透過完整的教學計畫，經過縝密的思考活動，將教學過程中可能遇到的參考架構（framework）形成心智生活，可以隨時調整並因應教學活動。

(二) 熟悉教學內容

教師在教學歷程中，將形式課程轉化為實質課程時，須運用各種策略、語言、符號、例子等，將教學內容轉化成為學習者可以理解的形式。因此，教師對教學內容和策略應該具有相當程度的熟悉，才能結合專門知識與專業知識，將課程具體的表徵出來，做有效的轉化。高效能教師對教學內容的熟悉，比初任教師更為成熟，更具有彈性。

(三) 善用教學策略

教學策略的運用，讓教師的教學活動更順利，學生的學習更具有效果。教學策略的運用是增進教學成果的重要橋梁，通過策略的運用，教師才能將擬定的目標付諸實現，教材教法的轉化才能更具體，抽象概念才能轉化，學習動機才得以激發。

(四) 澄清迷失概念

學習者在進入學習狀態之前，心靈並非如白板，而是對學習已經產生先前概念（preconception），具備自己的信念與想法，此種先前概念對學習有正面積極的效益，或有礙學習的發展與成長，而後者容易形成學習上的迷失概念（misconception）。此種潛存著的概念，往往影響學習成果，干擾學習者的學習認知。教師在教學前應該針對學習者容易形成的迷失概念，加以釐清或澄清，檢少迷失概念對學習者的影響，以增進學習成效。

(五) 掌握學生特質

學生是教學的主體，教師再好、再精彩的教學，也要學習者能接受，教學活動才能產生意義。如果教師的教是一回事，學生的學是另一回事，彼此之間缺乏互為主體性，教學活動容易失去本質、失去意義。教師在教學中，要能了解學習者的特質、先前經驗、起點行為、學習動機等，隨機調整教學策略以滿足學習者的學習需求，才能收到預定的效果。其次，教師應該透過各種途徑，預先了解學生的先前經驗，掌握學習特質，提高學習氣氛。

(六) 教導反省策略

教學的主要目標，在於引導學生從事學習活動，得到預定的改變和成長。教師在教學中應該運用各種反省策略，輔以各種教材，指導學生達到精熟狀態，完成預期的教學目標。有效能的教師除了教導學生認知反省策略，同時提供學生精熟課程與教學內容的各種機會。

(七) 指導有效學習

有效的教學應該兼重高、低層次的目標。教師在教學目標的界定方面，使教學內容與程序有更清楚的了解。以低層次目標為基礎循序漸進，分析目標與目標之間的邏輯關係和關聯，以實現低層次目標為實現高層次目標的起始，使高、低層次目標均能在教學活動中同時達到。如此，教學成效才得以提升。

(八) 重視學習表現

學習者的學習表現是教學活動中重要的一環，透過學習表現的了解，教師得以作為評鑑教學活動的依據，同時藉以修正自己的教學理論和模式。高效能教師透過學習表現的評量，作為反省評鑑的參考點，同時修正教師的教學行為。

(九) 定期追蹤回饋

教學活動成敗的主要關鍵，在於學習者的理解與否。有效能的教師教學是師生之間在短時間即建立共識，產生共鳴現象以強化教學的雙向回饋作用。因此，高效能教師在教學中必須不斷透過各種評鑑活動，了解學習者對課程與教學的理解狀態和程度，定期追蹤回饋。如果學習者的理解狀況佳，則教師可確認教學進行順利，可以隨時轉換下一個教學活動。

(十) 反省思考教學

反省思考是高效能教師教學成長的主要核心，教師必須具備反省、評鑑自己教學的能力。高效能教師在教學結束之後，會反省自己的教學活動和學習者反應，並以此作為檢討教學得失及修正教學活動的依據。教師在教學反省過程中，必須以先前經驗為基礎，對照實際教學活動，以落實反省思考教學的成效。

有關教師高效能的教學表現內涵，統整如圖 5-6。

圖 5-6　教師高效能的教學表現

八　邁向教師教學效能的新典範

　　教學是一複雜多面向的回饋過程，大半都是在無法準確預測與控制的情境中進行。教師在教學前、教學中、教學後，應該發揮專業的知能，揉合專門知識，以形成專業的教學行為。教師應有效掌握各種影響教學行為的內、外在因素，強化有利教學活動的因素，提供有效教學模式、高效能教師的各種研究及資訊，讓教師從觀摩、模擬、反省思考中，釐清各種教學的觀念，淬鍊自己的教學理論，並隨時加以調整，因應時代的變遷和資訊快速成長，才能成為一位有效能、有涵養的現代化專業教師。

本 章 討 論 的 議 題

1. 教師教學信念與決定的意義是什麼？對教學活動的實施有什麼影響？

2. 教師在教學中扮演什麼角色？這些角色如何養成？

3. 教學歷程中的要項包括哪些？這些要項對教師教學和學生學習有什麼影響？

4. 高效能的教師教學有哪些要項？這些對教師培育或進修有什麼意義或啟示？

5. 想要提高教師的教學效能，有哪些方法或策略可以運用？

第6章 從課程改革到教室教學活動的連結

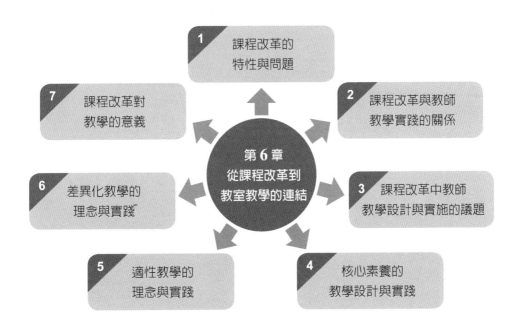

1 課程改革的特性與問題

2 課程改革與教師教學實踐的關係

第6章
從課程改革到
教室教學的連結

3 課程改革中教師教學設計與實施的議題

4 核心素養的教學設計與實踐

5 適性教學的理念與實踐

6 差異化教學的理念與實踐

7 課程改革對教學的意義

本 章 重 點

　　教師的教學設計與實踐，是一種封閉的專業系統，在這個系統當中，需要的是教師對於課程改革的意識，以及對課程改革與教學實踐的知覺。透過專業能力的開展，才能做課程改革到教室教學活動的有效連結，透過緊密的連結，才能讓課程改革收到預期的效果。

一 課程改革的特性與問題

　　教育及課程改革運動，是近年來世界各國教育的重要議題之一，各國紛紛提出重要的教育改革方案，要求學校改善教學品質以提高國家的競爭力（林進材，2019a）。透過改革運動的推展，強調學校教育目前「存在哪些問題」，需要「改革哪些問題」，這些問題需要從理念、從制度、從實踐、從實務等修正相關人員的行動，才能收到預期的效果。

(一) 課程改革的演變與教學的關係

　　對教師的教學而言，從課程改革的演變到班級教室教學的實施，是一段相當漫長的距離。如果教師對於課程改革的實質內涵不熟悉，或是教師對課程改革冷漠的話，在教室中的教學活動實施就會一如傳統的教學，教學理論與方法的改變幅度就不大，教師的教學活動實施與課程改革的步伐就無法跟上。

　　此外，依據教育改革的相關論文指出，教育改革成功的關鍵在於課程教學，課程教學改革成功的關鍵在於教師教學。歷年來的課程改革忽略教師的教學實踐，因而導致成效不彰或無法落實的境地。想要課程改革成功，就要掌握課程改革與教師教學實踐的關係，提升教師對課程改革的意識，喚起教師對課程改革的重視，才能在教室的教學中收到改革的效果。

在教學現場的教師和課程改革的距離有多遠，教育改革成功的路途就會有多遙遠。因而，想辦法讓教師對於課程改革的意識提高，讓教師了解課程改革和教室中教學活動的重要性，才能在教育改革的呼籲中，得到現場教師的支持，課程改革才能落實到教室的教學中。

(二) 國民中小學九年一貫課程改革的基本能力特性與問題

在九年一貫課程實施之前，我國「課程標準」所列的目標較爲籠統抽象，無法與時俱進，未能明確將學生應該習得的知識與能力列出來；國民中小學九年一貫課程重視學生基本能力，依據教育目標，擬定十項基本能力，是課程改革的一大特色（蔡清田，2008）。

國民中小學九年一貫課程改革的基本能力，是基於社會變遷及未來生活需求所做的評估，基本能力比以往課程標準的教育目標更爲具體，但仍需要在個別學習領域中轉化爲各學習階段的「能力指標」，一方面既可爲課程改革之依據與學習成效之評估，進而實施補救或充實教學。

中小學教師在面對九年一貫課程改革的基本能力和特性時，雖然課程改革的重點和內涵和以往的教學有所不同，在班級教學活動設計與實施中，需要依循課程改革的重點，改變原有的教學模式與方法。然而，課程改革與教室教學的關係，仍需要教師花時間了解課程改革的特色和精華。

(三) 國民中小學十二年一貫課程改革的基本能力特性與問題

十二年一貫課程的改革與實施，宜透過課程研究，進行我國國民基本能力之研究，明確地指出國民應該具備哪些基本能力，以規劃建構十二年一貫課程綱要的理論依據與課程目標等「正式規劃的課程」（蔡清田，2008）。在教學活動規劃設計方面，依據基本能力的研究作爲設計實施之參考，引發學生的學習興趣，期望可以達成學習結果，並透過各種方法的運用蒐集學生學習方面的訊息，作爲改進或修正教學的依據。

從九年一貫課程的改革與實施，到十二年一貫課程的改革與實施，改革的基調都放在課程改革上面，強調學生各學習階段的能力養成，希望透

過學校課程內容的實施與教師教學設計的更新，提供學生學習成功的經驗，進而確保學習方面的品質。如同 OECD（2017）從系統性的角度提出幾項創新學習環境的原則（innovation learning environment, ILE），在內容方面包括軟、硬體、教師的信念與教學設計及實施：(1) 肯定學習者是核心的參與者，鼓勵學習者積極投入學習，為自己的學習負責任，在學習歷程中發展理解的能力等；(2) 重視並理解學習者的個別差異，包含學習的先備知識；(3) 學習本身就是社會化的歷程，引導學生在團體中進行合作與學習；(4) 在學習環境中培養學習力，調和學習者之動機、學習成就與態度；(5) 設計對學習者具有適當挑戰水準的學習任務；(6) 連結好的學習環境以促進跨領域及真實世界之橫向連結；(7) 展現具體之期望，並安排高度支持性、學習性的評量策略，以及時回饋教與學。

雖然九年一貫課程改革與十二年一貫課程改革的時間期程不長，然而課程改革與實施的幅度，二者之間的差距是相當大的。教師在面對課程改革時，需要花相當長的時間進行專業能力的培養，同時也需要在教室的教學中，調整原來的教學模式和方法，從傳統的教學觀念中引進新的教學理念，透過「汰舊更新、求同存異」方式，進行教學活動實施上的更新。

(四) 核心素養的重視與問題關鍵

核心素養的理念，強調的是學習者的主體性，和傳統以「學科知識學習」為學習的唯一範疇有所不同，而是強調與真實情境結合並在生活中能夠實踐力行的特質。核心素養的主要內涵，是個人為適應現在生活及未來挑戰，所應該具備的知識、能力與態度，在於實現終身學習的理念，所以注重學生學習歷程、方法及策略（國家教育研究院，2014）。

相較於九年一貫課程與十二年一貫課程強調的重點，核心素養的理念更為重視：(1) 跨領域與科技整合的運作；(2) 與生活情境的連結與運用；(3) 有利於個人社會的發展（蔡清田，2014）。因此，核心素養的課程改革重點，在於教師在教室中的教學活動，如何引導學生連結到日常生活中的經驗，將知識內涵與生活現實做緊密的結合。

　　十二年國民基本教育課程的擬定與修正，主要在於核心素養的培養。因此，十二年國民基本教育之核心素養係強調培養以人為本的「終身學習者」，包括「自主行動」、「溝通互動」、「社會參與」三大面向，以及「身心素質與自我精進」、「系統思考與解決問題」、「規劃執行與創新應變」、「符號運用與溝通表達」、「科技資訊與媒體素養」、「藝術涵養與美感素養」、「道德實踐與公民意識」、「人際關係與團隊合作」、「多元文化與國際理解」等九大項目（國家教育研究院課程及教學研究中心，2015）。

　　中小學教師在教室中的教學設計與實施，如何與外界的課程改革重點及課程調整內涵做專業上的連結，其中包括對於課程內涵的掌握、課程改革意識的提升、教學活動如何與課程改革的內涵結合、落實課程改革的理念、將課程內涵與教學活動連結等，實為學校教師在教學現場，需要隨時將教學設計與實施更新的議題。有關課程改革對教師教學設計與實踐的意義，請參考圖 6-1。

圖 6-1　課程改革對教師教學設計與實踐的意義

二 課程改革與教師教學實踐的關係

　　學校教育改革的關鍵在於課程與教學，課程與教學實施取決於教師教室層級的教學。只有教師對於課程改革具有高的敏感度，感受到課程改革對教學實施的重要性，教師才願意在教學行動中，將課程改革的理念納入教學設計，從教學實施中落實課程改革的理念。課程改革與教師教學實踐的關係，一般包括課程改革與教師教學實踐知識、教師的課程改革意識與教學實踐、教師的課程改革詮釋如何回應到教學實踐中，以及應用詮釋理解途徑於教學實踐中。

(一) 課程改革與教師教學實踐知識

　　課程改革運動的推展，不僅僅代表著課程結構與內容的改變，同時意味著課程實施、課程評價、課程改革成效方面的轉變，此正意味著教師在教學方面的改變，是勢在必行的議題。課程改革對教師的啟示，包括「意義」與「情境」是教師改變的二個重要的因素、專業社群的建立提供教師更大的實踐空間，以及改革是一種教師實踐知識轉變的過程（黃騰、歐用生，2009）。

　　教育改革或課程改革，必然涉及教師教學的實踐知識，教師的實踐知識在過去的教學生涯中，已然成為教師「視為理所當然」的憑藉，想要教師在短時間之內改變實踐知識，會讓教師感到無所適從、感到相當程度的焦慮。因為，這些實踐知識是透過經年累月慢慢淬鍊而成的，是在社會互動經驗中慢慢累積起來的，是一段漫長時間和體驗的沉澱過程。所以，任何的教育改革或課程改革，需要考慮到教師教學改變的問題，了解教師教學改變的幅度能有多大？教師教學改變的意願高或低？教師教學改變的可能性有多少？教師教學改變需要的專業能力是否足夠？等等問題（林進材，2019）。

(二) 教師的課程改革意識與教學實踐

教師的課程改革意識與教師教學實踐之間的關係，是相當密切且相輔相成的。只有提高教師對課程改革的意識和敏感性，才能激發教師對課程改革的興趣，進而將各種課程改革的理念，在平常的教室教學中加以融入，在教學實施中回應各種改革的訴求。根據 Freire（1972）對於批判教育學（critical pedagogy）及解放教育（liberating education）的主張，教師的「意識覺醒」（consciousness-awaken）是教師建立主體性、發展自主性、活化「解放教育」理想的重要關鍵。教師必須對自己以及所身處的實務世界有更多的覺知，能夠質疑、挑戰「習以為常」的作法、現象、限制和權力結構，能夠反省「習焉不察」的價值、信念、潛力和知識體系，才能夠敏察到實務現象背後的潛藏問題和改革需求，也才能判斷改革政策、口號和作法的正當性與合宜性（甄曉蘭，2003）。

教師每天面對教學現場的各種狀況，或政策的改變、材料的更新、行政人員的要求、家長的期望、學生的學習需求等等，需要處理許多認知上的兩難（dilemma of knowing），除了要發覺問題、解決問題之外，更需要在兩難的情境中，激盪出有批判力和創意的實踐行動，來超越和凌駕當下的狀況和現存的現象（甄曉蘭，2003）。此正為教師在課程改革中需要具備的基本能力，以及願意在平日忙碌的教學生活中，抽空或利用時間更新自己的教學模式，活化自己的教學活動設計。

Goodlad（1969）呼籲教育研究應關注到教室層級的課程轉化與教學實踐，應更多了解教材中的意識型態課程（ideological curriculum）與教師的心智課程（mental curriculum）是如何調解的。在教學的過程中，教師從其對學校「正式課程」所詮釋產生的「覺知課程」（perceived curriculum），轉化到教室內實際執行的「運作課程 J（operational curriculum）（Goodlad, 1979）。教師需要處理有關教學目標的訂定、學習機會的選擇、學習機會的組織、教學活動的設計、教學流程的安排及評量方式的決定等等，而這些相關的判斷與選擇，表面上看來好像是屬於

技術層面的操作，但實際上或多或少都反映出教師的教學信念與課程意識。教師對於課程改革意識的深淺，決定未來課程實施與教學實踐的方向和目標，唯有教師對課程改革充滿憧憬和改變的意願，才能在課程改革中取得教師的同意權，進而落實課程改革的願景。

教師的課程改革意識與教學實踐之間的關係，參見圖 6-2。由圖 6-2 可以得知，教師在教學實踐歷程中，可以囊括幾個重要的教學階段：

1. 教學目標的訂定

教師在班級教學中，教學目標的訂定，一般是依據學校所選的教科書，從單元教學中的學科知識，擬定班級教學的目標。因此，教師在教學目標的訂定方面，屬於比較被動的層次。如果教師對於課程改革意識比較強烈的話，就不會在教學目標的訂定方面過於僵化或是「依賴教科書」，而會從對課程改革的意識中，將教學目標做彈性化的調整。

2. 學習機會的選擇

教師如果依據課程改革意識，將教學目標的訂定進行相當幅度的改變，則在學習機會的選擇就會依據教學目標而做篩選。

3. 學習機會的組織

在學習機會選擇篩選之後，接下來就是針對教學目標，將學習機會做組織性與系統性的組合，將各種學習機會和知識改變成為學生可以學習的內容。

4. 教學活動的設計

在教學活動的設計方面，教師應該將「學科教學知識」與「學科學習知識」的內容，轉化成為各種教學活動，透過教學活動的實施，指導學生進行有效的學習。

5. 教學流程的安排

教學流程的安排，必須依據教學目標與學習目標做流程上的安排與設計，透過教學流程的安排，可以確保教學目標的達成，以及學習品質的提升。

6. 教學評量方式的決定

教學評量方式的決定，包括教學評量標準的擬定，透過教學評量的實施，可以提供教師在教學目標的達成情形，以及學生學習方面的改變，這些訊息可以作為教師是否實施補救教學的參考依據。

7. 教學模式的建立

教學模式的建立，是在教學活動結束之後，教師透過教學評量與教學反省活動，對照以往的教學設計與教學活動，建立屬於教師特色的教學模式。教學模式的建立，同時是教師教學專業精神的開展，透過具有自身特色教學模式的運作，有助於教師隨時反思自己的教學活動，進而修正自己的教學活動實施。

圖 6-2　教師的課程改革意識與教學實踐的關係

(三) 教師的課程改革詮釋如何回應到教學實踐中

在教師面對課程改革時，如何詮釋理解課程改革的必要性和重要性，以及教師對於課程改革的知覺和信念，容易影響教師的教學行動。若教師能批判自己的教學實踐，不但能覺察到自己的課程詮釋，還能進一步了解在各項教學實踐背後的原因，將有助於教師找回自己的主體性。而教學環境與教育政策環境脈絡也影響教師對學校、政策的認同程度與實施。例如，目前教育政策習於規範教師的責任、義務而非賦予教師主導、參與的權力，也使教師的課程意識難以開展，甚至漠視政策的改革脈絡（林鈺文，2017）。教師在面對各種課程改革時，需要透過專業能力的開展，了解各個課程改革的核心理念、課程改革的特性，這些理念和特性與教師教室中的教學究竟存在哪些關係，以及教師在未來的教學活動中，如何將這些課程理念融入教學設計與教學實踐中，讓班級教學的實施和課程改革的步調相一致，或是收到相輔相成的功效。

有關教師的課程改革詮釋如何回應到教學實踐中，分成九個重要的步驟（圖6-3）：

1. 教師面對課程改革

當教育改革或課程改革的鐘聲敲得震天價響時，在班級擔任教學的教師，不管在班級教學、班級經營或學校教學中，都需要面對課程改革問題。其中包括課程改革的方向、議題、內涵、趨勢等，這些課程改革對教師班級教學的規劃設計與實施，會產生哪些重要的影響。

2. 了解課程改革的重要性

當教師對於課程改革的方向和趨勢，產生排斥心理或是不了解甚至誤解時，則課程改革就無法收到預期的效果。由於教師是課程改革之後，課程理想的落實者（或執行者），因此教師了解課程改革的重要性，成為課程改革成功與否的關鍵。

3. 對課程改革的知覺與信念

教師對課程改革的知覺與信念，在知覺方面指的是教師對於課程改革

工程了解多少、認識多少、意願多少的問題；在信念方面指的是教師對於課程改革秉持的想法、觀點、理念等。這些課程改革的知覺與信念，對於教師在班級教學設計與實施中，產生的影響是相當大的。

4. 參與課程改革的工程

教師對於課程改革工程秉持著支持或反對的立場，對於教學設計與實施的影響是相當大的。如果教師贊成課程改革的話，就會願意花時間在課程改革的議題上面，並且在班級教學中配合課程改革的步履，進行教學設計與實施方面的調整；如果教師反對課程改革，就會採取抵制的策略，不願意在班級教學中，配合課程改革理念進行教學設計與實施方面的更新。

5. 理解課程改革的內涵與精神

教師對於課程改革內涵與精神的理解程度，影響教師在班級教學改變的幅度大小。如果教師對於課程改革的內涵與精神有深刻的理解，才能對照自己的教學活動，進行教室內教學活動的改革；教師對於課程改革的內涵與精神理解不深且打從心理排斥，則教室內教學活動的改革就無法配合課程改革的步調。

6. 批判自己的教學活動

教師除了理解課程改革的內涵與精神之外，也應該配合課程改革的理念，深度反思自己的班級教學活動，並且批判自己的教學活動。反思教學理論與策略的運用，是否經得起時間的考驗，是否提供學生嶄新的學習策略，學科教學知識是否能提升學生的「核心素養」，以因應瞬息萬變的日常生活。

7. 察覺自己的課程詮釋

學校教育中，課程與教學的關係是相當密切的。當教師對於課程的詮釋理解程度能和課程改革的理念契合時，教師就願意在班級教學中改變教學設計、更新教學模式、提升教學效能；當教師對課程詮釋理解和改革的理念背道而馳時，教師就會偏向採用傳統的教學模式，不願意在教室教學中進行教學方面的更新。

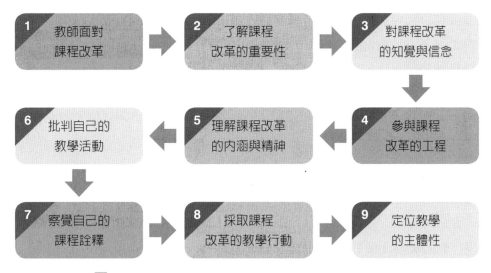

圖 6-3　教師的課程改革詮釋如何回應到教學實踐中

8. 採取課程改革的教學行動

　　當教師對於課程詮釋理解與課程改革的步調一致時，教師接下來就會從班級的教學中採取課程改革的教學行動，從自己的教學設計與實施當中做體制內的教學改革。

9. 定位教學的主體性

　　依據上述有關教師面對課程改革的步驟，當教師了解課程改革的重要性之後，接著就會從課程改革理念中，批判自己的教學活動，並進而參與課程改革的工程，最後就會在班級教學中進行各種教學改革工程，並進行教學活動方面的反思。

(四) 應用詮釋理解途徑於教學實踐中

　　教師在面對課程改革時，如何調整教學行動使其符合課程改革的訴求，關係著課程改革成功與失敗的關鍵。相關的研究指出，透過政策分析的詮釋途徑是相對新興的研究取徑，沒有固定的研究方法與研究步驟，其哲學觀點主要受到下列學派的影響：詮釋社會學（interpretive sociology）、Saussure 的結構主義（structuralism）、Bourdieu 和符號宰制（symbolic domination）、Edelman 的符號政治（symbolic politics）、批判理論、Habermas 的溝通行動理論（Theory of Communicative Action），以及 Foucault 的權力觀。其共同特色是認爲權力是分散的，行動者在使用符號（包括語言、文字、行爲等表意工具）時就是在行使權力（Petković, 2008）。教師可以透過詮釋理解的途徑，深入了解教育改革或課程改革的各種主張（或訴求），這些改革的重點與教師教學的關聯性究竟如何，可以透過哪些方法（或策略）的運用，連結課程改革與教師教學實踐的關係，以及教師如何修正現有的教學模式，透過模式的修正與教學行動的調整，使教學實踐歷程和課程改革更貼近。

　　當教師在面對課程改革時，如何應用詮釋理解途徑於教學實踐中，包括：(1) 教師面對課程改革；(2) 透過詮釋理解課程改革的意義；(3) 教師了解改革的重點；(4) 分析改革與教師教學的關係；(5) 思考採用哪些方法；(6) 連結課程改革與教師教學實踐的關係；(7) 修正現行的教學模式；(8) 運用模式的修正；(9) 形成自己的教學模式（圖 6-4）。

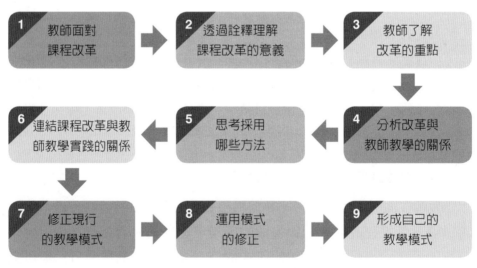

圖 6-4　應用詮釋理解途徑於教學實踐中

三　課程改革中教師教學設計與實施的議題

課程改革中教師教學設計與實施的議題，包括「學會教學的理念與實踐」、「學會學習的理念與實踐」。

(一) 學會教學的理念與實踐

「學會教學」和「成為教師」二者是極度密切、相互交織的專業發展，而教師的專業學習植基於過去的經驗、現在的目標與未來的憧憬；亦即以對經驗的詮釋來建構意義，包括依據新經驗的頓悟與理解來重新建構知（Beattie,2007）。從教師學習教學的角度，探討教師改變個人教學的情境脈絡，發現由於國家教室體制及傳統的教學模式，使得一位教師在教學現場時，必須將「師資培育」時代的經驗和握在手中的知識運用在教學中，形塑成「教師教學」與「學生學習」的既定模式，此種教師教學模式影響教師幾十年的教學實踐。

Shulman（1987）研究指出，教師必須將學科知識轉化成為適合不同背景和學生能力的教學形式。知識本位的師資培育課程，除了將教師應有的教育知識透過教師教育教導給職前教師，透過評量的方式了解其對於知識的學習，但是在知識的轉化歷程則更需要加以教導，以協助職前教師進行知識的轉化。對於知識本位師資培育的課程，在知識的轉化上可包括以下內涵（林進材、林香河，2020）：(1) 從形式課程到實質課程的轉化：課程內容知識傳遞至學習者，學習者經由經驗加以創造，形成經驗的課程；(2) 從教學目標到教學活動的轉化：以學生可以理解的方式，教給學生的專業歷程；(3) 從抽象概念到實際經驗的轉化：教師的教學轉化過程中，要將各種抽象概念轉化成為實際的生活經驗，引導學生將生活經驗內化成為思考方式的過程；(4) 從教學知識到學習知識的轉化：在知識的轉化過程，需要教師的口語傳播、經驗傳承、案例講解等；(5) 從教學活動到學習活動的轉化：透過教學理論與方法、策略與形式的運用，結合學生

的學習理論、方法、策略與形式的結合，形成學習活動，達到預期的教學目標與學習目標。

(二) 學會學習的理念與實踐

學會學習的概念運用，不僅僅限定在教師的教學設計與實施中，同時涉及學生在學習歷程中的思考，只有教師在教學中了解並運用「學會學習」的實際作法，並且在教學設計時兼顧學生的學習，才能使教學達到成功的目標。如 Crick（2014）指出，教學的主要目標在於讓學習者全心、明智、成功地處理生命中不確定性及風險，那麼我們就需要重新省視我們的教學工作。為達成上述目標，教學活動的實施就需要超越知識的傳授、聚焦學習的思維與設計，進行教學的活化，重點不在展現教師的教學能力，而應著重於學生學會學習的重點，包括能力的展現與遷移，以及知識、情意、態度方面的養成。

在學會學習的設計中，Crick（2014）指出學會學習的系統觀，一般包括五個重要歷程：(1) 形塑學習認同及意圖（forming a learning identity and purpose）；(2) 建立學習動力（developing learning power）；(3) 產出知識並了解關鍵要領（generating knowledge and know-how）；(4) 應用學習於真實情境中（applying learning in authentic contexts）；(5) 持續的學習關係（sustaining learning relationships）。學會學習是一種「由內而外、由外而內」發展的歷程，各種歷程在教學中相互關聯也相互作用。教師應該由學習者的動機和目的驅動，引導學生願意接受挑戰，承擔學習的風險與學習動力，進而運用工具分析並處理知識，培養在真實情境中應用的素養能力，並且與其建立正向的關係。而個體在與學習建立關係及真實情境的應用中，又精進知識技能與理解、促進學習動力，也再次更新了學習認同，建立屬於學習者的目的與動機（Crick, 2014）。

此外，教師的教學設計與實施也應該顧及學生在學習方面的興趣，將學習動機融入教學設計中，如 Keller（1983）研究指出，依據學習動機的教學模式（ARCS model），想要讓學生對其所學的內容產生興趣，首先

必須引起學生的注意（attention），再讓學生本身主動察覺學習內容與本身的關聯性（relation），據以喚起學生的內在驅力，相信自己有能力去處理，因而對學習產生信心（confidence）。

四 核心素養的教學設計與實踐

核心素養（key competencies），指的是一位地球村現代公民的基本素養，包括發展主動積極的社會參與、溝通互動及個人自我實現等（徐綺穗，2019）。

核心素養的理念，強調的是學習者的主體性，和傳統以「學科知識學習」為學習的唯一範疇有所不同，而是強調與真實情境結合並在生活中能夠實踐力行的特質。核心素養的主要內涵，是個人為適應現在生活及未來挑戰，所應該具備的知識、能力與態度，在於實現終身學習的理念，所以注重學生學習歷程、方法及策略（國家教育研究院，2014）。

核心素養的本質是以個人為中心的多面向發展，內涵包括知識、能力及態度等，所需要的心理功能運作涉及複雜的體系。核心素養的特性包括：(1) 跨領域與科技整合的運作；(2) 與生活情境的連結與運用；(3) 有利於個人社會的發展（蔡清田，2014）。

核心素養的教學策略與一般的教學策略有所不同，傳統的教學策略以學科知識為主要的重點，教師採用一般的教學設計理論與經驗，將學科知識融入教學設計與實施當中，引導學生進行學習活動。核心素養的教學策略，主要在於培養學生核心能力的養成與運用，因此營造學習環境是教學設計的重要關鍵，要提供促進學生積極學習的環境，課堂當中需要提出開放性的問題，激發學生藉由討論、體驗探索和創造來解決問題，以培養各種素養（Cook & Weaving, 2013）。另外，在核心素養的教學設計方面，可以考慮採用探究主題為核心的專題學習（project-based learning），培養學生的核心素養，讓學生在探究的過程中透過與同儕的合作溝通對話，進行跨領域的知識學習，在學生學習參與的歷程中，有助於統整知

識、內化經驗及發展核心素養。在核心素養教學的基本原則方面，包括：
(1) 任務導向的學習；(2) 跨領域的學習；(3) 兼顧合作與個別化的學習；
(4) 兼顧學生引導和教師引導的教學；(5) 教學結合科技；(6) 兼顧內部和
外部學校教學；(7) 學校支持學習者的社會和情緒發展（徐綺穗，2019）。

　　核心素養的課程與教學設計的原則如下（陳聖謨，2013；林進材，
2019；徐綺穗，2019）：

(一) 教學應該從建構新學習文化開始

　　核心素養的教學應該從建構新學習文化開始，既重視學生的知識學
習，也重視培養學生運用各種學習策略來幫助自己的學習。在教師教學
方面，應該鼓勵教師改變自己的教學心智生活，鼓勵教師採用創新的方
法，持續性的進行教學反思與修正自己的教學理論及方法。

(二) 素養作為課程垂直與水平統整設計的組織核心

　　素養導向的教學設計與實施，不僅重視學習領域的核心概念，同時以
學生為中心，強調學生重要生活能力與態度的養成。因此，在課程與教學
設計方面，需要採用主題式的課程與教學設計，並且在課程與教學內容方
面，尋求與核心素養的對應。

(三) 循序漸進式的教學

　　核心素養的教學設計與實施需要一段長時間，才能培養學生的知識、
能力和態度。因此，在課程與教學設計時，應該讓教師有長時間的引
導，使學生在探究體驗的歷程中，逐漸養成素養所要求的各種能力。所以
教師在教學時應該採取漸進式的加廣加深的引導，使學生的各種素養能力
逐漸提升。

(四) 採取多元評量

　　核心素養的課程與教學重視主題課程，其內涵是由多面向元素組成，

教師在進行教學評量時，除了傳統的紙筆測驗外，還需要發展真實性評量、實作評量、檔案評量等多元的評量方式，才能真正了解學生的學習成效。

五 適性教學的理念與實踐

適性教學的理念來自適性教育（adaptive education）概念，主旨在於提供學習者切合其個別特質和需求的學習，以發展個人潛能，進而得以自我實現。由於學習者的特質極具多樣性，其能力、性向、興趣、經驗、風格、文化等均有所不同，因而具有不同的學習需求，教師必須配合這些差異進行教學，讓每個學生都能成功學習（黃政傑、張嘉育，2010）。

適性教學策略在班級教學上的應用，必須顧及學生在學習方面的需求，從教學內容、教學歷程與成果方面加以切入，在課程教學安排方面儘量符合學生的需求，藉由多元的教學程序或策略以因應學生的差異（林進材，2006）。在有效的適性課程與教學策略方面，包括：(1) 調整課程難度；(2) 安排不同的學習活動；(3) 調整學習任務的順序；(4) 調整學習步調和時間；(5) 配合學生興趣教學；(6) 鼓勵多元的表達方式；(7) 調整學習者的組成方式；(8) 調整教學風格以配合學生學習風格；(9) 指導學生主動學習（黃政傑、張嘉育，2010）。

教師應該對所有任教的學生充滿積極的期望，對學生懷抱適切的期望，其具體的作法包括：鼓勵和支持所有的學生；追蹤學生在學習方面的成就，給予落後的學生協助；在學生學習歷程中，提供有用的回饋及改進的建議；採用差異教學方法；實施異質性分組，讓學生可以在學習歷程中截長補短；表達對學生能力的肯定；給予學生回答問題的必要等待時間等（林進材，2015）。

六 差異化教學的理念與實踐

(一) 基本理念

　　差異化教學的實施，主要是奠基於：(1) 依據學生學習差異及需求；(2) 彈性調整教學內容、進度與評量方式；(3) 提升學習效果，引導學生適性發展。透過差異化教學的實施，有助於提升教師專業，表達對學生學習方面的關心與支援，增加並提供學生學習歷程中的成功經驗，進而提升學生的學習效果。因此，差異化教學的關鍵，在於重視學生的學習差異情形，並依據學生的學習差異情形，給予學生不同的教學策略與方法，透過不同學習策略與方法的運用，引導學生進行有效的學習。Servilio（2009）認為，差異化教學是依據所有學生程度的學習需求，所發展出的一種獨特教學模式。

(二) 差異化教學的方針

　　差異化教學的實施，主要是教師應該依據學生的個別差異，以及學習上的需求所實施的教學活動。因此，教師的教學要能積極掌握學生在學習方面的各種差異，並依據學科屬性做內容的調整，針對各種需求妥善調整教學內容及進度，並採取適切的教學方法，以達到預期的教學目標。因此，差異化教學的實施，必須顧及各類型、各層級的學生需求。

(三) 學生的興趣、準備度及學習歷程

　　差異化教學的實施，在策略的選擇和運用方面，應該考慮學生的興趣、準備度及學習歷程等三方面的特性。在興趣方面，指的是學生對學習本身的偏好、喜歡的事物、善用的策略與方法、對特定主題的喜愛、覺得有關係及有吸引力的事物等；在準備度方面，指的是學生學習的舊經驗、先前概念、學科基本技能與認知、對主題的基礎認知等；在學習歷程方面，指的是學生的學習風格、學習類型等。教師透過對學生興趣、準備

度、學習歷程等的掌握，依據學生在此三方面的差異情形，選擇適合學生的學習策略，讓學生可以在適性、適度的情形之下學習，提升學生的學習成效（林進材，2019c）。

(四) 傳統教室和差異化教室的分析比較

差異化教學的主要構想建立在「以學生為中心的」理念之下，在學習環境向度代表教室內的環境安排與調整，與一般傳統的教室安排是有所差異的。傳統教室和差異化教室的比較如表 6-1（丘愛玲，2014）：

表 6-1　傳統教室和差異化教室的比較

傳統的教室	差異化的教室
教師中心	學生中心
包含選擇內容、設計作業、實施評量	包含確認標準、診斷學生的學習準備度、興趣、偏好及設計多元的學習和評量方法
語言和邏輯數學智能是最重要的	辨識和尊重多元智能
很少運用學生的興趣	經常運用學生的興趣
全班教學	彈性分組；全班、小組、兩人一組、獨立研究
相同的作業	可選擇作業
使用有限的教學策略	運用多元的教與學策略
教科書為主，輔以補充教材	有多樣化的不同層級教學資源
選擇有限	經常鼓勵學生進行學習和評量的選擇
大部分時間由教師主導學生的行為	教師促進學生自主發展和做決定
建立優秀的共同標準	以個人的成長和進步來定義優秀
全班使用共同的評量	採用多元的學生評量
課程或單元結束後才進行評量	持續進行診斷性、形成性、總結性評量

七　課程改革對教學的意義

　　課程改革對教學的意義，包括三個重要的階段，依序為舊世代的教育、新世代的教育及異世代的教育（表 6-2）。

表 6-2　課程改革進程對教師與教學意義的典範轉移

教師與教學＼教育時期	舊世代的教育（70 年代以前）	新世代的教育（70-90 年代）	異世代的教育（90 以後）
教師角色	教師是知識的權威（說與教的年代）	教師角色漸漸轉化：資訊工具操作或其他角色	教師是百變魔術師：生動、活潑、創意
教學活動	教學是知識的背誦：強調記憶與熟練的重要性	教學的知識來源不一：視訊媒體、網路達人或其他	知識是可質疑與推翻的；真理是此時此刻的準則
考試觀點	考試決勝負，成績定能力：成績好等於成功	考試多元，成績計算不一：例如基本學科、術科	考試只是一種基本門檻；高學歷不一定有用

　　課程改革對教師教學的意義，包括下列幾個重要的啟示與啟發：

(一) 從教師教學的「變」與「不變」的轉變與挑戰

　　教師在教學多年之後，由於時間和經驗的累積，導致教學設計與實施淪為固定的模式和流程，教師應該依據現實環境和班級教學情境的需要，改變固有的教學思考和流程，從教師心智生活調整，進而活化教學活動，透過以「教師為中心」的教學思維調整為「學生為中心」的教學思維，活化教學設計與教學實施，引導學生運用高效能的策略提升學習成效，進而提升教師的教學效能。

(二) 從「教師中心的教學」到「學生中心的教學」的轉變與挑戰

在教師教學活動的實施中，想要改變教學必須從教師教學型態做改變，才能收到教學活化的效果。教師教學型態的改變工程，需要一段漫長時間的積累。如同 Cuban（2016）指出，在過去 50 年來的教學歲月中，雖然有部分的教師採用培養學生學科學習思維能力的「學生中心」教學，然而，對於大部分的教師而言，學校以「教師中心」的教學取向是沒有多大幅度改變的。主要的原因是學校教育的大環境沒有改變，學校的氣氛與機能結構改變幅度不大，仍舊採取年級、教學時數、教學科目等傳統的固定日常組織；教師的教學活動仍是關在自己的課堂內與他人分離，用教科書及考試來決定學生的成績，即使歷經多次的教育改革或課程改革，教師在教學的光譜中仍多數偏向「教師中心取向」那一端，偶爾雖然有些小組討論與安排學生做探究的教學，但學習基本上仍然是以傳遞內容為主的教學，而非啟發或學生主動探究思考的教學。這些傳統的教學型態，仍舊牢牢地縈繞在教師教學思考與心智生活中，成為牢不可破或無法挑戰的教學信念（林進材，2019a）。

(三) 從「學科教學知識」（PCK）到「學科學習知識」（LCK）的轉變與挑戰

課程改革的理念與作法，需要第一現場教師的配合，而想要教師在教學設計與實施配合，則需要了解教師的知識是從何而來？包括哪些層面、這些層面對於教師教學的影響如何等，進行教師教學模式方面的改進與調整（林進材，2019b）。教師在教學歷程中，需要具備哪些專業的知識？Shulman（1987）將教師的基礎知識結合教師教學知識的理念，指出教學內容知識包括以下各項：(1) 學科知識：包括對學科的整體概念、學科教育的目的、學科內容知識、學科的本質、學科教學信念等；(2) 教學表徵知識：多指教學策略和技巧的知識；(3) 對學習和學習者的知識：包括對學生和學生知識的了解、預計學生在學習時可能出現的問題，以及對學習本質的了解等；(4) 課程知識：例如課程架構、目標、課程計畫和組

165

織，對課本和教材的理解，對課程改革的理解等；(5) 一般教學知識：例如教學歷程中的知識；(6) 教學情境知識：例如對教學情境變化的認知；(7) 教學理念、個人信念等；(8) 內容、教學法與個人實務知識的整合。

學科學習知識的主要意涵，是從學習者的立場探討在學科領域學習中，學生需要具備哪些基本的知識。以學習者為本位的教學改變，主要是配合教學活動的改變，從學習者立場出發，關照所有影響教學的學習者因素，進而以學習者為中心進行改革。「了解學生是如何學習」的議題，一直是教學研究中最容易受到忽略的一部分。傳統的教學研究，將教學窄化在教師的教學行為，忽略學生的學習行為。近年來教學研究發展趨勢之一，是從「以教學中心的研究典範」轉向「以學生為中心的典範」。許多的高等教育教學中心，會透過研究的理論與實際分析，提出重要的教學要領與方法，幫助教師更深入了解學生的學習，或是引領教師從各個層面了解學生的學習思考，了解學生的學習風格。以學習者為主體的教學革新，才能在研究與實務之間取得平衡，真正落實教學改革的成效（林進材，2019a）。

(四) 從「教學實踐」到「活化教學」的轉變與挑戰

想要引領教師從「教學實踐」到「活化教學」，需要了解教師的教學實踐不僅僅是一種外在教學行為的表象而已，同時也是一種內在課程意識的寫照。在教師教學實踐的框架之下，教師應該將自己視為「轉化型知識分子」，充分將自己發展為積極及具專業反省力的實踐者（Giroux, 1988）。換言之，教師應該在教學實踐內涵方面，針對教學前的準備、教材的運用、教學互動中的教學策略、師生互動、教學後的評量與補救教學等，重視教師教學行為「行動－反省－行動－修正」的迴圈，以活化教學的實踐模式（林進材，2019c）。

歷年來課程改革中有關教學的改變，例如學會教學、學會學習、核心素養的教學、適性教學、差異化教學等方面的重視與轉變，不僅僅代表著教師教學理念的轉變，同時意味著課程改革的主張，同步地影響教師教學

理念的改變，唯有教師教學理念的轉變修正，才能使得課程改革的理想同步落實。

(五) 從「學會教學」到「學會學習」的轉變與挑戰

「學會教學」與「學會學習」感覺上是不同的議題，前者涉及教師的教學，後者涉及學生的學習。在教師的教學方面，一般指的是教師教學理論與方法的運用、教學策略與步驟的選擇，透過教師教學設計與實施，達成教學的目標；在學生的學習方面，一般指的是學生學習理論與方法的運用、學習策略與學習步驟的選擇，透過學生的學習參與和學習投入，達成學習的目標。然而，歷年來的課程改革，都希望透過教師教學方法的改變，影響學生的學習型態（或品質），進而提升學生的學習效能。Crick（2014）指出，教學的主要目標在於讓學習者全心、明智、成功地處理生命中的不確定性及風險，那麼我們就需要重新省視我們的教學工作。

課程改革想要達到預期的目標，就必須同時檢視教師的教學，引導教師將「學會教學」與「學會學習」二個重要的概念，在教學設計與實施中做專業上的連結，使教師的教與學生的學能隨著課程改革理念的調整，進而調整二個歷程中的架構、概念、策略、方法等，才能達到預期的效果。歷年來的課程改革，過於偏重「課程改革的架構」而忽略「教學改革的策略」，導致改革者唱高調，忽略第一線教師的教學，而無法收到預期的成效。

(六) 從「課程改革意識」到「教學革新實踐」的轉變與挑戰

課程改革的實施與問題方面，一般包括課程結構與內容、課程實施、課程評價、課程改革的成效等。在課程結構與內容方面，指的是包括哪些層級的課程，例如國家課程、地方課程、校本課程等，這些課程的內容組成需要包括哪些知識，教師在課程結構與內容方面，擁有哪些決定權等；在課程實施方面，指的是教師教室層級的教學，包括在教學過程中與學生的互動情形，引導學生質疑、調查、探究，促進學生在教師指導下主動地

進行學習；在課程評價方面，透過教師各種評價方式的實施，了解課程與教學實施的成效，以及學生學習的成效；在課程改革的成效方面，包括直接影響與間接影響，直接影響指的是教師與學生的改變，間接影響主要是重視教師教學方面的改變。

　　每一波課程改革的運動與訴求，都將重點放在課程理念、課程目標、課程綱要、課程實施、課程評鑑等議題上面，希望透過課程結構的改變修正學校教育活動（或教學活動），進而達到預期的目標。然而，只重視「課程改革」而忽略「教學革新」重點的教育改革，勢必無法在未來的改革運動中形成強而有力的改革力道，進而達成課程改革的目標。如果教師的課程改革意識與教學革新實踐的關聯性不佳，則容易導致改革與實踐之間的乖離，無法在教學實際行動中，將課程改革的理念落實到教學設計和實踐中，導致課程改革與教學實踐無法亦步亦趨，收到預期的效果。

本章討論的議題

1. 請說明臺灣幾次的課程改革有哪些議題？哪些重點？改革成效如何？
2. 課程改革與教師教學實踐的關係為何？如何提高教師對課程改革的意識？
3. 核心素養的意義為何？對教師教學設計與實施有哪些重要的意義？
4. 適性教學的主要意義是什麼？對教師的教學設計與實施有什麼意義？
5. 差異化教學的主要意義是什麼？對教師的教學設計與實施有什麼意義？

第7章 自我導向學習理論在教學設計上的應用

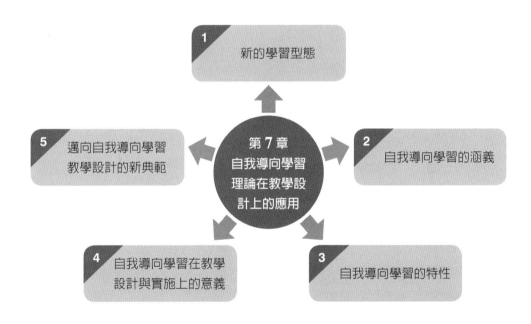

1 新的學習型態

5 邁向自我導向學習教學設計的新典範

第7章
自我導向學習理論在教學設計上的應用

2 自我導向學習的涵義

4 自我導向學習在教學設計與實施上的意義

3 自我導向學習的特性

本章重點

　　學習的產生究竟是個體主動，或是被動的歷程，不同的理論有不同的主張。行為學派主張學習是被動的歷程，認知學派主張學習是主動建構的歷程。不管學習是主動或是被動，對於學習者而言都有不同的意義。本章主旨在於探討自我導向學習理論在教學設計上的應用，透過對「學習如何學習」議題的分析，提供教師教學設計與規劃的參考。

一　新的學習型態

　　由於人類資訊的發展，快速取代並擴充人類智力，電腦資訊的廣泛應用，使得人類可以輕易地掌握全球性各種主要資料。訊息的演進過程從科學領域而管理領域，再發展至社會領域，最後成為個人電腦時代。由有限的個人空間到全球空間，無國界的資訊發展與革新，使得人類世界成為地球村（林進材，1999）。人類的教育發展、學習活動隨著未來社會建構而有重大的變遷與轉移。

　　以往，行為學派的理論主張，學習是反應的習得（learning as response acquisition），是一種透過反覆練習或增強作用，使學習者獲得新的反應，建立新習慣的活動。此種理論將個體視為被動的學習者，忽略個體的主動性。而認知論者主張學習是知識的建構（learning as knowledge construction），是學習者主動去選擇有關的訊息，並運用學習者既有的知識來詮釋此一訊息的歷程，是一種學習者使用後設認知（meta-cognitive skill）加以控制認知歷程的活動。此種理論將學習者的角色，由被動者提升到主動的學習者（林清山，1997）。

　　為了回應快速變遷的社會、資訊爆炸的時代，每個人都需要「學習如何學習」（learning how to learn），才能適應未來世界的需求。終身學習

時代的來臨，強調的是學習不應該只侷限學校內與體制內。過去以「教師中心導向」的傳統學習型態，顯然無法與瞬息萬變的未來世界發展同步。Toffer（1970）在《未來的衝擊》一書指出，今日的教育，即使是所謂最好的學校，也與時代脫節。學校傾全力要造就一個適應社會制度的人，而學習者在尚未獲得這些技能時，社會又面臨轉型。因此，學校教學活動必須澈底地反省與檢討，除了沿用傳統「教師導向」學習型態之外，間或採用「自我導向」學習型態，使學習者能依據本身的需要訂定學習目標，擬定學習計畫，尋找學習資源並進行學習評量，以落實學習成效。

自我導向學習的涵義

自我導向學習（self-directed learning）常被用來與自我教導（self-instruction）、自我教育（self-education）、自我教學（self-teaching）、獨自學習（independent learning）、獨立研究（independent study）、自我導向研究（self-directed study）、探究方法（inquiry method）、自我計畫學習（self-planned learning）等名詞相提並論（林進材，1999）。

自我導向學習理論的探討，以成人教育文獻出現最多，並且蔚為時尚。例如，Knowles（1975）從成人教育層面指出，自我導向學習是成人最自然，也是最好的學習方式。在學習過程中，學習者在無他人協助之下，診斷自己的學習需要，形成自己的學習目標，尋找學習的人力和各種物質資源，選擇並實施適當的學習策略，以及評鑑學習的成果。Knowles同時指出，自我導向學習的基本假設有五：(1) 人類可有成熟及有能力自我導向的成長；(2) 學習者的經驗是學習的豐富資源；(3) 個體有其不同型態的學習準備度；(4) 學生的學習屬於任務或問題中心導向；(5) 學習動機來自內在的激勵，例如自尊需求、成就需求等（蕭錫錡，1996）。

Brookfield（1985）指出，自我導向學習為個體自身喜愛的課程，並且依據各種學習過程中的需求，有能力自行決定學習的步調、風格（style）、彈性與結構者。因此，自我導向學習是學習者的學習過程，同

時也是學習者能力之一。

　　Tough（1989）認為，自我導向學習是一種學習者追求獨立學習、執行自身的學習程序及主動控制學習過程的歷程。因此，自我導向學習理論囊括學習環境或訊息、學習者、學習過程與學習結果等要素。

　　綜合上述，自我導向學習有別於傳統的學習理論，強調學習者在學習過程中積極、主動的學習風格。即診斷自己的需求與特性，擬定自己實際可行的學習目標，尋求學習可以運用的各項資源，選用並實施適當的學習策略，並配合結果進行評鑑的過程（林進材，1999）。

 ## 自我導向學習的特性

　　自我導向學習的特性，和傳統的學習有所差異，依據學者（林進材，1999；Knowles, 1975；Tough, 1989 等）的理論分析，自我導向學習具有下列的特性：

(一) 重視學習者具有獨特的人格特質

　　自我導向學習理論重視學習者自行規劃與進行學習活動的能力，是在個體獨立作業的情況下，主動從診斷學習者的需求，設定目標，確定所需人力與物資及評鑑學習結果的過程。因此，自我導向學習具有強烈的自我認同。傳統的教師導向學習，重視教師的教學計畫能力，教學活動的進行以教師為主、學生為輔。學習者偏向外在取向，依賴外界的增強作用，其學習比較消極、被動、依賴性高，不斷期盼從教師處獲得更多、更明確的指導，對自我的要求比較低，無法獨力完成學習活動，缺乏批判反省與思考能力。

(二) 學習者擁有「學習決定權」

　　自我導向學習理論強調自我學習的了解，個體在設計良好的學習情境中，主動參與機會而獲得發展與增強。因此，學習過程中由學習者依

據自身的先備知識經驗、起點行為與本身屬性的需求，決定要學些什麼知識、概念或原則，並決定學習的型態與方式。學習者依學習目標的建立、學習資源的規劃、學習活動的評鑑來了解自己的學習，進而從自我實現中完成學習活動，學習者擁有學習的決定權。教師導向的學習型態，學習的決定權在教師手中，由教師決定學習者要學些什麼及以何種方式學習。此種學習型態，往往忽略學習者實際的需要、先前知識、身心屬性，而衍生「教」與「學」脫序的現象，學習者無法掌握自己的學習活動，對於未來充滿迷惑。此種他人導向的學習，成效無法達到預期的效果。

(三) 重視學習者經驗與專家經驗的融合

教師教學過程中，經驗傳遞是很重要的一環。自我導向學習理論，是一種學習者自己掌握學習活動的歷程，理論與實踐的對話機會自然隨著學習者的學習活動而增加。學習者的經驗成為日漸豐富的資源，從經驗的累積中形塑有效的學習。因而，學習者除了自身的經驗之外，還需要與專家的經驗共同融合，達到更有效的學習。教師導向的教學，由於學習決定權操之在教師手裡，學習者本身的經驗及價值均低於教師，教師具有將專家經驗傳遞給學習者的責任；學習者的經驗僅限於教師經驗及專家經驗，無法將自身的經驗有效地融入，學習成效自然有限。

(四) 適應學習者的個別差異

傳統的班級教學，將各個不同的學習者聚集在一起，施與同一種教學方法、同一套教材、齊一標準的教學，顯然無法適應個別差異。自我導向學習過程中，學習者勢必要準備好學習必須完成的生活任務和克服生活問題，個人準備程度不同，其學習步驟及意願也因人而異。自我導向學習的特色，在於學習者依據自身的學習速度、方式來進行。因而，在學習活動中能兼顧學習者的個別差異，同時也滿足學習者各種不同的需求。教師導向的學習安排方面，要求不同程度的學生學習相同的事物，齊一標準的學習成就要求，顯然忽略了學習者的個別差異。

(五) 以工作或問題中心取向的學習導向

自我導向學習，將學習重點集中於工作（task）或問題中心。因此，學習經驗是建立在完成工作或解決問題的學習計畫或探究單元，學習者的經驗是擴散式的。教師導向的學習過程，學生接受的是學科內容導向的學習。因而，學習被視爲教材內容的累積，學習經驗是依據所有單元內容加以組織而成，學習者的經驗是聚斂式的。

(六) 學習者的學習動機來自於內在誘因

自我導向學習的學習動機是來自於個體內在的激勵，例如自尊需求、成就需求等。因而，自我導向學習者的學習動機受到內在誘因的激勵，使學習活動產生自發自動的動力。教師導向學習的學習動機，是來自於外誘動機，學習者受到外在獎賞和懲罰的影響而學習。因而，學習者容易產生被動依賴的情形，缺乏積極主動的精神，學習態度比較偏向消極被動。

有關自我導向學習的特性，統整如圖 7-1。

圖 7-1　自我導向學習的特性

四 自我導向學習在教學設計與實施上的意義

自我導向學習理論的探討，提供教師教學設計與規劃上不一樣的思維，以及不一樣的策略思考。自我導向學習是學習者針對自己的學習，設定實際可行的目標，運用有效的資源，選用可行的學習策略，對自己的學習結果進行評鑑的過程。此一學習理念對教學活動產生相當大的影響，不管對教學意義、教師與學習者的角色、教學策略、教學場所、學習情境等，均有突破性的開展意義，廣泛地改變了教學的意義與內涵，造成多方面的影響。

(一) 教學的涵義擴大

自我導向學習理論的提出，改變了傳統對教學的認知，使教學的性質和範圍面臨各種挑戰和改變。首先是教學涵義的擴大，改變以往將教學定義為面對面的教學型態，擴展到自我教學的層面。自我導向學習不但將教學定義做更寬廣的詮釋，同時也擴大教學的範圍，教師本質從內容的灌輸轉而重視服務和資料的交換。因此，教師在教學設計規劃階段，應該針對教學的定義從「面對面教學」、「教師導向教學」，擴大至「學生中心學習」、「學習導向教學」等層面上，提供學習者各種選擇機會的教學。

(二) 教師成為學習促進者

Knowles（1975）指出，在自我導向學習中，教師應該要重新定位，從傳統內容的傳達者（content transmitter）轉而成為學習的促進者（facilitator of learning）。教師主要是協助學習的技術及擔任教學與學習之間交易的經理者，而不是資訊的供應者。權威的教師角色，以專家的姿態，期望學習者能記憶及背誦任何教師所教的，或學生所閱讀的事物；經理的角色，注重學習者之間的交互作用與潛在能力，鼓勵學習者為自己的學習活動擔負責任（張秀雄，1994）。學習的促進者提供學習者下列的協助：(1) 環境的安排；(2) 學習活動的規劃；(3) 診斷學習需求；(4) 設定

目標；(5) 設計學習計畫；(6) 從事學習活動；(7) 評鑑學習結果等。因此，教師教學設計與規劃，可以將教師視為學習促進者，需要具備愛心、耐心和親切的態度、開放的心胸，能接受新經驗及改變等特質，進而協助學習者的學習活動。

(三) 學習者同時是評鑑者

自我導向學習在自我監控的情況之下，完成所有的學習活動。從需求的診斷、目標的擬定、資源的運用、策略的選擇到結果的評鑑，是在獨立作業的狀態之下完成的。因而，學習者控制其學習活動的計畫與執行。學習者除了規劃各種學習活動之外，同時也要擔任評鑑的工作。此種轉變，有別於以往教學評鑑完全由學者專家或教師操控的情況，賦予教學評鑑更多人性化的考量。評鑑從學習者自身出發，比較能達到預期的效果。

因此，教師在教學設計規劃階段，有關教學評鑑（或評量）的標準和方式的擬定，需要將學習者同時是評鑑者的概念融入教學計畫當中，教學活動的實施保有學習導向的理念與精神，讓學習者可以自行評鑑學習成效。

(四) 提供學習者最大的選擇機會

自我導向學習理論強調學習者擁有學習的決定權，學習是一種學習者經驗和專家經驗的融合過程。此種的學習不受到場合、地點、時間及情境方面的限制。學習的進行可以依照預先設定的架構（predefined framework）去執行。因而，教學者應該提供最大的選擇機會，讓學習者依據實際的需要做抉擇。提供的內涵包括學習資源、學習材料、學習類型、學習方法等。

教師在教學設計規劃階段，應該將學科知識內容做適當的歸類，再依據歸類的情形結合學習者導向的理念，將教學設計的內容以學習者的特質和需求為考量，提供學習者各種選擇的機會，以落實自我導向學習的精神。

(五) 建立教學者與學習者之間的夥伴關係

　　傳統的教學型態，教師是教學權威的代言人，以專家的姿態將各種經驗、概念、法則與材料，不假思索地灌輸給學生、傳遞給學生，期望學習者能記憶及背誦任何教師所教的或學生所閱讀的事物。自我導向學習，注重學習者之間作用與其在能力，教學者與學習者的關係由以往上對下、權威與附屬型態，轉型為夥伴關係。學習者與教學者針對各科學習目標、策略、評鑑標準訂定學習契約（learning contract），經由契約的方式連結師生的夥伴關係。學習契約提供學習者所進行學習活動的文字紀錄，同時也擔負學習品質控制的機制。

　　教師的教學設計與規劃，需要調整教學者與學習者之間的關係，由傳統的「教師中心」，慢慢轉移到「學生中心」或「綜合型」關係，使教學計畫更為彈性，增加各種變通方案，給予學習者更多的選擇機會。

(六) 重視學習者的強烈內在動機

　　自我導向學習與教師導向學習，最大的區別在於重視個體內在的強烈動機，從學習者自尊需求、成就需求的滿足中完成學習活動。在學習活動中，個體內在動機需求不斷地湧現，成為促進學習的原動力。教師導向學習重視外誘動機，學習者受制於外在獎賞與懲罰的侷限，學習效果不佳。因此，學習者內在動機的滿足，成為教學過程中重要的影響因素。學習者從診斷學習需求、預設目標、確認所需人力與物質資源及評鑑結果的過程中，每個環節都能得到來自於內在動機的支持，從內在動機的滿足中完成學習活動。

　　有關自我導向學習在教學設計與實施上的意義，統整如圖7-2。

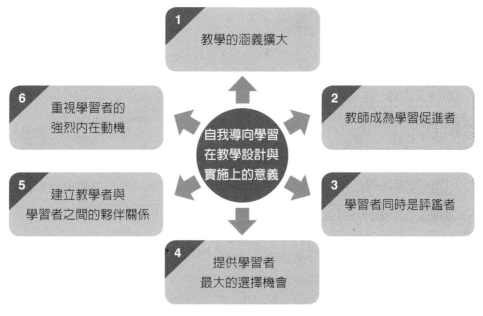

圖 7-2　自我導向學習在教學設計與實施上的意義

五　邁向自我導向學習教學設計的新典範

　　自我導向學習理論雖然強調學習者獨立的人格特質，讓學習者擁有學習決定權，重視學習經驗與專家經驗的融合，符合學習的個別差異等，然而實施的過程中容易受到質疑。例如：(1) 結構對非結構的問題，即初學者如遇到高度結構性程序，則影響其自我導向；(2) 內容對非內容的問題，學習內容容易受到牽制；(3) 成績評定的公平性問題等（Knowles, 1975）。雖然如此，從自我導向學習理論的意義、特質及內涵的發展，提供教師教學設計規劃的另類思考。畢竟，「教師導向的學習能調教出照章行事的學生；自我導向的學習卻能雕琢出學習自主的學生。」

本 章 討 論 的 議 題

1. 自我導向學習的意義是什麼？對教師教學設計與實施有什麼啓示？

2. 自我導向學習的特性有哪些？在教室教學中如何運用自我導向學習？

3. 自我導向學習的策略如何與一般學科單元教學結合？

4. 當學校要求「停課不停學」時，教師如何運用自我導向學習進行教學活動？有哪些方法可以運用？

5. 自我導向學習和一般傳統的學習有什麼差異？這些差異對教學活動的實施有什麼啓示？

第8章 動機理論及其在教學設計上的應用

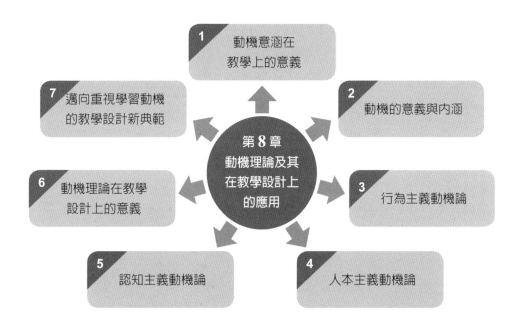

1 動機意涵在教學上的意義

7 邁向重視學習動機的教學設計新典範

2 動機的意義與內涵

第8章 動機理論及其在教學設計上的應用

3 行為主義動機論

6 動機理論在教學設計上的意義

5 認知主義動機論

4 人本主義動機論

　　教師教學活動設計與規劃，需要將影響教師教學活動的各種因素納入教學設計的參考。教學設計再怎樣周延，設計內容再如何完整，缺乏學生的動機與參與，則教學活動實施效果容易打折扣而影響教學品質。

一　動機意涵在教學上的意義

　　有效的教學活動涉及的影響因素相當的多，在教師方面包括教師的人格特質、教學策略的擬定、教材教法的運用、教學資源的統整、教學溝通能力、教學計畫的規劃等；在學習者方面包括學習者的特質、舊經驗、起點行為、學習需求、學習動機、身心發展狀態等（林進材，2019a）。林進材指出，動機是所有事物目標導向活動的動力。動機理論探討人類行為的「為何」（why），而學習理論的重點在於行為的「如何」（how）和「學什麼」（what）的問題上。

　　教師在教學設計與規劃中，應該積極了解學習者的動機，以及影響動機的各種因素，才能提升教學效果，增進教學的品質。透過對於學習動機的了解與掌握，並且將動機的相關理念融入教學設計與實施當中，才能在教學活動實施中吸引學生的學習動機，提高學生的學習興趣。

二　學習動機的意義和內涵

　　動機是個性傾向的重要成分，它是直接推動個體活動達一定目的之內部動力，是激發人類將思考付諸行動的主觀動因，也是個體維持活動的心理傾向（韓進之，1991）。動機的研究，提供教師在教學過程中最大的洞察力，了解學生在哪些情況之下，最有興趣從事哪些事，在哪些情況之

下，最沒有興趣從事哪些事。動機的了解，提供教師了解行為背後的潛在因素。從動機的了解察覺學習者學習驅力和學習上的需求，透過動機歷程的解讀，認識學習者的感情、歸因、成就、社會認同及自尊方面的需求等，作為教學的前置準備工作。高效能教師從學習者的動機狀態、動機的激發中，因應學習者的個別差異給予不同教學上的因應。

　　學習動機的內涵，包括生理與心理方面的狀態，生理方面包括交感神經系統、心肺頻率、腦波的活動、皮膚的新陳代謝等狀態；在心理方面包括需求、驅力、欲望、情感、歸屬、社會認同、自我尊重等狀態。從動機理論的探究中，了解以下幾個重要概念：(1) 內在的狀態，例如需求或欲望；(2) 可能導致的結果；(3) 學習者認為特定的行為導致其結果的可能性。動機理論的研究，讓教師了解動機增強與削弱所伴隨的心、生理變化，以及其在教學上的應用。

三 行為主義動機論

(一) 理論要義

　　行為主義對動機的觀點，關切行為的結果如何控制行為。行為主義從個體內在經常維持均衡作用的觀點，對行為動機之解釋提出驅力減降論（drive-reduction theory）（張春興，1994）。上述理論的要義，包括：(1) 個體的一切活動，都起因於內在生理需求而生的驅力；因營養而產生的飢餓驅力，因缺乏水分而產生的渴的驅力等均屬之；(2) 在個體表現行為時，如該行為結果能滿足造成驅力之需求，那就會使該驅力減降。驅力減降的結果，自然加強該種行為的重複出現。行為主義在動機理論方面，比較關心外在的影響因素對學習的影響。

(二) 教學設計上的應用

　　行為主義在動機的衍生方面，強調以行為帶來的後果而定。因而，心

理層面的痛苦／快樂原則，是行為動機論的主要內涵。教師在進行教學設計時，應該要了解哪些策略可以增強學習者的學習效果，哪些策略足以降低學習者的學習驅力。教師可以在進行教學設計時，採用不同的方式，引導學習者在學習歷程中出現教師期望的行為，同時採用有效策略減少學習者的偏差行為。

　　基於行為主義對學習動機的理解和詮釋，在教學上強調應該將學生的思考歷程（student thought process）納入教學活動設計當中。教師在教學前、教學中、教學後，應該給予學習者各種必要的增強（例如有效的讚美、增強物的使用），強化學習者的學習效果，並且使學習活動持續地進行。從人類動機的產生及內涵，了解教學使用獎勵與懲罰的時機，增進教學效果，同時提高學習者的學習效果。教師在規劃教學活動時，應該要針對學生的學習歷程，選擇適當的學習策略，以滿足學生的學習需求，進而達到高效能的教學。

四 人本主義動機論

(一) 理論要義

　　行為主義對人類動機產生的觀點，僅能簡單的以刺激和反應之間的學習關係加以解釋，無法詳細描述人類行為背後的動機。獎勵與懲罰的使用，並無法全盤控制人類的學習行為。人本主義對人類動機的產生傾向於內在的動機，認為動機的產生是為了追求自我實現的需求。Maslow 提出人類需求理論，以追求自我實現為人性本質的理念，將人類追求自我實現的動機，分為由低而高逐級而上的幾個層次，各以不同類別的需求而名之。

　　Maslow 的基本需求又分為「基本需求」與「衍生需求」，基本需求包括生理需求、安全需求、愛與隸屬感需求、自尊需求等；這些基本的需求是當較低層次的需求滿足之後，才能追求更上一層次需求的滿足；衍生

需求又稱爲成長需求，包括美學及認知上的驅力，此種驅力和追求眞與善、知識、美的鑑賞、秩序以及平衡的美德有關（李茂興，1998）。人本主義認爲每個人都有能力感覺自己的能力動機，從能力動機中感覺到自我價值的存在，並致力於自我實現。

(二) 教學設計上的應用

人本主義重視個體內在動機的產生，強調影響行爲的內在因素。因此，教師在進行教學設計規劃時，應該要針對單元教學深入了解學習者動機的形成，提供學習者在學習上的自我實現機會。教學設計的重點，應該要關注學習者內在情感方面的成熟，以及自我實現的培養。讓學習者的學習需求由內而外，產生自動化的驅力，對學習活動產生好奇心，自動自發追求知識的成長。

人本主義的學習活動，強調教學者應該以學習者爲中心，摒除傳統的教師爲中心的教學，重視個體的整體性發展，而非部分的成長。教師引導學習者從學習過程中建立適當的自信心，從低層心理需求的滿足到高層自我實現需求的滿足，教學設計的重要目標，就是要引導學習者達到自我實現的境地。

五　認知主義動機論

(一) 理論要義

行爲主義與人本主義對動機的解釋，大部分偏向人類動機的被動性，忽略個體成長及學習的主動性。前二者認爲，人類的學習活動如果缺乏內在動機或外在動機，則學習活動就會因而停止。自 1960 年代起，認知心理學發展之後，對動機的觀點有了新的發展。認知主義者以人類會主動地嘗試以求理解的心理歷程，解釋個人或他人表現出來的行爲動機。

認知心理學者駁斥行爲主義與人本主義的論點，認爲人類的學習絕不

是傳統觀念的被動性，而是會經由個人有意識的評估各種外界刺激，進行認知與了解活動，進而成為自己的知識。認知主義對動機的理解，認為個體是主動的，個體的行為均經過內在意識的評估，而後才採取行動。認知主義對動機的解釋，同時也重視社會的影響因素。

(二) 教學設計上的應用

　　認知主義對動機的探討及詮釋，最重要的概念是「自我效能」。自我效能是一種個體對自己能力的推估，其次是個人實際的能力（或技能）。學習者如果在學習歷程中，可以有效的推估自己的能力，並預測自己的表現，就能產生高度的自覺性，進而產生自我效能的評估。

　　具體而言，自我效能的了解讓學習者深入認識自己，進而對學習活動展現比較大的毅力、付出更多的努力，激發自動自發的、內在的學習興趣。自我效能的判斷，不僅會影響我們選擇做什麼，以及有時會影響我們選擇在何處做，而且也會影響到我們願意付出多少努力去克服面對的困難（李茂興，1998）。

　　教師在教學歷程中，要能了解學習者動機的產生，以及各種自動自發的心智生活，引導學習者對自我效能做有效的判斷，協助學習者為自己設定各種可以達成的學習目標。因為學習目標的設定，是決定個人學習成功或失敗的關鍵所在。教師從引導學習者自我效能的判斷中，了解學習者對自我效能的觀點，同時為學習者擬定各種提升自我效能的有效策略。

　　其次，教師在教學設計階段，應該要有效地改變學習者的歸因與成就需求，對於容易將個人學習表現做負面歸因的學習者，應該要引導做正向的歸因，讓學習者學習從另一個不同的角度了解自己的學習狀況。再者，教師可以在教學設計中，設計輔導學習者改變或調整成就目標，促使個人在學習歷程中，發展出學習的內在價值的增強，並能坦然接受自己的學習結果。上述的理念，教師可以在設計教學時，擬定教學評量的方式與標準，並且針對學生的學習成效做學習方面的輔導。

六 動機理論在教學設計上的意義

　　行為主義對動機的解釋重視行為的結果如何控制行為，強調各種相關的外在動機；人本主義重視個體的自發性、自我實現、自尊及自我價值，強調自我本質的內在動機；認知主義探討個體學習的心智生活，強調個體的「如何知」和「為何知」的現象。從學習動機理論的演繹、探討的重點及關心的層面，可提供教師教學設計與規劃的多向性參考。

(一) 了解教學設計的前置因素

　　動機理論的探討，提供教師在教學前了解學習者的內、外在影響因素，將前置因素加以重新組織，促進教師的教學效能。同時，從動機衍生過程中，了解學習者對學習所產生的心理狀態，透過科學化的歷程，輔助教師擬定有效的教學策略，落實學習者的學習成效。

　　此外，在教學設計與規劃階段，教師可以透過學習者學習動機的掌握，了解學生「喜歡什麼」、「不喜歡什麼」方面的訊息，作為教學設計的參考，將學生的學習動機和學習興趣和學科教學結合，提高教學設計的可行性，以及教學活動實施的成功。

(二) 有效運用獎懲於教學歷程中

　　行為主義認為，個體的動機是源自於行為所帶來的後果而定。換言之，如果行為的後果是正面的，就容易得到增強作用；反之，則容易削弱此方面的行為。因此，教師在複雜的教學情境中，必須透過各種途徑，了解學習者的動機狀態，有效地運用各種獎勵和懲罰於教學設計中，藉以促進教學的成效。

　　完整的教學設計規劃，如果缺乏對學生學習動機的了解和掌握，則學生在教學活動中，對教師的教學缺乏興趣，無法全心專注於教學中，則學習效果容易打折扣。因此，教師在教學設計規劃中，除了對於學科單元知識的關注外，也應該了解學生對學科單元的學習動機，將能提高學生學習

動機的策略在教學活動設計中給予強化。

(三) 了解學習動機低落的原因

學習動機的研究探討中，不管行為主義、人本主義或認知主義，均認為學習動機對於學習成效有正面且直接的影響。動機是學習行動的原動力，在學習過程中扮演相當重要的地位。教師在教學歷程中，應該了解學習者是否已經達到學習的成就水準，作為調整教學活動的參考，同時作為補救教學的依據。如果學習者實際的表現遠低於應有的表現，則教師應該思索問題的癥結何在，了解影響學習成就的原因，將學習動機低落的原因找出來，減少此方面對學習者的影響，增強學習者的學習動機，落實教學成果。

因此，教師在規劃教學活動時，要參考該單元學科知識和學生學習動機之間的關係，想辦法在單元教學中增加提升學生學習動機的策略，透過策略運用加強學生的學習動機，讓學生可以在教學中擁有比較高的學習動機。

(四) 擬定提升成就動機的自我調整策略

學習者在學習過程中，成就動機的強弱影響學習成果。人本主義強調影響人類學習行為的內在動機，認為有效的學習是一種自我實現的境界，教學的重點應該在於學習者內在情感方面的成熟，以及自我實現的培養。因此，教師在教學歷程中，應該要致力於擬定提升學習者成就動機的自我調整策略，協助學習者建立追求成就目標持久且穩定的特性或特質，學習活動才能達到預定的成效。

因此，教師在教學設計與規劃中，應該隨著學科單元的性質，配合學習目標的內容，擬定各種提高學生學習動機的自我調整策略，讓學生可以從學習活動中擁有自我實現的機會，透過學習者內在成就的滿足，進而提升學習效果。

(五) 引導學習者做自我效能的評價與提升

認知主義強調學習者如果在學習歷程中，可以有效地推估自己的能力並預測自己的表現，就能產生高度的自覺性，進而產生自我效能的評價。教師在教學歷程中，應該引導學習者做自我效能的評價活動，從自我效能的評價深入了解自己的學習狀態及身心狀態，認識自己的優缺點，從事學習上的自我監控工作，透過各種有效評價自我效能的策略，以提高學習效果。

教師的教學設計，除了重視教學理論方法的運用，也應該要針對班級學生的學習特質，設計各種自我效能評價的策略，提供學習者做自我學習效能的評估和預測，讓學習者可以在教學活動中了解自己可能達成的目標。

(六) 提供學習者自我引導的經驗

行為主義、人本主義、認知主義對動機的解釋，因不同的理論取向和不同的著眼點而產生相異的論述。然而各理論之間都希望透過影響學習歷程中的動機因素，做全面性的了解，透過動機的產生與衍生過程，為學習者找出可行且有效的學習方案。因此，三種理論的重點皆置於學習者學習動機的激發和提升，以落實教學效果。教師在教學歷程中，應該提供學習者各種自我引導的經驗，建立學習的自發性及內在性的動機，提升教學品質與學習的效果。

教師的教學設計規劃，在學習者方面除了動機策略的擬定，也需要提供學習者自我引導的經驗，讓學習者可以從自我的經驗中做新舊知識方面的連結，透過自我引導經驗的相互連結，有助於在教學活動中達到成功的經驗。

(七) 辨識高成就動機者的行為特徵並擬定相關策略

高成就動機者的行為特徵，與一般學習者的成就動機特徵的比較中，讓教師了解能力動機、自我效能、成就表現與學習目標的設定、歸因與成就動機的相關概念。教師應該透過研究辨識高成就動機者的行為特徵，並且依據行為特徵擬定相關的策略，協助學生在學習過程中激發動機，以提高學習成就。

因此，教師在進行教學設計規劃時，需要將學生在學科單元學習上的高成就動機，以及學習上的行為特徵，納入教學設計的考量。在單元教學活動實施中，提供學生高學習動機者的行為特徵和行為指標，以及需要達到高學習動機的方法，讓學生可以從方法的模擬中，得到學習成功的機會和經驗。

(八) 促進自我概念的發展並提高學習動機

教師在教學歷程中，應該設計一個讓學習者對能力和努力的信念可以深入認識的情境。在教學歷程中，強調學習的歷程，減少彼此之間相互競爭的氣氛，實施鼓勵學習者相關行為活動，協助學習者發展出積極的自我概念。教師示範和增強適當的學習行為，教導學習者成功表現的策略，為心智技能的成長提供適當的學習條件，將有助於學習者的學習成果。

教師的教學設計發展，應該將學習者自我概念的發展理念融入教學單元設計中，讓學生對於自己的學習有整體性的概念，了解這些學習對於自己的學科成長所代表的意義，以及透過學科知識的學習與成長有哪些生涯上的積極意義。

有關動機理論在教學上的意義，統整如圖 8-1。

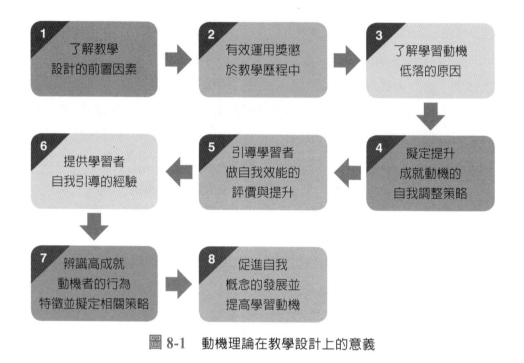

圖 8-1　動機理論在教學設計上的意義

七　邁向重視學習動機的教學設計新典範

　　動機理論的研究，將學習歷程中的心智生活（mental life）透明化，提供影響學習的各種內外在因素方面的訊息，同時提供教師做有效教學策略擬定的依據，教師在教學設計規劃歷程中，從學習者的動機形成了解因應之道。行為動機論強調行為所帶來的後果；人本主義動機論認為動機的衍生是為了追求自我實現；認知主義動機論主張個體的主動性。無論動機的形成是外顯的或內隱的，主動形成或被動形成的，動機理論的探討對教學活動的進行與教學設計的應用，具有深遠的意義。動機理論提供教師建構有效教學活動的思考方向，唯有正確地理解學習者的學習動機，設法提高學習者的成就動機，教學活動設計與教學活動實施才能收到實際的效果。

本 章 討 論 的 議 題

1. 動機和學習的關係有哪些？教師如何運用動機理論加強學生的學習？

2. 行為學派的動機理論在教學實施上的主要意義有哪些？

3. 認知學派的動機理論在教學實施上的主要意義有哪些？

4. 人本主義的動機理論在教學實施上的主要意義有哪些？

5. 動機理論的研究和不同學派的主張，提供教師在教學設計與實施上的啓示有哪些？

第 9 章　學習策略之設計與運用

- 1　教學活動與學習策略的關係
- 5　邁向教師教學設計與發展的新典範
- 第 9 章 學習策略之設計與運用
- 2　學習的定義與理論發展
- 4　學習策略在教學設計上的意義
- 3　學習策略的意義與教學

　　學習策略的主要意義在於透過有效的學習方法與策略，配合學科單元教學方法的運用，指導學生從教學活動中，運用各種學習方法提高學習的效能與品質。本章的重點在於說明教學活動與學習策略的關係、學習的定義與理論發展、學習策略的意義與教學，以及學習策略在教學上的意義。

一　教學活動與學習策略的關係

　　一般的教學活動，包括「教師的教學活動」與「學生的學習活動」二個重要的層面。在影響教學活動的教師變項方面，包括教師本身的特質、教學信念、教與學經驗、哲學觀、教學理念、教育訓練、專業知識、專門知識等；在學生方面包括學生的學習起點行為、舊經驗、學習動機、社經地位、人格特質、成就歸因、學習興趣、學習能力等。

　　教學研究者關心的是教師變項、學習者變項及情境變項的內涵為何、這些變項之間如何交互作用，以及交互作用的結果如何等問題。在教學理論發展之中，精熟學習是備受重視的一環，探討怎樣讓學生在教學設計與實施中得到精熟程度的學習效果。在其中，研究者往往從教學者的角度思考如何促進學習者的精熟程度，卻很少從學習者的角度思考及關心促進精熟學習的議題。

　　教學活動的設計與實施，除了考慮教師在教學理論與方法的運用、教學活動實施的順序等，與教師教學有關的策略之外，也應該關注學生學習方面的情形，包括學習策略的採用、學習方法的運用、學習風格的調整修正等。如同認知心理學的教學研究發展與開拓，除了擴充教學研究者與教學者更寬廣的視野之外，更提醒學習者具有主動建構學習的能力。

綜上所述，教學活動與教學策略之間的關係是相當密切的。教學活動設計與實施，除了要重視教師的教學理念與實踐，也應該將學習者的學習理念與實踐融入班級教學設計當中，提醒教師在教學實施中隨時了解學生在學習策略方面的運用情形，進而提升學習效果。

三 學習的定義與理論發展

學習是訊息與知識、技能與習慣，以及態度與信念方面的獲得，是一種經由學習者經驗所造成的改變。歷來，研究者對學習的探討以行為主義、認知主義、折中主義、互動學習論、人本主義為主，其對學習歷程及影響的相關因素持有不同的觀點，在教學上的應用也採不同的策略作為教學活動的參考。

(一) 行為主義學習論

行為主義學習論者認為，「學習」是個體在特定的環境刺激之下所產生的適當連結反應行為（甄曉蘭，1997）。行為主義從人類單純的行為，可觀察、可預期的反應，探討影響個體並且可能導致行為的制約，以及單純的行為本身解釋學習歷程。行為主義學派在人類學習歷程中強調刺激與反應的連結、增強作用的運用，以及行為的強化和削弱、類化、辨別、自發恢復等概念在學習上的應用（張春興，1994），以促進學習者的學習反應，提升學習效果。

(二) 認知主義學習論

認知學習論者關心人類在知識方面的累積、主動地求知，以及察覺如何運用有效策略獲得訊息，並且處理訊息。認知學派重視知覺的整體性，強調環境中眾多刺激之間的關係。個體在面對學習情境時，學習的產生如下（張春興，1994）：(1) 新情境與舊經驗相符合的程度；(2) 新舊經驗的結合並重組。學習並非是零碎經驗的增加，而是以舊經驗為基礎在學

習情境中吸收新經驗。認知心理學對個體的學習反應，認為學習者有主動求知、建構意義的傾向。認知學習論者強調個體內在心智架構（internal mental structures）與知識獲得的關係，認為學習是屬於內在知識狀態的改變，而非外顯行為反應或然率的改變（甄曉蘭，1997）。

因此，認知學派對於人類的學習主張和行為學派有很大的差別，前者強調刺激與反應之間的連結關係、新舊概念之間的關聯性；認知學派強調人類心智的改變情形，包括新舊經驗的相符合程度等。

(三) 折中主義學習論

折中主義學習論者以 Tolman 為代表，認為人類學習的產生是行為與認知的綜合體，而不是單一形成的。折中主義論者強調，強化並不是學習歷程必須的條件，學習是由環境與有關訊息的組合而構成的（林進材，1999）。折中主義認為個體對某種特定行為或目標物體有某種要求時，就會產生行動，並且強調行為的整體性，行為是指向一定的目的，行為本身具有認知的性質，不是機械性的、固定的反應，而是適應性的。

(四) 互動學習論

互動學習論者主張個體的學習除了受到外在環境之影響，個體內在的認知是一項重要的指標。互動學習論者認為學習活動是由學習者的行為、心理歷程及外在環境互相形成的，透過個體內在的心理作用和外在環境的刺激互動，才能產生有意義和認知的學習活動。

互動學習論者以 Bandura 的社會學習論和 Gagné 的學習條件論為主。Bandura 主張，學習的產生是由學習者在社會情境中，經由觀察他人行為表現方式，以及行為後果（得到獎勵或懲罰）間接學習到的。人類的心理歷程是透過個體與外界環境的決定因素不斷的交互作用而形成的，外界環境必須透過個體的認知歷程才得以影響行為。Gagné 認為學習不是單一的歷程，不管是刺激與反應的連結、頓悟、問題解決等，均無法對學習定義做完整的解釋，人類的學習是一種複雜多層面的歷程。人類的學習活動包

括：(1) 一種使個體成爲有能力的社會成員的機制，學習使人獲得技能、知識、態度或價值而產生的能力；(2) 學習結果是由人類環境中的刺激和學習者認知歷程所習得。

(五) 人本主義學習論

人本主義學習論對學習歷程的解釋，關切人類的個體性與獨特性，勝於解釋人類反應的一般化原理，以人本身的情感發展，例如自我概念、自我價值、自我實現爲主要焦點，對於認知方面的訊息處理或刺激與反應比較不重視。人本主義學習論者以 Roger 爲代表人物，強調學習應該是與一個人的生活、實踐息息相關，學習內容能和生活結合在一起，能融入學習者的情感，才能促進學習行動的進行。

Roger 的學習理論主張人類生來就有學習的潛能，當學習者察覺到學習內容與自己有關時，學習意義便發生了；涉及到改變自我組織的學習是有威脅性的並往往受到抵制；當外部威脅降到最低限制，就比較容易察覺和同化那些威脅到自我的學習內容；當自我威脅很小時，學習者就會用一

圖 9-1　學習的理論與發展

種辨別的方式來知覺經驗，學習就會取得進展；大多數的意義學習是從做中學的；當學習者負責任地參與學習過程時，就會促進學習；當學習者以自我評價爲主要依據，將他人評價放在次要地位時，獨立性、創造性和自主性就會得到促進（施良方，1996）。

有關學習的理論與發展，統整如圖 9-1。

三 學習策略的意義與教學

教師在進行教學設計與實施時，需要先了解學習策略的意義，以及和教學之間的關係，才能將學習策略的意義融入教學活動中，提升學生的學習效能。

(一) 行爲主義的觀點

行爲學派強調刺激與反應之間的連結，以練習、增強方式強化學習的促進。因此，在學習策略方面，重點在於學習者行爲改變的方式。在教學上，行爲學派認爲有效的學習是運用適當的增強作用，使學習者產生適當的行爲。教學者在教學過程中，應該預先設定學習者可能產生的預期行爲，針對行爲選擇或擬定有效的增強策略。

(二) 認知主義的觀點

認知主義對學習的論點，認爲學習並非僅爲刺激與反應的連結，而是學習者在學習過程中，運用自身具有的認知結構主動的接受外界的訊息。在學習方面強調既有的認知結構，學習反應是一種主動的認知與建構，而不是被動的吸收。因此，將學習策略界定爲學習者主動利用方法及步驟獲得知識，或使用知識的認知歷程，最終目的在促進學習和記憶的效果，以及解決問題的能力（陳李綢，1998）。

認知學派的教學理論以 Piaget 等人的認知發展理論爲主，認爲個體在環境中無法用既有的經驗和認知結構去適應新環境，或新舊經驗不相均

衡時，就會產生認知失調的現象，則個體必須改變原有的認知結構調整基模，以均衡認知。此外，認為個體的學習是一種自動自發的行為，而不是被動的，透過學習滿足好奇心，而產生增強作用。學習是個體主動將外界的訊息加以組織、建構、編碼、轉化並進而吸收的歷程。強調學習活動歷程中的各種概念或原理原則，必須對學習者本身具有意義，學習活動才能產生。學生在進行學習活動之前的先備知識（prerequisite knowledge）才是產生有意義學習的必要條件。

(三) 折中主義的觀點

折中主義對學習的觀點，探行為主義和認知主義的論點，將學習類型分成形成精力投入、形成等值信念、形成場的預期、形成場認知方式、形成驅力辨別、形成運動方式等。有效的學習策略應該針對學習者的行為及認知的特徵，擬定學習策略。折中主義學習論者認為教學的主要貢獻，在於連結行為與求知的學習歷程，強調學習的中介變量。將行為主義與認知學習二者的優點做適度的連結，提出信號學習論，使教學者了解行為絕非機械性的、固定的，而是變動的，教學活動的進行應該隨時做適度的調整。

(四) 互動主義的觀點

互動學習論者主張個體的學習除了受到外界環境之影響，個體內在的認知也是一項重要的指標。互動學習論者認為學習活動是由學習者的行為、心理歷程及外界環境相互形成的，透過個體內在的心理作用和外界環境的刺激互動，才能產生有意義和認知的學習活動。社會學習論者認為教師在教學歷程中，必須從三方面加以因應：(1) 確認適當的學習楷模者和示範者；(2) 建立行為的功能性價值；(3) 引導學習者的認知歷程。社會學習論者期望學習者的學習活動是自動自發的，從自我觀察、自我評價和自我強化中產生自律的學習行為。在學習條件論中，認為「學習成果」與「學習能力」的獲得都得具備適當的學習條件。教師在教學歷程中要能掌握學習的內、外在因素。內在因素是學習者本身的先備知識與技能、興趣

和態度，外在因素是學習氣氛、環境、設備、教材等各種資源。

(五) 人本主義的觀點

Rogers 在教學理論方面，提出學生中心的教學模式，屬於個別化教學模式的一種。教學觀是建立在以「存在主義」的哲學觀、「以我為中心」的個性理論和「當事人中心的治療法」的實踐依據。認為教學者在教學歷程中最大的任務，就是協助學習者對對環境變化和自身的理解，將自己與生俱來的潛能發揮到最大。此外，Rogers 認為教學原理應該至少包括設計符合真實的問題情境、提供學習的資源、使用學習契約、有效運用社會資源、運用同儕團體達到學習目標、分組學習、探究訓練、程序教學、交朋友小組和自我評價等，促進學習者追求特定學習目標的程序。

四 學習策略在教學設計上的意義

綜合行為主義、認知主義、折中主義、互動主義、人本主義對於學習與學習策略意涵的主張與論述，對於教師教學設計與實踐具有相當大的啟示作用。

(一) 不同理論間的互補與應用

教師在教學規劃與設計階段，應該針對不同的學習對象及複雜多變的教學情境，擬定各種教學策略，採用適性教學方法。學習理論的演進和研究結論，提供教師對學習者學習歷程的思考方向，同時提醒教師在教學措施方面的因應。不同理論之間有其同質性和異質性，如何在各種理論之間取得平衡或和諧，是教師在教學規劃設計時應該慎重思考的議題。

(二) 有效運用學習策略於教學中

不同學派對於學習的意義與形成持有不同立場的觀點，進而提出有效學習策略的方法。由於不同論點所提出的學習策略有所不同，對於教師教

學設計與實施的規劃設計產生不同的論述。從學習理論的研究中，讓教師深入了解人類學習歷程中的心智生活，對學習歷程的了解，使教師在教學前、教學中、教學後的策略擬定有更具體的因應和依據。透過各種有效學習策略的擬定和運用，使教師的教學活動更順暢，更容易達到預期的效果。

(三) 訓練學習者的學習效能

從學習理論的研究中，了解各種不同主義對學習策略的觀點。例如，行為主義強調學習者行為改變的方法；認知主義強調學習者主動利用方法步驟獲得知識，或使用知識的認知歷程；折中主義者重視行為與認知策略的擬定；互動主義者重視教師應該展現學習者準備學習的楷模及示範行為；人本主義者主張教師應設法降低個體的學習焦慮，以及個人成敗歸因的改變方式。因此，教師在教學設計規劃階段，應該透過不同學習理論，因應不同的學習情境，訓練學習者的學習效能，以促進學習效果。

(四) 課程內容與學習方式提供學習者有意義的選擇

在教師教學設計與規劃階段，課程內容與學習方式的轉化與選擇，影響未來教學活動實施的成效。教師在規劃教學活動實施時，應該關注課程內容與學習者學習策略之間的關係，允許學習者針對個別的特質和需要，對課程內容與學習策略做有意義的選擇，從選擇中學習自我責任感。教師也可以從學習者做抉擇過程中，引導學生擬定學習方式，以達到精熟的學習目標。

(五) 學習歷程與理解的關注

學生的學習歷程和教師的教學歷程，雖然屬於不同的概念，但內容應該是相互呼應的。課程內容與學習方式對學習者而言，是決定學習效果的重要關鍵。教師在教學設計規劃時，應該將未來的教學歷程與學習歷程的契合關係作為教學設計的重心，以利提高教學品質並落實學習成效。

(六) 教學者與學習者之間的對話與論證

　　教學活動包括教師的教學與學生的學習，在教學活動方面涉及教師的教學思考歷程與教學表徵；在學習活動方面，涉及學習者的思考歷程與訊息處理歷程，此二者之間是否建立互為主體性，成為教學成敗的主要關鍵。教師在教學設計與規劃階段，應該透過想像、推估、預測等方式，掌握教師與學生之間的互動關係，不斷地和學習者進行各種的對話與論證，才能從雙向回饋中了解教學實施的成效，了解教學應該調整的地方和修正之處。

(七) 教師鼓勵學習者努力與進步的策略

　　在教師教學規劃與設計階段，應該要針對學生學習努力與進步的情形，擬定有效的鼓勵策略，以提升學生在學習方面的進步情形。教師對學習者的鼓勵可以採用多樣的方式，讓每一位學生都有被鼓勵的機會，避免在教學（或學習）歷程中，因為挫折或失敗導致的學習焦慮。

(八) 學習策略與形式的多樣化

　　教師教學活動包括教師的教學與學生的學習，是屬於多方向互動的歷程。因此，教師在教學活動設計時，需要將學生的學習納入設計的重點，也應該將學生的學習策略與方法結合該單元的學科教學重點，轉化成為教學活動的一部分。在學習策略與形式方面，教師應該針對學生的學習特質，選擇多樣且適合學生學習的方式。

　　有關學習策略在教學設計上的意義，統整如圖 9-2。

圖 9-2　學習策略在教學設計上的意義

五　邁向教師教學設計與發展的新典範

　　學習行為和教學活動的進行，彼此之間的關係是相當密切的。在教師進行教學設計與規劃時，應該要考慮學習者的學習策略是否能與教師的教學法相呼應。如此，教師的教學才會成功，學生的學習才會扎實，教學活動的品質與成效才可能提升。行為主義、認知主義、折中主義、互動主義、人本主義對於學習與教學的研究，提供教學者在教學計畫時多元化的思考方向，引導學習者從事有效的學習活動。教師教學設計與發展的新典範，主要是將教學活動從「教師中心」逐漸轉移到「學生中心」典範的發展趨勢。透過學生學習中心典範的轉移，了解未來在教學設計時，不能僅僅關注在教師的教學活動上面，也應該將學生的學習活動納入教學設計當中。

本 章 討 論 的 議 題

1. 請說明教學與學習策略之間的關係為何？

2. 請說明學習策略的主要意義有哪些？對教師的教學設計與實施有什麼啟示？

3. 請選擇國小高年級任何一個單元學科，說明學習策略在該單元學習的意義？

4. 請說明學習策略的意義及對教師教學設計實施的意義？

5. 請以學生時代的學習經驗，說明學習策略的類型、重要性和學習成效？

第 10 章　教師教學實踐智慧之基礎教學法

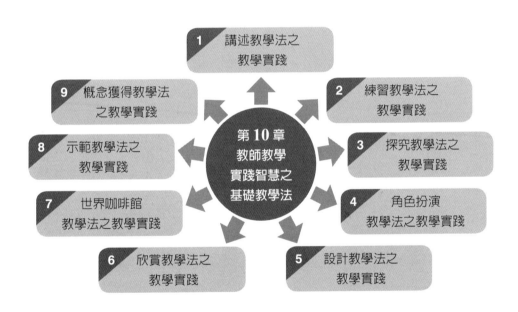

1. 講述教學法之教學實踐
2. 練習教學法之教學實踐
3. 探究教學法之教學實踐
4. 角色扮演教學法之教學實踐
5. 設計教學法之教學實踐
6. 欣賞教學法之教學實踐
7. 世界咖啡館教學法之教學實踐
8. 示範教學法之教學實踐
9. 概念獲得教學法之教學實踐

第 10 章 教師教學實踐智慧之基礎教學法

本 章 重 點 ────────────

　　基礎教學法的運用，是新手教師或傳統教師在班級教學中最常使用的教學方法，主要原因是因為基礎教學法對教師教學活動的實施，是最簡便也是最好運用的教學方法。本章在教師教學實踐智慧之基礎教學法，舉教師最常使用的教學方法為例，說明教學法的意義、流程運用情形。

一 講述教學法之教學實踐

(一) 講述教學法的意義

　　「講述教學法」（didactic instruction）又稱演講法（lecture），一般來說，講述法是依照事先計畫好的腹稿，以口語傳遞知識與訊息，比較傾向於單向溝通。教師在教學過程中，除了運用現有的資源、教材、設備之外，還要運用各種教學方法，才能達到預定的教學目標。在傳統教學法中，這是最受教師歡迎的教學法之一。主要原因在進行過程簡單方便，不用外加各種設備和器材。方便、經濟、省時為其三大特色。

(二) 講述教學法的流程

　　如圖 10-1。

(三) 講述教學法的應用

1. 速度放慢，時間適當：最常犯的錯就是速度過快，學習者跟不上，尤其小學低年級的學生。
2. 充分的教學準備：講述教學法應比其他方法花更多心思，包括計畫擬定、教材準備、資源統整、環境規劃等事前準備。

圖 10-1　講述教學法的流程

3. 清楚的教學表徵：活動成功第一要素為雙方建立共識，互為主體性的融入效果更好。教師講述以生活為主，減少學習者困惑，促進學習效果。

4. 態度合宜適當：保持良好接觸，減少不良言行和口頭禪，以免影響教學品質。

5. 了解並配合學習者的程度：了解學習者程度是重要的議題，以他們能接受的方式詮釋內容，減少過多專有名詞。

6. 教學資源的運用：包括板書、各種書面資料、幻燈器、投影機。

二 練習教學法之教學實踐

(一) 練習教學法的意義

「練習教學法」（practice instruction）是為了熟練技能而通用的一種教學方法。練習包括演練（drill）和運用（practice），並配合檢討與複習。演練是指重複練習，而運用則強調應用技巧於情境中。練習並非未經思索地重複動作，而是一種有目的的認識、理解、注意、統整與反省的活動。各種學科的教學都有運用到練習教學法的機會，但大致說來，藝能科目最常使用練習教學法。練習教學法強調學習者將各種動作、技能和需要記憶的概念，養成機械和正確的反應。例如電腦文書、縫紉、機械製圖。

(二) 練習教學法的流程

如圖 10-2。

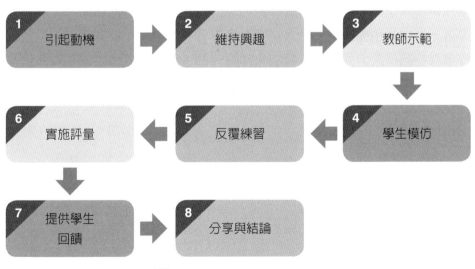

圖 10-2　練習教學法的流程

(三) 練習教學法的應用

　　練習教學法在教學活動方面，包括：(1) 了解學習反應；(2) 增強正確反應；(3) 實施補救教學等三個重要的步驟。一般而言，練習教學法比較常用在藝能科、技術學科、技能學科等領域的教學應用上面。

三 探究教學法之教學實踐

(一) 探究教學法的意義

　　「探究教學法」（inquiry instruction）是一種有系統、有組織的教學策略，乃利用循序漸進的問題技巧，設計周密的教學歷程，以培養兒童明確的認知概念、客觀的處事態度、獨立的思考能力，以及正確的價值觀念。教師在探究教學過程中，指導學生主動探究問題並解決問題，強調以學習者的探究活動為主，培養學生高層次的思考能力及建立正確的價值體系。探究教學法中，教師的主要角色是引導學生從事探究活動，教師是引導者，學生是積極的思考者。美國教育學者布魯納（J. S. Bruner）是近代提倡探究教學最力的一位，認為求知是一個過程而非成果，學生並非只是知識的接受者，更應該是主動的探究者。

(二) 探究教學法的流程

　　如圖 10-3。

(三) 探究教學法的應用

　　依據教師在教學中所扮演的角色，而分成指導式探究和非指導式探究二種：

1. 指導式探究

　　主要目的在於教導學生學習「如何學習」。此種學習方式是教師引導學生實際針對某一個議題進行學術性的探究，教師隨時給予引導及提示。

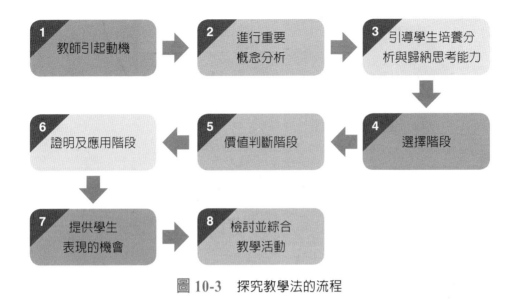

圖 10-3　探究教學法的流程

2. 非指導式探究

　　學生扮演主動積極的角色，教師居於協助的地位，不給學生任何的指導。在探究過程中，由學生自行蒐集所需要的資料，並加以整理，透過資料的分析、歸納，獲得答案以解決問題。

四　角色扮演教學法之教學實踐

(一) 角色扮演教學法的意義

　　「角色扮演教學法」（role-playing instruction）是教師在實施教學時，透過故事情節和問題情境的設計，讓學習者在設身處地的類比情況之下，扮演故事中的人物，理解人物的心理世界，再經由團體的討論過程，協助學習者練習並熟練各種角色的行為，進而增進對問題情境的理解。

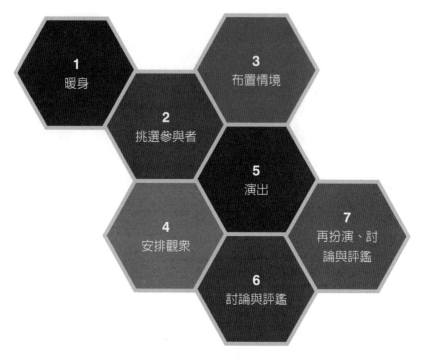

圖 10-4　角色扮演教學法的流程

(二) 角色扮演教學法的流程

如圖 10-4。

(三) 角色扮演教學法的應用

1. 手玩偶：透過玩偶的操弄，減低親身演出的焦慮，並提供趣味性的情境，讓學習者保持一份心中的安全距離，而從中表達個人的眞實情感。

2. 問題故事：教師在教學中選定學生喜歡的童話故事、英雄人物或眞實生活中所發生的事件，作爲引導探討問題之用。

3. 簡易唱遊：透過簡單的趣味性歌唱和身體的律動，營造學習者和諧的學習氣氛。

4. 魔術商店：教師設計一間商店，讓所有的學習者必須以自身現有的

特質為代價，作為換取所渴望的好的特質。

5. 幻遊：教師依據某種主題，引導學習者以假想的方式置身其境，利用臆想方式探究個人的內心感受。

6. 轉身：學習者在演出中如果面對團體感到羞怯時，教師可以令其轉身，背向群眾。等到心理平靜、感到自在時，再轉身面對群眾。

7. 角色互換：教師透過角色互換方式讓學習者培養設身處地和洞察的能力，由學生和教師的角色互換中達到預期的目標。

8. 獨白：以獨白的方式呈現問題，可讓學習者更清楚演出的內涵。

9. 鏡子技巧：教師利用鏡子的技巧，讓學習者了解自己有哪些行為的習慣，將行為舉止透過鏡子呈現出來，使學習者對自己有更進一步的認識和了解。

10. 再扮演：教師針對某些模糊情節，讓學習者不斷地再演出，直到所有的成員皆有清晰的體認為止。

五 設計教學法之教學實踐

(一) 設計教學法的意義

「設計教學法」（project instruction）是指以一個大設計項目為中心，或以一系列設計項目為一教學單元，從事教學活動的過程。設計教學法源於本世紀初，最早源於杜威的反省思考歷程，經李查德斯命名為設計教學法，後經美國教育家克伯屈（William H. Kilpatrick, 1871-1965）極力提倡而定型。設計教學法的主要目的是讓知識返回生活，返回人類的共同需要，將人類所關心的問題變為教學課題。因此，學生在自己決定的學習工作中發現實際問題，自己擬定目標，設計工作計畫，運用具體材料，從實際活動中完成工作。設計教學法是一種解決問題、培養創造能力的教學法。

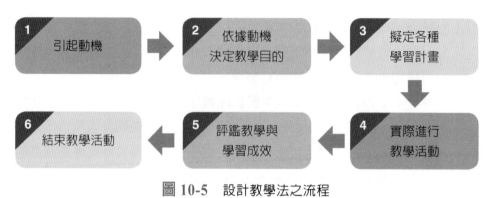

図 10-5　設計教學法之流程

(二) 設計教學法的流程

如圖 10-5。

(三) 設計教學法的應用

1. 「設計教學法」主要的應用，在於將一系列的教學單元作為教學設計，以利從事教學活動的過程。
2. 設計教學法重視學習者的反省思考歷程。
3. 設計教學法的主要目的是將各種生活議題與知識結合起來。
4. 設計教學法的應用流程包括實際問題擬定、教學目標的決定、運用具體學習材料、完成學習工作。

六　欣賞教學法之教學實踐

(一) 欣賞教學法的意義

「欣賞教學法」（appreciation instruction）是情意領域的重要教學法之一，係教師在教學過程中，教導學生對於自然、人生、藝術等方面認知，並了解其評價的標準，進而發揮想像力，使其身歷其境，激發其深摯的感情，以建立自己在這些方面的理想或陶冶自己的心性。

(二) 欣賞教學法的流程

如圖 10-6。

(三) 欣賞教學法的應用

1. 引起學生欣賞的興趣：欣賞是一種情感的反應，因此實施欣賞教學法之前，應先引起學生欣賞的心向。介紹作品產生的背景、作者的生平或作品中與學生經驗有關的故事，都可以引起學生產生欣賞的心向。

2. 講解說明並指導方法：欣賞必須以了解為基礎，因此教師須先講解說明欣賞作品或人物的背景與意境，而後就欣賞的內容、特色與技巧等方面做指導，以培養其欣賞的知能及進一步評價的標準。

3. 誘發強烈情感反應：教師隨時利用適當的情境，誘發學生產生強烈的情感反應。

4. 發表感想及評鑑：在欣賞之後，教師指導學生發表個人感想，經討論交換意見之後，針對學生觀點予以適當的評鑑。

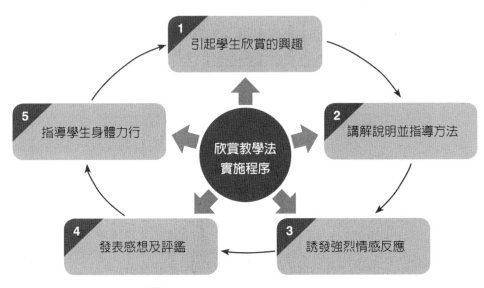

圖 10-6　欣賞教學法的實施流程

5. 指導學生身體力行：在欣賞教學法實施之後，最重要的是讓學生將欣賞帶到生活中並實踐其理想，因此教師仍應有後續之活動安排，讓學生有機會身體力行。

七 世界咖啡館教學法之教學實踐

(一) 世界咖啡館教學法的意義

「世界咖啡館」（world café）是一套很有彈性的實用流程，可以帶動同步對話、分享及共同找到新的行動契機，並且創造出動態的對話網路，在重要議題上為組織或社群催生集體智慧。

(二) 世界咖啡館教學法的流程

如圖 10-7。

(三) 世界咖啡館教學法的應用

1. 學生人數超過 12 人以上。
2. 至少有 90 分鐘以上的教學時間。
3. 教學針對重大的挑戰，展開深入探索。
4. 讓首度碰面的人可以展開真正的對話。
5. 為現存團體裡的成員建立更有利的關係，培養認同感。
6. 分享知識、激發創新思維、建立社群，針對現實生活裡的各種議題和問題展開可能的探索。
7. 在演說者和聽眾間創造有意義的互動。

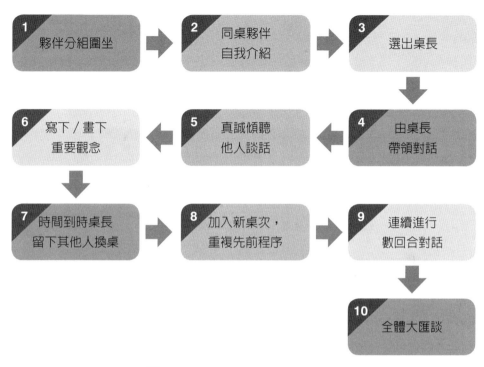

圖 10-7　世界咖啡館的教學流程

八　示範教學法之教學實踐

(一) 示範教學法的意義

「示範教學法」（demonstration teaching）的教學過程為教師或指導人員先示範如何做某件事，並說明其過程知識給學習者，然後讓學習者試著做相同或相似的活動並給予回饋，告訴學習者其表現成功及失敗之處，再視學習者的學習表現修正示範的動作，並且重複這個程序。

(二) 示範教學法的流程

如圖 10-8。

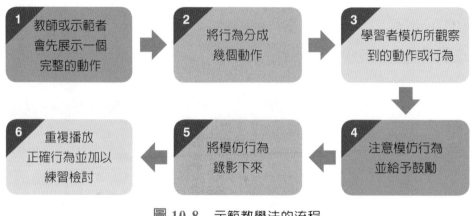

圖 10-8　示範教學法的流程

(三) 示範教學法的應用

1. 教學者依據教學目標進行示範。

2. 進行教學知識的說明與講解。

3. 教師引導學生進行學習活動。

4. 教師依據學生的表現行為，說明成功與失敗之處。

九　概念獲得教學法之教學實踐

(一) 概念獲得教學法的意義

「概念獲得教學法」（concept attainment instruction）適用於概念的教導，其策略源自布魯納（Bruner）所提出「教材結構」及「直觀思考」的教學理念。所謂概念，是指具有共同特徵（又稱屬性）的某一類事物的總稱。當教學目標要求學生能自行界定新概念、理解並應用該概念時，可選用概念獲得法。所以，有人說概念的學習就是學習分類，把具有共同屬性的事物集合在一起並冠以一個名稱，把不具有此類屬性的事物排除出去。概念的一個基本特徵就是每個概念都有其「定義性特徵」，那個將事

物集合在一起的共同屬性,又可被稱爲「關鍵特徵」或「標準屬性」。

(二) 概念獲得教學法的流程

如圖 10-9。

(三) 概念獲得教學法的應用

1. 教學理念係透過「教材結構」與「直觀思考」的結合。

2. 依據教學目標指導學生界定新概念。

3. 引導學生學習共同屬性與非共同屬性的概念。

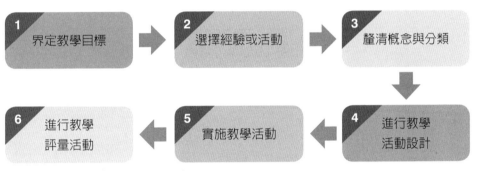

圖 10-9　概念獲得教學法的流程

本 章 討 論 的 議 題

1. 請問教師基礎教學法有哪些?這些教學法如何在教學實施中運用?

2. 請任選一種基礎教學法,說明教學設計與實施歷程如何運用?

3. 請任選中小學學科單元教學,運用基礎教學法進行教學設計規劃。

4. 請任選二種基礎教學法,說明如何相互結合,運用在教學設計上?

5. 請說明世界咖啡館教學法的意義?實施流程?如何在中小學的學科單元教學結合?

第11章 教師教學實踐智慧之 分組合作學習法

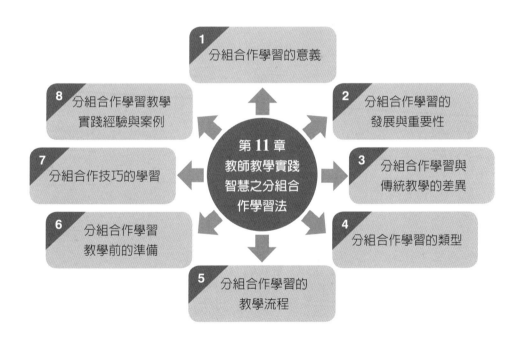

1 分組合作學習的意義

2 分組合作學習的發展與重要性

8 分組合作學習教學實踐經驗與案例

第11章 教師教學實踐智慧之分組合作學習法

3 分組合作學習與傳統教學的差異

7 分組合作技巧的學習

6 分組合作學習教學前的準備

4 分組合作學習的類型

5 分組合作學習的教學流程

本 章 重 點

　　分組合作學習法的運用，主要是從教師中心的教學模式，轉而為學生中心的教學模式。「合作學習」是指一些特定的群體活動，在此活動中，學生以小團體的方式一同工作，以達到共同設定的目標。合作學習教學則是教師運用團體氣氛，促使學習者相互幫助、利益與共、團結一致，使每位學習者皆能達到學習效果的教學方法。本章的主旨在於分析分組合作學習法的意義、內涵、類型、實施流程等，並且提出分組合作學習經驗與實踐案例，讓教師在教學設計與實施時作為參考，並進而改進教學模式。

一　分組合作學習的意義

　　分組合作學習教學法和一般的教學法不同，主要的用意在於從「教師中心」的教學，轉而為「學生中心」的教學，透過同儕學習輔助合作的策略，讓每一位學生都可以從教學中得到成功的機會。合作學習的成效不僅包括教學成效、學習成效，還包括學習動機、學習參與、合作技巧的強化。在合作教學中，每個學習者不只對自己的學習負責，也對其他學習者的學習負責，讓每個學習者都有成功的機會，對團體都有貢獻，能為小組的學習成功盡一份心力。因而，合作學習教學是建立在以團體方式，達到學習目標的教學策略之上。合作學習教學在教學原理方面，主要的構成因素，包括任務結構、酬賞結構及權威結構（林進材、林香河，2020）。

　　分組合作學習的意涵，主要包括：(1) 合作學習的實施與重視個別式、競爭式的學習過程有相當大的差異；(2) 在教學活動的實施，或是學習活動的進行，分組合作學習都有助於提升學生的學習成就；(3) 分組合作學習有助於增進學生的學習動機；(4) 分組合作學習可以發展學生合作

227

1 從教師中心到學生中心的教學

2 運用同儕學習輔導策略

3 包括教學成功與學習成功

4 合作技巧的強化

5 對自己的學習負責

6 為團體的學習負責

7 包括任務結構、酬賞結構、權威結構

圖 11-1　分組合作學習的主要內涵

技巧及溝通技巧、增進學生在學習方面的自尊，同時是具備多種功效的教學策略。

　　有關分組合作學習的主要內涵，統整如圖 11-1。

二　分組合作學習的發展與重要性

　　分組合作學習的發展與實施，已經歷經一段漫長的時間，在中小學教室的教學中，普遍的被使用在學科單元教學上。

(一) 分組合作學習的精神

　　「合作學習」具體而言，是指在合作學習的過程中，將學生分成若干小組，各小組的成員都針對特定的學習單元，以及所了解的方式共同去完

成的學習責任。所有成員努力朝向小組的共同目標邁進，組內成員透過表達自己的想法，以及了解對方的想法而互相學習，並讓自己有所成長。

(二) 分組合作學習的發展

分組合作學習的發展，基於幾個重要的階段與原因：

1. 合作學習法能普遍被應用的原因有下列三個：(1) 重要理論的支持；(2) 眾多研究的證實；以及 (3) 明確而便於實施的教學策略。

2. 自西元 1700 年代末葉起即有許多合作學習的觀點，於 20 世紀中期由 Johnson 與 Johnson 研究及推廣，而被廣泛應用於中小學教學中。

3. 即將展開的十二年國教，重視的是學生的合作學習。

(三) 分組合作學習的重要性

分組合作學習對於教師教學活動與學生學習活動的實施，轉變是相當大的，有別於傳統教學活動的實施。

1. 合作學習能改善學生的學習並提高學生學習的動機。

2. 合作學習的實施提供學生在學習策略方面的相互學習。

3. 合作學習能促進學生的合作能力，包含合作的知識、技能和情意。

三 分組合作學習與傳統教學的差異

分組合作學習包括教學活動與學習活動的實施，與一般傳統教學的差異是相當大的，二者主要差異簡要說明如下：

1. 合作學習與傳統教學活動的實施，在各方面差異性相當大。

2. 傳統教學活動的實施，強調只要將課程教材內容教給學生，引導學生達到知識學習的精熟程度即可。

3. 傳統教學活動的進行偏重於學科教學知識的傳授，而忽略學生在學習方面的參與和樂趣，學習活動的進行是單向的。

4. 合作學習的實施強調以學生為學習的主體，教師提供各種合作技巧的情境，引導學生進行學習活動，在教學中協助學生達到各種精熟的程度。

5. 合作學習強調學習的責任是學生本身，由學生為自己的學習負責。

合作學習教學和傳統教學的主要差異，包括教學者角色、獲得知識方面、課堂主角、座位安排、小組分組方式、學習責任、互動方式、教學成效檢討等（參見表 11-1）。

表 11-1　合作學習與傳統教學差異比較表

項目	合作學習教學法	傳統教學法
教學者角色	引導學習	支配學習
獲得知識方式	主動學習、討論、溝通	被動學習
課堂主角	學生為主、教師為輔	教師為主、學生為輔
座位安排	以討論及互動方式安排	固定座位
小組分組方式	異質性分組	不分組
學習責任	重視個人與團體學習績效	重視個人學習績效
互動方式	採用合作技巧	採用個人技巧
教學成效檢討	重視歷程與持續性的改善	重視個人酬賞

四　分組合作學習的類型

(一) 學生小組成就區分法

學生小組成就區分法（student's teams achievement divisions, STAD）是合作學習中最容易實施的方式，其應用範圍最廣，也是實施效果最顯著的方法，其包括五個主要的構成要素：(1) 全班授課：教師利用口頭或視聽媒體介紹需要學習的教材；(2) 分組學習：教師依據學生的能力、性別、背景、學習心理等特質，將學生分為 4-5 人一組；(3) 採取異質性分組方

式,再以教師指定的形式一起學習以精熟單元教材;(4) 小考:學生透過個別小考的方式評鑑學習成效;(5) 個人進步分數:以學生過去的學習成績作為基本分數,視其進步的分數決定每個人為小組爭取多少積分(林進材,2013)。

(二) 拼圖法

拼圖法(jigsaw instruction method)是 Aronson(1978)發展出來的教學法。拼圖教學法將教材分成五個小子題,教師將全班學生分組,每組有六個學生,每位學生負責一個小子題,另一位學生列入候補,以便遇到學生缺席時遞補之用。負責相同子題的學生先成立「專家組」共同研究負責的子題,以達到精熟的程度。而後,負責的學生將精熟的內容教給同組的其他同學。拼圖法是由學生形成學習上的共同體,經由同儕學習的關係,完成預定的學習目標(林進材,2013)。

(三) 拼圖法第二代

拼圖法二代(jigsaw-II)的教學流程為:全班授課→(原小組、專家小組)分組學習→分組報告或發表→小組及個人成效評鑑(個人、小組)。此項教學法大多被運用在社會科學的教學,以及以閱讀為主的科目中。其中專家小組的形成是讓每一組分配到相同主題的學生自成一組,共同討論教材內容並精熟研究的主題,之後將討論結果加以整理記錄,再回到原組報告自己研究的主題。

(四) 認知學徒制

認知學徒制(cognitive apprenticeship)是由 Collins、Newman、Rogoff 等人提出來,是一種「做中學」的形式,教師針對教學活動目標與內容,將學生需要完成的學習任務置於真實情境中,引導學生學習活動的進行,學習活動的進行主要是從實際工作環境的社會情境中產生。因此,認知學徒制的實施,重視學生的認知及後設認知等。

(五) 學習共同體

學習共同體（學習社群，learning community）的概念是透過學習社群的方式，以學生學習分組的形式，運用學習共同責任與相互分享策略，達到教學與學習目標。

(六) 共同學習法

共同學習法（learning together）最有名的推動者為 Johnson 與 Johnson（1998），其概念源自學習中共同合作、競爭與個人主義等三種學習目標的比較。此法對小組人數有限定，且均為異質分組。此種方法特別重視組內成員互信互賴的關係，以及各組間合作關係的建立；因此，經由作業的安排、學生角色的任務分配、獎勵制度的建立、合作技巧的指導等來增進學生的合作學習，是此法的重點。

(七) 團體探究法

團體探究法（group investigation）其步驟包含六個連續階段：(1) 組織探究小組，並界定主題；(2) 計畫探究工作；(3) 進行探究工作；(4) 準備成果發表；(5) 小組成果發表；(6) 師生共同評鑑。

(八) 配對學習

配對學習（paired learning）的特色，在於教師應該摒除學習者僅使用自己的方式達成合作學習目標的缺失，應該藉由配對式合作學習方式，引導學生小組成員透過彼此認知互動的過程，促使學習者達成共同的學習目標。

(九) 小組學藝競賽法

小組學藝競賽法（簡稱 TGT）的教學流程如下：全班授課→分組學習→學藝遊戲競賽→小組及個人成效評鑑→（個人、小組）表揚。

圖 11-2　分組合作學習的類型

(十) 小組協力教學法

小組協力教學法（簡稱 TAI），此種教學法結合了合作學習及個別化教學，其教學步驟說明如下：安置測驗→分組學習（閱讀說明頁－單元練習－形成性測驗－單元測驗）→小組評鑑（小組評分）→個人學習評鑑（真正測驗）→全班授課。

有關分組合作學習的類型，統整如圖 11-2。

五　分組合作學習的教學流程

分組合作學習教學的實施，對於增進學習者的學習氣氛有正面的效益。實施步驟如下：

(一) 教學前的準備

1. 小組人數的決定：通常以 4 至 6 人較爲適當。

2. 進行學生分組：通常以異質性分組爲主，使每組成員皆有不同背景的學生。

3. 分配組內角色：組內角色可以針對實際的需要而重新組合，以符合小組分工的需要。教師在角色上的安排，可以依據學生本身的特質或學習上的表現而定。

4. 學習空間的安排：小組成員的座位應該儘量接近，小組和小組之間應該儘量加大空間。

5. 準備教材：教師依據教學目標做準備。

(二) 實施教學

1. 說明學習任務：教師在學習開始前應明確說明學習目標及作業的安排，讓學生了解。

2. 說明學習標準：教師在教學時應該讓學生了解學習表現標準、學習的最終目標和努力的方向。

3. 建立積極互賴關係：教師在教學時應該營造小組積極互賴的關係，使小組之間的成員爲自己也爲團體的學習負責任。

4. 設計個別績效評鑑：教師透過小組學習後的評鑑活動，確保個別的學習績效。

5. 指出期許的合作行爲：教師在實施教學時，應該讓學生了解具體的合作行爲。

6. 進行合作學習教學。

(三) 學習評鑑與表揚

1. 追蹤學生的學習行爲：教師在教學進行時，應該隨時觀察小組成員之間的互動關係，評鑑學生的學習情形。

2. 提供學習任務和社會技巧方面的協助：教師在教學中，應指導學

生學習的錯誤，協助學生減少學習上的障礙，觀察學生的社會技巧，隨時給予各種指導。

3. 評鑑學習結果：經由評鑑的實施了解學生的學習績效，並適時提供回饋，作爲修正教學的參考。

4. 進行學習表揚：教師對於小組的學習表現應該給予適當、共同的表揚，以鼓勵學習者在學習上的努力，並激勵小組成員之間的互賴關係。

(四) 團體歷程與教學反省

1. 反省團體歷程：教師在教學結束後，應該針對自己的教學行爲加以反省。

2. 反省及改進教學：教學完成之後應該進行檢討活動，作爲反省教學是否適當的參考。

有關分組合作學習的教學流程，統整如圖 11-3；分組合作學習的教學實施，統整如圖 11-4。

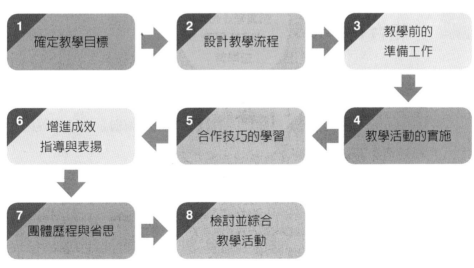

圖 11-3　分組合作學習的教學流程

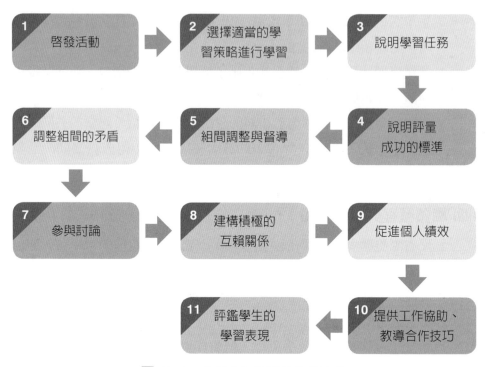

圖 11-4　分組合作學習的教學實施

六　分組合作學習教學前的準備

(一) 決定小組人數

　　教師在教學前應該針對教學時間、教材、學生能力與合作技巧等因素來決定學生小組人數的多寡。

(二) 進行學生分組

　　教師在教學前,應該針對課程與教材性質,將學生以異質性分組為主,在分組時依據學生性別、專長、興趣、學業成就等進行分組。

(三) 安排學生的角色以增進互賴關係

教師在完成分組之後，為了達成有效的教學目標，可以分配每一組員一個角色任務，以增進學生的角色互賴關係。每一小組都需要有組長、記錄員、觀察員等。

(四) 安排學習空間

在小組學習空間的安排方面，應該要以組間不相互干擾原則，在教室內小組的空間要儘量加大，並且留有通行路線，以方便任課教師到各組間參與協助工作。

(五) 規劃教材以增進互賴關係

教師應該依據教學目標與學習目標規劃教材，包括學生能力、教學環境、教學內容、教學流程等，讓學生可以在小組學習期間，透過資源共用或目標互賴的原則，促進共同討論的機會，以增進組內合作的關係。

有關分組合作學習教學前的準備，統整如圖 11-5。

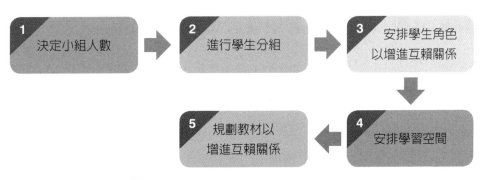

圖 11-5　分組合作學習教學前的準備

七　分組合作技巧的學習

(一) 合作技巧的指導

教師應該利用機會教導學生分組合作學習的各種技巧，必要時可以介入或提供各種有效的合作技巧，協助學生在進行分組合作時解決各種問題。

(二) 指出期許的合作行為表現

教師必須具體說明期望學生在學習小組中適當而理想的行為表現，以輔導學生表現出合作的行為。

(三) 建構組間的合作關係

當小組完成任務時，教師可以鼓勵小組到其他組進行協助，等到所有小組達到預期目標時，教師就給予全班進度及鼓勵。

八　分組合作學習教學實踐經驗與案例

主題一：分組合作學習教學實踐智慧之「應用同儕教導於數學解題策略的學習」經驗分享

(一) 同儕教導策略分析（圖 11-6）

1. 同儕教導（peer tutoring）的策略是在班級教學中，教師讓學生以兩人一組的方式，進行課業方面的相互指導，以達到教學目標的方法。主要的方式是學生在學習歷程中，採互教互學的方式。

2. 在進行兩人分組配對時，可依學習目標的不同，而採取能力異質的方式分組配對。

3. 能力異質的方法，是根據學生的學習成就高低，而進行分組的依

圖 11-6　同儕教導的教學策略分析

據；由學業成就由高至低分成四等分，成為配對小組，再幫助學生精熟教材學習目標。

4. 適合於新概念的初始與練習階段，能力異質的分組方法，是根據學生的學習表現由高至低排序，由前至後的二位學生安排成配對小組，其主要的學習目標，在滿足學生差異化的學習需求，讓已經精熟單元學習目標的學生，與程度相近的學生進行加深加廣的學習；讓尚未到精熟學習學生，可以加深加廣的學習。

5. 讓需要補救教學的學生，可以在課堂上及時收到補救教學的成效。

(二) 同儕教導運用在數學解題時的教學策略（圖 11-7）

1. 了解問題

了解問題包括「閱讀問題」、「重讀問題」二個步驟，是透過閱讀的方式，讓學生了解問題的本質、問題在問些什麼、問題的主要關鍵在哪裡等，必要的時候可以將問題「重讀一遍」。這個階段中，擔任教練的學生要引導選手閱讀題目，並且將問題指出來。

圖 11-7　同儕教導運用在數學解題時的教學策略

2. 尋找答案

這個階段包括「解決問題」與「放聲思考」二個步驟：解決問題主要是透過問題的了解，尋求解決問題的方法；在尋求解決問題的方法同時，需要將解決問題的策略或方法說出來（thinking aloud），讓教練了解選手的問題解決方法。

3. 完成解答

包括「引導驗算」、「總結算式」、「經驗連結」三個步驟：教練需要引導選手，將數學解題的策略與結果，透過檢驗的方式了解答案是否正確；經驗連結指的是學生可以和相類似的問題相連結。

(三) 教師教學流程（圖 11-8）

1. 教師講解本單元的教學策略

講解的內容包括：(1) 這一節課的單元名稱、單元內容、單元目標；(2) 同儕教導的方法與運用方式；(3) 這一節課學生需要做什麼。

2. 教師講解教學實施的規則

講解的內容包括：(1)同儕學習教導的分組工作；(2)學生擔任的角色；(3) 學生的分組。

3. 教師引導學生複習指導卡

教師指導學生閱讀數學解題的五個步驟，包括：(1) 閱讀題目：教練請選手將題目讀一遍；(2) 問題解決：教練請選手說出題目要做什麼？題目在問些什麼；(3) 引導驗算：教練請選手將算出來的答案，帶進問題中進行驗算；(4) 總結算式：教練請選手將算式的意思再講一遍；(5) 經驗連結：教練請選手拿出課本來練習類似題目。

4. 教師將練習的材料發給學生

教師將預先準備的材料提供給學生，以熟悉本節課所要採取的教學策略與指導流程。

5. 教師進行本節課綜合歸納

教師在教學結束之前，針對本節課的教學與學習策略，請學生針對教學進行心得報告，分析這一節課的學習心得，教師再進行總結活動。

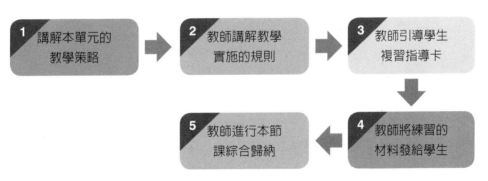

圖 11-8　同儕教導運用在數學解題時的教學流程

主題二：分組合作學習結合差異化教學經驗於自然與生活科技領域教學經驗分享

(一) 教學設計流程

在分組合作學習結合差異化教學的教學設計方面，包括三個重要的流程（圖 11-9）：

1. 教師講述

在教師講述階段中，主要是由教師向學生講解這一單元（或課）所要進行的教學目標、學習目標、教學方法、學習方法等方面的訊息，讓學生對本學科單元的學習有初步的認識。

2. 學生學習

在學生學習方面，包括在學習內容、學習歷程、學習評量、學習環境等四個重要的元素，做專業方面的變化，讓不同學習風格、多元智能、學科準備度的每一位學生，能在班級教學情境中，各自進行有效的學習。在學習內容方面，教師可以透過各種形式，例如影片、插圖、教材等多元方式，搭配學生的學習風格做選擇。在學習歷程中，指的是學生將所學的內容形成長期記憶，教師可以運用各種鷹架的方式，幫助學生進行有效的學習。在學習評量方面，差異化教學要提供學生不同的方式，展現學習成果，以結合學習目標。在學習環境方面，需要訂定學習常規，引導學生進行有效的學習。

3. 小組表揚

結合差異化教學的理念進行分組合作學習時，需要透過小組表揚的方式，針對學生的學習成效進行有效的教學活動。

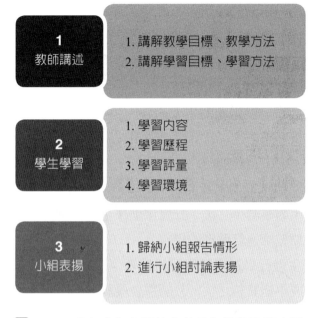

圖 11-9　分組合作學習結合差異化教學設計流程

(二) 透過分組合作學習落實差異化教學的實施（圖 11-10）

1. 透過社會事件引起動機

例如，在上小學自然與生活科技時，舉出上一週金門下豪雨的事件，激發學生對學習的興趣與動機。

2. 講解學科單元教學的知識內容

依據引起動機的事件，教師告訴學生豪雨的單位是什麼、這些和生活有什麼關係後，再請學生說明測量雨量的單位是什麼、這些單位怎麼應用。

3. 設計單元小組討論議題

教師講解小組討論的主要規則，讓學生了解小組討論進行的程序，以及每一位成員要遵守的規則。接下來，教師提供小組討論的議題材料，引導學生進行小組討論。

4. 巡視各小組討論的情形

當小組成員討論時，教師必須在各小組之間巡視並了解學生討論的情形，包括是否遵守小組討論的規則、每一位小組成員是否充分的發言、小組討論是否依據教師提供的材料等。

5. 請學生觀察討論議題的主要內容

當小組成員討論之後，教師需要運用教學媒體，將討論議題的主要內容提供讓學生了解，以利後續的討論進行。

6. 巡視小組並進行個別指導

教師在學生觀察結束之後，針對個別學生進行指導，尤其是有學習差異的學生，需要教師進行個別的指導。

7. 引導學生進行學科單元學習的思考

當學生完成小組討論之後，教師需要設計各種學科單元討論的材料，引導學生進行學科知識內容的思考。

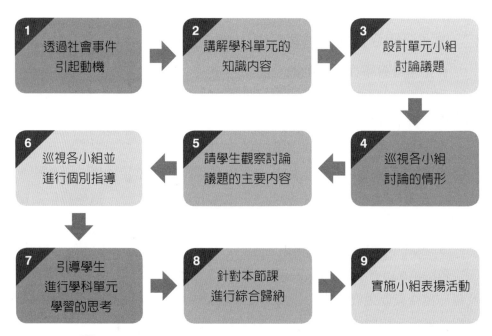

圖 11-10　透過分組合作學習落實差異化教學的實施流程

8. 針對本節課進行綜合歸納

教師在小組討論結束之後，針對本節課各小組討論的情形，進行綜合歸納。

9. 實施小組表揚活動

教師在教學結束之後，進行小組討論活動成果統計，並進行小組表揚活動，獎勵學生在這一節課中的表現優異行為。

本章討論的議題

1. 請說明分組合作學習有哪些類型？這些類型如何運用？

2. 請比較分組合作學習和一般教學法有何異同？

3. 請說明分組合作學習在中小學教學中如何運用？有哪些優缺點？

4. 請說明如何培養學生的合作技巧？這些技巧在學科單元教學中如何運用？

5. 請選定中小學任何一門學科領域單元，進行分組合作學習的教學設計。

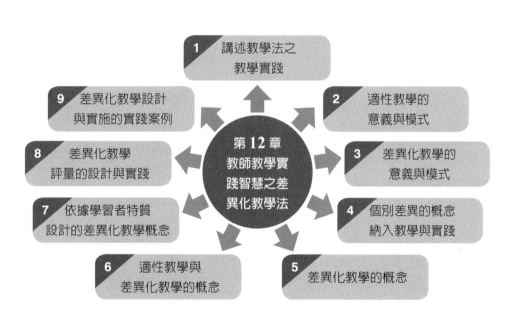

本章重點

　　在課堂教學設計與規劃階段中，最為重要的是教師「學習如何教學」，學生「學習如何學習」的議題，透過相互學習的進行，提升課堂教學與學習的效能和品質。將課堂教學模式圍繞在人才培養的模式，才能在教學中實施差異化教學，收到預期的教學成效。本章重點在於說明差異化教學的理念和實際作法，提供教學實踐經驗讓教師了解差異化教學實施的策略，進而融入教學設計與實踐中。

一　適性教學與差異化教學的概念

　　適性教學與差異化教學的概念，源自於教學中重視學生個別差異的理念。教師在班級生活中，可以了解學生因為個別的生活經驗、家庭社經地位、社會文化經驗、父母教養態度等，而形成不同的個別差異現象，導致學習成就與學習成效的差異現象。

　　適性教學活動的實施，是教師依據學習者在學習方面的需求、學習狀況、學習表現、學習性向，設計符合學習者學習的情境、有效的策略，以達到教學目標和精熟程度。適性教學是以學生為主軸、教學為輔助的教學法。在特色方面，教師提供比較多的活動讓學生完成學習目標，教師在教學歷程中擁有比較多的自由空間，自主性比較大，並且擁有比較多的時間觀察學生的學習情形，以便從事學習診斷和補救教學的工作，以協助學習困難的學生。

　　差異化教學活動的實施，主要是依據學習者在學習方面產生的差異現象，針對學習者的學習準備度、學習興趣、學習風格等，教師設計符合學習者特質的學習情境，讓學習可以在因應差異的情境下達到最高的成效。

　　有關適性教學與差異化教學的概念，統整如圖 12-1。

1 適性教學	1. 重視學習者的需求 2. 重視學習者的學習狀況 3. 重視學習者的學習表現 4. 重視學習者的學習性向
2 差異化教學	1. 重視學習方面產生的差異 2. 重視學習準備度 3. 重視學習興趣 4. 重視學習風格
3 適性教學與 差異化教學	1. 重視學習者的個別差異 2. 重視個別的生活經驗形成的差異 3. 重視家庭社經地位形成的差異 4. 重視社會文化經驗等產生的差異

圖 12-1　適性教學與差異化教學概念

適性教學的意義與模式

(一) 適性教學的意義

　　適性教學（adaptive teaching）的主要意義，是為了因應學生在學習方面的個別差異（例如不同的學習成就、學習才能、學習模式、學習經驗、學習風格等），可以達到一致性的教學方式。因此，適性教學的主要意義，在於教師的教學，從教學設計、教學實施到教學評量階段，都應該針對學生的個別差異，進行適當的教學活動，才能在符合學生的學習需求之下進行教學活動，達到預期的教學目標。

(二) 適性教學的模式

適性教學的實施和一般的個別化教學不同，適性教學的實施重視個別學生不同的學習差異，在教學活動實施中可以針對不同學生給予不同的教學策略。個別化教學的實施，教師必須依據學生的個別情形做不同的教學設計（例如以分組的方式）。適性教學的模式，依據相關的文獻指出，包括補救性教學方式與補償性教學方式，教師可以在教學中考慮採用此二種模式，因應學生的個別差異情形（林進材，2019c）。

1. 補救性教學方式

補救性教學方式（the remediation approach），是教師透過教學方式，提供學生必須具備的先前概念或知識、技巧，透過教學活動學習應該具備的能力。例如，學生在上數學四則運算前，應該要先具備加減乘除的先前概念，如果學生在此方面有所欠缺的話，教師就應該實施補救性教學，先了解學生的概念學習有哪些先前概念不足，哪些基本的學科知識需要補充，哪些語文字彙需要加強，哪些英文單字需要背誦等，在正式教學展開前，先透過補救性教學方式，強化學生的學科知識與學科能力。一般而言，補救性教學方式的實施，是當學生的學科學習產生「斷層現象」時，就需要透過補救性教學方式，給予學習者額外的補救教學。

2. 補償性教學方式

補償性教學方式（the compensatory approach）指的是，當學生缺乏某些訊息、技巧或能力，教師選擇以避開或補償不足條件的方式來教學（吳清山，2014）。教師在運用補償性教學方法時，可以考慮用變更教學內容來避開學生的弱點，或是加強利用學生的學習優勢，進行教學活動以提高學習效能。

適性教學的實施，主要的用意在於教師針對學生的個別差異，引導學生一起學習，並且透過「共同學習」的方式，達到教學預期的目標。透過補救性教學方式與補償性教學方式的實施，讓學生從教學中得到更大的效益，並且補救學生學習知識上的不足。

三　差異化教學的意義與模式

(一) 差異化教學的意義

　　差異化教學（differentiated instruction）是一種針對同一班級之不同程度、學習需求、學習方式及學習興趣之學生，提供多元性學習輔導方案的教學模式。因此，差異化教學強調的是學生的學習程度、需求、方式等在學習上的特殊性。

　　差異化教學的主要理念，是希望教師透過對學生個別差異及需求的了解，彈性調整教學的內容、進度和教學評量的方式，透過策略與方法的應用，提升學生的學習效果，並且從教學中引導學生適性的發展。差異化教學的實施，除了考慮學生的需求之外，也顧及教師教學上的需要。

(二) 差異化教學的理念與實踐

1. 差異化教學的基本理念

　　差異化教學的實施，主要是奠基於：(1) 依據學生學習差異及需求；(2) 彈性調整教學內容、進度與評量方式；(3) 提升學習效果，引導學生適性發展。透過差異化教學的實施，有助於提升教師專業，表達對學生學習方面的關心與支援，增加並提供學生學習歷程中的成功經驗，進而提升學生的學習效果。因此，差異化教學的關鍵，在於重視學生的學習差異情形，並依據學生的學習差異情形，給予學生不同的教學策略與方法，透過不同學習策略與方法的運用，引導學生進行有效的學習。

2. 差異化教學的方針

　　差異化教學的實施，主要是教師應該依據學生的個別差異及學習上的需求，所實施的教學活動。因此，教師的教學要能積極掌握學生在學習方面的各種差異，並依據學科屬性做內容的調整，針對各種需求妥善調整教學內容、進度，並採取適切的教學方法，以達到預期的教學目標。因此，差異化教學的實施，必須顧及各類型、各層級的學生需求。

3. 學生的興趣、準備度、學習歷程

差異化教學的實施，在策略的選擇和運用方面，應該考慮學生的興趣、準備度及學習歷程等三方面的特性。在興趣方面，指的是學生對學習本身的偏好、喜歡的事物、善用的策略與方法、對特定主題的喜愛、覺得有關係及有吸引力的事物等。在準備度方面，指的是學生學習的舊經驗、先前概念、學科基本技能與認知、對主題的基礎認知等。在學習歷程方面，指的是學生的學習風格、學習類型等。教師透過對學生興趣、準備度、學習歷程的掌握等，依據學生在此三方面的差異情形，選擇適合學生的學習策略，讓學生可以在適性、適度的情形之下學習，提升學生的學習成效。

四 個別差異的概念納入教學與實踐

(一) 個別差異的概念

教師在進行教學設計思考時，應該針對學生的個別差異現象，分析此種差異在教學實施時可能產生的現象，進而在教學活動實施中，考慮學生的個別差異（林進材、林香河，2012）。個別差異的理念融入教學中，包括適性教學與差異化教學的意義和模式，下列幾個要點提供教師參考（圖12-2）：

1. 了解學生的個別差異現象有哪些。
2. 分析這些個別差異可能對教學（或學習）的影響。
3. 釐清這些影響有多深遠？能否透過教學設計修正之。
4. 探討因應個別差異教學設計的相關理論與研究。
5. 將上述的理論與研究納入教學設計考慮中。
6. 擬定因應個別差異的教學策略與方法。
7. 將教學策略與方法付諸教學活動中。
8. 評估教學策略與方法的效果。

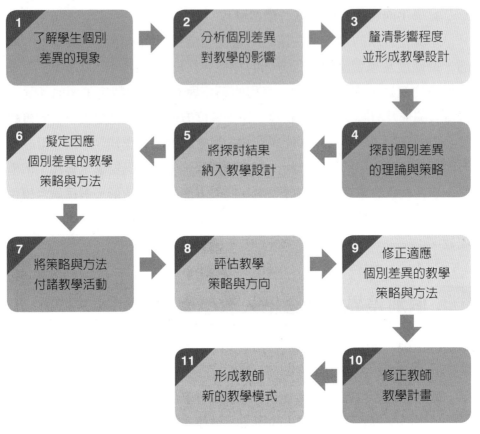

圖 12-2　個別差異的概念融入教學模式

9. 修正適應個別差異的教學策略與方法。

10. 修正教師的教學計畫。

11. 形成教師的教學模式。

(二) 個別差異在教學上的應用與理想

1. 個別差異的教學理想

　　教師在面對學生的個別差異時，如同面對手之五指，從大拇指、食指、中指、無名指到小拇指，每一個都有不同的功能和特徵，不能因為各種因素而有所偏廢，必須給予適當、適切的對待。例修指甲時力度要

適當，上指甲油時份量須有差異，剪指甲時方向要對，清潔指甲時方法要正確。

2. 在教學上的改變

適性教學與差異化教學的概念，雖然差異性不大，且都針對學生不同的個別差異而設置（林進材，2013），教師在面對個別差異與學生學習需求時，應該思考哪一種策略對教學的成效比較高，或是針對學生的實際需求做策略與方法的調整，需要教師依據實際的教學情境，做專業上的修正。優質的教師教學活動，應該將個別差異的理念融入教學實施中，使學生可以從教學中獲得最大的成效。教學策略與方法的應用，不再受到「傳統教學框架」的限制，應開展「嶄新教學模式」，將教學奠基於教師對學生學習成效及對教學目標達成的責任感。

3. 適性教學的應用

適性教學的定義來自於教育機會均等理念的延伸。教育機會均等的理念是提供每一位學生適性教育的機會，讓每個學習者在學習過程中，不會因為各種先天的條件和後天的環境而造成學習上的不平等現象。

適性教學法的實施步驟分成四個基本步驟：(1) 工作分析與科目分析；(2) 單元工作分析和主題分析；(3) 知識和技能的分析；(4) 學習行為及問題的分析。

五 差異化教學的概念

差異化教學的理念源自於適性教育與差異化教育的理念，主要是希望教師在教學設計與實施中，將學生的差異化情形納入教學設計與實施，擬定相關的教學策略與方法，縮短學生在學習方面的差距情形。有關如何教學差異化，請參見圖 12-3。

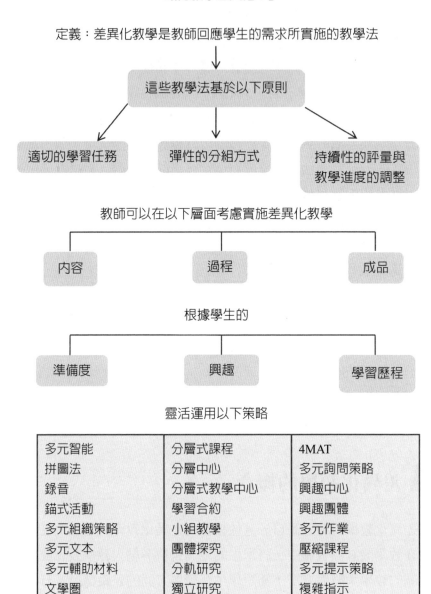

「如何教學差異化？」

定義：差異化教學是教師回應學生的需求所實施的教學法

這些教學法基於以下原則

適切的學習任務　　彈性的分組方式　　持續性的評量與教學進度的調整

教師可以在以下層面考慮實施差異化教學

內容　　　過程　　　成品

根據學生的

準備度　　　興趣　　　學習歷程

靈活運用以下策略

多元智能	分層式課程	4MAT
拼圖法	分層中心	多元詢問策略
錄音	分層式教學中心	興趣中心
錨式活動	學習合約	興趣團體
多元組織策略	小組教學	多元作業
多元文本	團體探究	壓縮課程
多元輔助材料	分軌研究	多元提示策略
文學圈	獨立研究	複雜指示

圖 12-3　差異化教學概念圖

資料來源：國立臺灣師範大學教育研究與評鑑中心（2013）。

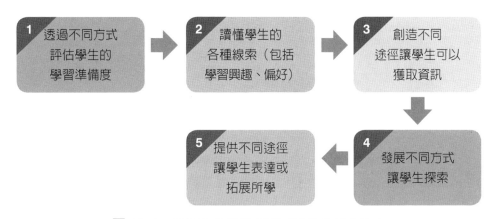

圖 12-4　差異化教學教師需要培養的基本能力

六　差異化教學的教師角色

在差異化教學中，教師需要扮演的角色包括：(1) 差異化教學的實施，教師扮演的是設計與輔導者的角色；(2) 差異化教學的實施，教師所要扮演的角色，不是知識的傳遞者或儲存者；(3) 差異化教學的實施，教師扮演的是學習機會的組織者。

有關差異化教學教師需要培養的能力，統整如圖 12-4。

七　依據學習者特質設計的差異化教學概念

(一) 從基本能力學習到精進學習流程圖

如圖 12-5。

(二) 從具體事務學習到抽象概念的學習流程圖

案例分析：柱體的表面積是幾平方公尺？

如圖 12-6。

圖 12-5　從基本能力到精進學習流程圖

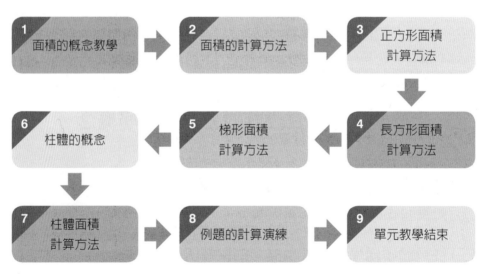

圖 12-6　從具體事務學習到抽象概念的學習流程圖

(三) 從單一面向的學習到多面向的學習概念圖

如圖 12-7。

(四) 從思考性低的學習到思考性複雜的學習概念圖

如圖 12-8。

(五) 從慢速的學習到快速的學習概念圖

如圖 12-9。

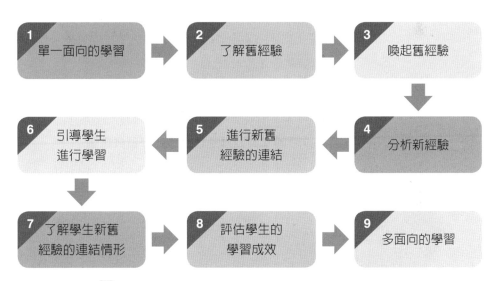

圖 12-7 從單一面向的學習到多面向的學習概念圖

圖 12-8　從思考性低的學習到思考性複雜的學習概念圖

圖 12-9　從慢速的學習到快速的學習概念圖

八 差異化教學評量的設計與實踐

教學評量的實施是確保教學品質的重要關鍵，不管教師在教學結束之後採用哪一種評量方式，主要的目的在於：(1) 確定教師教學目標的達成情形；(2) 了解學生在學習方面的變化情形；(3) 作為是否補救教學的依據。傳統的教學評量，主要在於採用紙筆測驗方式了解學生是否達到精熟程度。

教學評量中的多元評量（multiple assessments）概念對大多數教育現場的教師而言並不陌生，從早期九年一貫課程的推動至 103 學年度實施的十二年國民基本教育，不論教育改革方向如何變化，教學評量的趨勢必然提到融入「多元評量」於教學的重要性（龔心怡，2016）。

教師在實施差異化教學之後，接下來就是針對教學成果進行評量。差異化教學的評量，有幾個準則提供做參考：

(一) 在傳統的評分系統之下做改變

當教師進行差異化教學之後，仍然需要透過評量的機制，將學生的學習成效呈現出來。傳統的教師習慣採用紙筆測驗的方式，呈現學生的學習成效。差異化教學的評量，除了保留傳統的評分系統之外，也採取新式的評量方式。因此，教師應該利用機會向學生和家長說明評量的方式和標準，讓學生可以了解未來的教學評量是如何進行的、這些評量的用意在哪裡、評量有哪些標準，以及用哪些學習方法可以在評量中得到較高的分數。

(二) 保存各種的評量紀錄作為參考

差異化教學實施之後的教學評量，不在於否定傳統教學評量的實施，而在於傳統評量的系統之下，增加多元評量的方式。在差異化教學實施的時候，學生會參加各種不同的學習活動，教師指導學生將參加學習活動的歷程記錄下來，將這些紀錄和傳統的評量納入教學評量的系統當中，學生

就可以在學習過程中，擁有和傳統評量不一樣的學習經驗。

(三) 鼓勵學生建立學習的歷程檔案

　　差異化教學的設計與實施，強調的是學生的學習參與，教師可以指導學生將自己的學習工作記錄下來，將學習歷程透過日期、形式、表現情形、教師的評語等，形成文字或圖像等紀錄，將來在教學評量時，可以出示這些學習的歷程檔案，作為教學評量的參考依據。另外，學生可以依據自己的學習型態，選擇教學評量的標準和內容。

(四) 正式評量與非正式評量兼具

　　差異化教學的設計與實施，和一般傳統的教學方式，不管在教學方法、教學策略、教學實施等方面皆有所不同，因此在評量方式的選擇和應用也有所不同。教師可以依據教學單元實際上的需要，選擇採用正式評量、非正式評量或二者兼具的方式，進行教學成效的評量。在正式評量方式，一般採用的是紙筆測驗，非正式評量採用的是學習歷程檔案評量、學生闖關評量及教室本位評量等。

(五) 消除評量方式和標準的疑慮

　　差異化教學的設計與實施，在評量方式採用正式與非正式評量，因此，容易讓家長和學生對教學評量的標準和實施，產生各種的疑慮。教師在進行差異化教學設計與實踐時，一開始就應該向關心教學的對象說明教學的流程、步驟、實施，以及實施教學評量標準與方式。透過教學講解的方式，讓家長和學生能消除來自新式評量方式和標準的疑慮，對教師教學活動設計與實施產生信心。

　　在十二年國民教育強調差異化教學之際，教師對如何將多元評量融入差異化教學之關聯性應要有所體認，教師必須了解各種評量方式的內涵，以及考量將這些方式運用在差異化教學的適切性，並從「教學」與「評量」彼此間互為需求的角度來看教學與評量的搭配（龔心怡，

2013）。當教師在原有的教學活動做改變時，應該透過各種「教學講解」的機會，向與教學活動實施有關的人員進行教學改變方面的說明，降低來自內外在的影響因素，才能在教學設計與實施中收到預期的效果。

九 差異化教學設計與實施的實踐案例

主題：差異化教學在跨年級教學設計與實施案例分析

(一) 設計理念

1. 學校規模比較小的班級教學，需要教師在教學設計與實施方面，運用差異化教學的理念，融合跨年級教學的設計。
2. 一個班級學生不到 5 位的教學，學生無法學到「延宕學習」與「等待學習」的機會。
3. 當學生的學習出現狀況時，教師比較無法在教學設計實施中進行改變。
4. 運用跨年級的教學設計與實施，有助於精進教師的教學與學生的學習。
5. 可以運用跨年級的「同質性分組」與「異質性分組」的方式，進行跨年級教學設計與實施。

(二) 教學設計流程

1. 針對學生不同學習成就，進行學習分組的工作。
2. 將三年級、四年級、五年級的學生進行分組學習，依據學生不同學習成就，進行分組工作。
3. 進行異質性分組的工作，讓學習表現比較好的學生，去帶領學習需要改進的學生。
4. 讓學生進行學習方面的討論，可能是四年級的學生教三年級的學生，也可能是三年級的學生教四年級的學生。

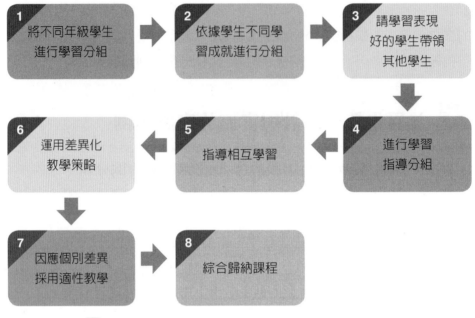

圖 12-10　差異化教學在跨年級教學設計與實施流程

5. 讓學生在教學流程中相互引導學習；教師引導學習成就比較高的學生，去教導學習成就需要趕上的學生。

6. 運用差異化教學的策略，提供學生相互學習成長的機會。

7. 不同的學生，運用不同的教學方法與學習方法。

8. 教學結束之前，教師運用歸納的方法，將不同年級的學習主題進行歸納。

有關差異化教學在跨年級教學設計與實施流程，統整如圖 12-10。

(三) 跨年級教學的分組原理

跨年級教學的分組原理，請參見圖 12-11 說明。分組的主要方法，是將學校四、五、六年級的學生，依據不同的學習成就進行異質性的分組，在每一組配置一位指導教師，專門指導該小組學生的學習。

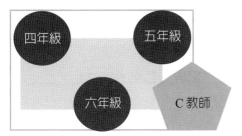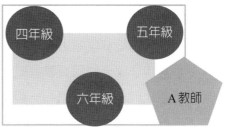

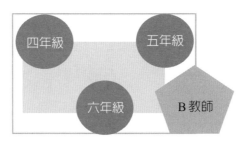

圖 12-11 跨年級教學的分組原理

(四) 跨年級教學的實施評論

1. 教師之間可以相互學習成長，提醒彼此在教學上的優缺點。

2. 跨年級教學可以讓每一位學生都有學習參與的機會，而且可以相互觀摩。

3. 讓每一位教師都有機會看同一個課程，發表自己的觀點和建議，可以達到同儕教學視導的效果。

4. 學生在學習態度上會有所成長，從同儕的學習表現上面，了解自己需要成長與改善的地方。

5. 跨年級的教學可以讓學生由被動的學習轉而為主動的學習。

本 章 討 論 的 議 題

1. 請說明差異化教學的主要意義？實施流程？有哪些優缺點？

2. 請任選中小學一門領域學科單元，進行差異化教學的設計？

3. 請分析比較差異化教學和一般的教學之異同？如何將差異化的概念融入一般教學中？

4. 請說明適性教學與差異化教學的意義？如何運用在教學設計中？

5. 請說明差異化教學實施之後，如何進行教學評量？

第13章 教師教學實踐智慧之活化教學法

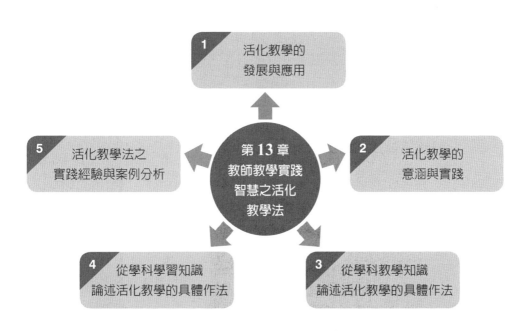

- 1 活化教學的發展與應用
- 5 活化教學法之實踐經驗與案例分析
- 第13章 教師教學實踐智慧之活化教學法
- 2 活化教學的意涵與實踐
- 4 從學科學習知識論述活化教學的具體作法
- 3 從學科教學知識論述活化教學的具體作法

本 章 重 點 ────────────────────────

　　教師活化教學的主要目的，不在於澈底改變教師的教學思維，也不在於推翻教師原有的教學設計，而是在透過教師教學心智生活的調整、教學構思的修正，以達到教學活化的目標。本章的主旨在於探討活化教學的策略與實踐，從學科教學與學科學習知識的視角，說明教師教學活動如何活化的問題。在內容方面，包括活化教學的意涵與實踐、學科教學與學習知識的意涵與實踐、從學科教學與學科學習知識論述活化教學的實踐，進而提出活化教學的策略與實踐，並且舉出活化教學方法的實踐案例與經驗，提供教師教學設計與實施的參考。

一　活化教學的發展與應用

(一) 活化教學的發展

　　活化教學與教學活化的主旨，不在於要求教師一定要改變教學的現況，而是希望教學活動實施多年以後，教師可以針對教學理論與方法的運用、教學模式與策略的採用，以及教學技巧與教學技術的選用，思考是否有需要改變教學模式的必要性，以配合學生的個別差異進行教學上的改變，實施學生學習上的修正，讓每個學生都可以成功的學習、順利的學習，進而提升教師的教學成效。因此，活化教學的發展包括教師的教學與學生的學習等二個重要的層面。

(二) 活化教學的應用

　　在教師教學活動的實施中，想要活化教學必須從教師教學型態做改變，才能收到教學活化的效果。教師教學型態的改變工程，需要一段漫長時間的積累。主要的原因是學校教育的大環境沒有改變，學校的氣氛與機

能結構改變幅度不大，仍舊採取年級、教學時數、教學科目等傳統的固定日常組織；教師的教學活動仍是關在自己的課堂內與他人分離，用教科書及考試來決定學生的成績。即使歷經了許多次的教育改革，教師在教學的光譜中仍多數偏向「教師中心」取向那一端，偶爾雖有小組討論與安排學生做探究的教學，但學習基本上仍然是以傳遞內容為主的教學，而非啓發或學生主動探究思考的教學。這些傳統的教學型態，仍舊牢牢地縈繞在教師教學思考與心智生活中，成為牢不可破或無法挑戰的教學信念。活化教學需要教師改變自己的教學模式，從教學的思維歷程調整心智生活，透過教學信念與思考行動的修正，才能眞正收到教學活化的效果。

(三) 教師教學改變的意義

教師教學改變的工程，不僅僅是教學理論和策略運用的改變，同時也是一種深層內在教學思維的改變，包括教師教學模式、教學信念、教學行動的修正。因此，需要教師在思考與決定方面的反思，引進新的教學理念，調整教學模式。一般而言，教師在教學改變的歷程中，需要從教學設計與實施中，做教學規劃與實踐方向的調整。有關教師教學改變的意義，簡要說明如下（林進材，2019c）：

1. 教學思維方面的改變

教師教學思維方面的改變，指的是教師教學前、中、後，教學心智生活的改變。透過教學心智生活的改變，澈底地修正教師的教學行為，從平時的教室教學活動，改變教學歷程中的各種因素。例如，已經習慣當「三板教師」，上課只看地板、黑板、天花板的老師，需要修正自己的教學，將焦點轉移到學生的學習行為上。

2. 教學模式方面的改變

教師在教學設計與實踐歷程中，究竟適合採用「學科知識中心」的教學模式，或是「學科學習中心」的教學模式，對學生的學習比較有正面的幫助。想要教師改變自己的教學模式，這是一件很不容易的工程，因為教師的教學模式建立，已經是經年累月所形成的現象（或模組）。在第一線

擔任教學工作的教師，應該在教學經驗多年後，針對自己的教學模式做微調，或是針對教學模式進行改變，從教學設計中加入一些新的元素，或是將新的教學理念融入教學中。

3. 教師中心到學生中心的改變

教師教學活動設計與實踐，在剛開始進行教學時，比較容易偏向「教師中心」的教學。教學活動的設計與實施，主要是掌握在教師的手中，由教師主導教學活動的推展。在教學多年之後，教師察覺想要提升教學效能，必須將學生的學習納入教學設計實施中。因此，教學模式逐漸轉向「學生中心」的教學。教師在教學設計與實踐中，需要採取教師中心或學生中心的教學，由教師針對教學的特性和學生的特質，作爲選擇的參考標準。

4. 教學信念與思考方面的改變

教學信念與思考影響教師的教學行動與行爲，同時影響教師的教學品質。想要改變教師的外顯行爲，需要從內在的信念與思考調整。當教師在教學設計與實踐遇到困難時，想要改變教師的教學行爲，就需要了解教師的教學信念爲何？教師的教學思考爲何？受到哪些因素的影響？這些影響因素究竟能改變多少？了解教師的教學信念與思考的轉變，對於教學設計與實踐的影響，就能透過教師教學活化的策略運用，改變教師的教學信念與思考。

5. 局部與整體方面的改變

教師教學設計與實踐的轉變與改變，需要運用適當的策略方法，才能引導教師進行教學方面的改變。如果一開始就要求教師進行教學整體的改變，這是需要很大的勇氣，需要教師能全力配合等，才有改變的可能。因此，教師教學方面的改變，建議先進行局部的改變，例如，鼓勵教師在教學方法的採用上先進行部分的改變，慢慢地了解局部改變的效果，再進行系統性的改變。又例如，一般教師習慣採用傳統的教學方法，可以慢慢將各種新的教學法融入平日的教學中，評估新的教學方法在教學活動上的運用成效，再採用第二種新的教學方法，或是一次採用二種新的教學方法，了解對教學活動的影響，進而形成教學的整體改變。

圖 13-1　教師教學改變的意義

有關改變教學的意義，統整如圖 13-1。

三　活化教學的意涵與實踐

　　活化教學的實踐，需要教師教學典範的轉移，同時需要教學觀念的轉變。透過教學典範的轉移，改變教師的教學思維，此種改變是一種教育上重大的工程，主要肇因於學校場域猶如社會的縮影，形形色色的教師都有，有些教師日益精進、有些教師終身奉獻、有些教師以校爲家、有些教師進修不落人後；但最令人擔心的是，仍有少數教師得過且過，仍存有「以不變應萬變」心態，漠視整個社會急遽變遷、科技高度發展，以及時代巨輪快速轉動。如此不願改變和不願創新，的確是推動活化教學的最大障礙（吳清山，2014）。

(一) 活化教學的意涵

　　教學活化的主要意義，在於將教學再概念化，努力將教學由產品改變

爲實際或實踐，由名詞改爲動詞，將各種教學理論改變爲故事，敘說多元的教學時刻，此種改變，如同透過反省和覺醒產生教師自己的教學觀點，由教師自己決定什麼是好的、對的、道德的、良善的、需要的，能在教學的去中心化反省與反思歷程，產生新的教學設計與教學實施的專業力量。此種課程與教學實施，如同 Griffith（2007）宣稱爲「假如」（as-ifing）的想像論述，如此活化教學的教與學經驗就能從教科書回到師生身上，就能從教學活動回歸到教師與學生，提供更寬敞的想像空間與實踐空間。

（二）活化教學的實踐經驗

教學者在面對多元差異的課堂教學情境時，活化教學策略與教學理論方法的更新等，證實對於學生的學習成長與成效是具有相當程度的效能。教師在教室中，改變自己的教學、活化自己的教學時，對於學生的學習動機、興趣、參與、成效等，具有正面積極的意義（林進材，2019b）。

活化教師教學需要從學校組織與班級生態中著眼，以教師的教學活動與學生的學習活動爲主要的改變主軸。然而，Cuban（2016）認爲學校是一種動態保守的組織，其組織改革存在許多的問題，例如，政策錯誤會將學習低成就與經濟表現連結；經常忽略學校的日常結構對教師限制的影響；教師雖是實質上的政策制定者，卻仍在「教師中心取向」跟「學生中心取向」之間掙扎、取捨，教師必須面對如何在其中得到平衡的挑戰。教師的教學調整與面臨的挑戰，不僅僅是教學活動與設計的片面改變，同時還要考慮整體學校的教育組織與班級教學的氛圍。

三　從學科教學知識論述活化教學的具體作法

學科教學知識與學習知識是教師教學中的核心，需要有清楚的知識系統與教學知識架構，才能讓教學成爲專業行爲。在活化教學的規劃設計

中，需要從學科教學知識與學習知識著手，才能收到良好的效果。教師的教學活化工程，也需要從學科教學知識與學科學習知識方面著手。

從學科教學知識的理念與立場，在教師教學活化歷程中，應該從教師的學科教學知識考慮下列的要素：

(一) 調整教學的難易度

教學難易度的分析與排列，是教師在執行教學計畫階段及教學互動階段時，需要特別注意的要項。教師想要提高教學效能或是精進教學，就需要了解教學內容的難易度，針對難易度進行教學活動方面的安排。

例如，當教師教學生「梯形面積的計算方式」時，需要了解學生的先備知識，包括三角形面積的計算、四邊形面積的計算、長方形面積的計算、正方形面積的計算等，教師應該針對班級學生對單元知識的學習程度，調整教學的難易度，避免在同一個概念中反覆地講解練習。

(二) 安排不同的教學活動

教學活動的安排，影響教師教學成效，也影響學生的學習參與。在教學活動實施中，教師宜針對教學目標進行不同教學活動的安排，以期達到學生樂於參與、積極投入學習的成效目標。

例如，教師在教學設計階段，應該針對未來的教學設計多種的教學活動，以方便在教學活動歷程中，針對教學實際的需要，以及學生的學習情形，調整或安排各種的教學活動，以提高學生的學習參與和學習動機。當教師在班級教學中遇到教學活動過於艱難，或是學生的學習狀況不佳時，就需要隨時修正自己的教學活動，採用教學的變通方案。

(三) 調整教學活動的順序

教學活動的實施，需要配合教學目標與學生的學習表現，才能收到預期的效果。教師在教學活動實施前，要先思考活動呈現的順序，運用活動實施的順序和先後，引導學生進行高效能的學習。

　　例如，當教師在教學活動實施中，遇到學生的學習反應不佳時，就需要調整原先設計的教學活動的順序，以利學生的學習參與。這一方面包括教學活動順序的調整，以及教學策略方法的改變。

(四) 調整教學步調和時間

　　教學步調的選擇與教學時間的分配，是教學活動進行的主軸，同時影響教師教學歷程的品質。教師在教學活動進行前，需要針對教學步調和時間的分配進行專業上的考慮，才能在教學活動中做最有利與最有效的處理。

　　例如，在教學活動實施中，教師應該隨時監控自己的教學活動，作為調整教學步調和時間的參考，當學生學習效能不佳時，教師就需要多花一些時間在學生「反覆練習」上，允許學生有更多的時間在概念的練習和應用之上。

(五) 配合學生特質教學

　　學生特質的表現和差異，是教師在進行教學設計需要考慮的特性，例如學生的學習風格、學習表現等。只有掌握學生的學習特質，作為教學設計的參考，才能在未來的教學活動中因勢利導，且配合學生的各種特質進行高效能的教學活動。

　　例如，偏鄉小學的學生，由於內外在環境產生的學習不利情形，需要教師在教學設計與實踐階段，將學生的各種學習特質做特別的考慮，提供學生更有利的「學習環境氛圍」，讓學生可以在教室中「慢慢的學習」、「成功的學習」、「快樂的學習」、「幸福的學習」。

(六) 鼓勵學生多元的表達

　　教學實施的成效，需要靠學生外顯行為的展現，才能了解教學目標達成的情形（例如行為目標）。因此，教師在教學活動進行時，需要鼓勵學生針對教師的教學內容，將自己的學習心得透過多元的表達方式，來傳達對教學行為的想法與學習成效的觀點。

例如，有部分學生在筆試方面無法呈現出學習成效，教師可以改變其他的評量方式，讓學生有機會將學習成效表現出來。

例如，藝術和美感的評鑑和表現，無法透過筆試方式呈現出來，教師可以採用「主題表演」、「作品展示」方式，讓學生有多元的表達機會。

(七) 調整教學的組成方式

教學活動的進行，並無一致或固定的組成方式，教師在實際的教學進行時，可以針對教學現場的需要，或是學生的學習表現，調整教學的組成方式，以因應教學互動上的需要。換言之，教師的教學組成並非一陳不變，而是需要隨著教學的步調，隨時調整教學的組成方式。

例如，小學教師的班級教學，通常是以「教學包班制」方式進行，教師擔任各主要學科的教學。因此，教師可以針對教學實際的需要，調整教學活動的組成方式。

例如，語文教學和數學教學進行統整教學，透過語文的閱讀理解進行數學重要概念的理解，降低學生數學學習恐懼等等。

(八) 調整教學風格與學習風格

教學風格與學習風格的型態，是影響教學成效的重要因素。教師在教學活動進行時，需要針對教學風格與學習風格的類型和差異，考慮在不同風格上的應用和分配，作為教學流程與教學活動運用的參考。每一位教師的教學風格不同，同時也影響學生的學習風格，教師不應該固著於單一或固定的教學風格，而應該隨著教學現場修正自己的教學步驟，讓教學可以順暢的進行。

例如，教師應該要在教學風格方面，具備多種多樣的教學風格，隨時在教學活動中修正自己的模式，才不至於將教學活動侷限於固定的風格中，降低教學效能與學習品質。習慣採用「視覺型教學」的教師，應該試著採用「聽覺型教學」，讓學生有不一樣的學習感受，才能提升學生的學習動機，強化學生的學習參與。

(九) 改變教學的模式與流程

　　教學活動的實施，主要關鍵在於教學模式和流程上的運用。高效能的教學需要教師將教學模式靈活運用，在流程上做實際上的考慮，避免因為固守僵化的教學流程和模式，導致教學活動進行的不順或影響教學品質。教師在教學多年之後，累積各種教學經驗，應該建立屬於自身特色的教學模式，形成自己的教學風格。如此，才能在班級實際教學中，隨時調整自己的步調，活化自己的教學。

　　例如，教師應該在每一學期（或每一學年）撰寫教學進度表時，考慮這個年度的教學想要做哪一種教學模式的試驗、這些教學模式的流程如何做改變，以及這些教學模式要在哪一個學科進行活化改變。當教師接到「教科書」時，在備課時就需要考慮教科書的內容，在教學設計與實踐時是否需要調整教學流程、採用哪一種教學方法對學生學習比較有利、單元教學的順序是否需要改變，以及教學策略與學習方法如何對應等問題。

　　有關從學科教學知識論述教師活化教學的作法，統整如圖 13-2。

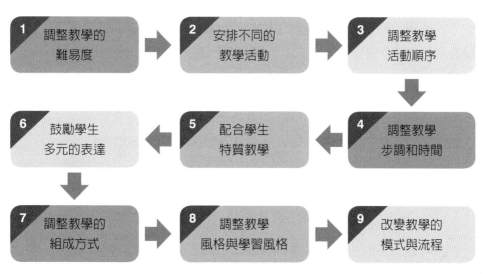

圖 13-2 　從學科教學知識論述教師活化教學的作法

四　從學科學習知識論述活化教學的具體作法

從學科學習知識的觀點論述活化教學的實踐，主要的概念源自於學科教學知識的闡釋，認為教師在進行教學時，必須針對學科性質的各種知識，作為教學轉化的底蘊。在教師教學活化歷程中需要考慮下列的要素，並且在教學設計與實踐中，將下列的理念與策略融入教學規劃與實施中：

(一) 調整學習的難易度

學生是教學活動的主體，是決定教學成敗的關鍵。所以，活化教學的首要關鍵，在於分析學習的難易度，作為教學設計與教學實施的參考。學習難易度的了解與分類，在教學設計階段就需要充分的掌握。

例如，當教師拿到選定的教科書版本時，其內容編排與教學順序和教師的教學想像與教學想法，常常有不一致或是有落差的現象。教師可以在備課時，針對實際的教學需要，進行教科書內容的改寫及教科書內容知識順序的「重新編排」，依據學生的學習程度進行學習難易度的調整，進而提高學生的學習成效。

(二) 安排不同的學習策略

學習策略的運用，主要是配合教學活動與教學物件，教師透過教學物件在學習方面的反應情形，考慮學習策略的運用安排。如果學習策略的運用沒有考慮到學生的學習情形，就會影響教學實施的成效。

例如，國內的中小學教學設計與實踐最常被詬病的部分，在於教師的教學與學生的學習脫軌，導致教學成效不彰，學生的學習效能不佳。當教師在進行教學設計規劃時，應該先分析學科教學知識的內容、類型，擬定可以採用的教學方法，再進一步分析學生需要採用的「學習策略」，以及這些學習策略在教學實施中如何教給學生，或是教導學生如何運用這些學習策略。

(三) 依據學習成效調整教學

學習成效是教學活動最終的目標，教師希望透過教學活動的實施，以及教學方法和策略的應用，提升學生的學習成效。因此，教學活動的設計與修正，需要從學生的學習成效評估，作爲改變教學的依據。

例如，教師教學設計與實踐時，應該要將學生的「學習成效」作爲教學規劃的重點，依據學生在學科領域的學習成效來規劃未來的教學活動。例如，城市和鄉村的學生，在學科學習方面的成效具有相當程度的落差，所以城市教師的教學活動與偏鄉教師的教學活動，需要有所不同且採用不同的策略。如此，才能眞正回應到學生的學習成效上。

(四) 關注學生的學習方法

學生學習成效的高低優劣，學習方法的應用是主要的關鍵。如果學習的方法運用不當，容易導致學習成效不彰，進而影響教學活動的實施。教師在教學活動設計與實施方面，應該隨時透過各種形式關注學生的學習方法運用情形，作爲修正教學活動的依據。

例如，教師在進行教學設計與實施規劃時，除了擬定教學活動與教學方法之外，也應該先蒐集有關學生在該學科領域的學習方法，了解這些方法的運用成效，作爲規劃設計之參考。教師在教學活動實施前，應該利用時間先教導該學科領域比較適合採用的學習方法，這些方法在教學歷程中的運用方式，讓學生可以採用正確的學習法，進而提升學習動機和學習參與。

(五) 配合學生的學習興趣

學習興趣是學生決定是否參與學習的關鍵，透過學習興趣的激發，才能提升學生在學習方面的動機。教師的教學活動設計，需要顧及學生在該學科的學習興趣，以及對該學科的學習態度。

例如，教師在進行數學領域的設計時，需要考慮怎樣在枯燥的數學學習中激發學生的學習興趣，透過哪些活動的實施才能讓學生主動參與，以

及這些策略和方法如何融入教學當中。教學經驗豐富的教師，都了解在單元教學當中，哪些部分是學生感到興趣的，哪些是學生感到焦慮的，哪些是學生不用教師教學就會的，哪些是需要教師多次提醒的，有效的將上述的訊息融入教學設計中，才能在教學活動中提高學生的學習參與。

(六) 掌握學生的學習參與

　　教學活動進行中，教師教學行為的展現，需要學生的學習參與，才能收到教學預期的效果。缺乏學生的學習參與，教學容易導致單向的灌輸。教師想要改變教學、活化教學活動，主要在於掌握學生的學習參與情形，並依據學習參與調整教學的實施步調。

　　例如，教師教學活動的進行，不能讓學生成為「陪讀者」的角色，而應該讓學生成為「學習的主人」，積極的參與教學活動。因此，教師在教學設計階段，應該要先掌握學生未來的學習參與情形，透過各種活動的設計，讓每一位學生在教學中都需要且必要學習參與。例如，採用「問題導向教學」方式，讓每一位學生針對主題問題進行資料蒐集、分析資料，並且發表自己的意見。

(七) 熟悉學生的學習態度

　　學習態度指的是學生對於學科學習所持的觀點或信念，影響學生在教師教學實施的參與度和積極度。學習態度不佳的氛圍之下，教師的教學活動無法收到高的效果。

　　教師教學設計與實踐，需要以學生的學習態度作為規劃設計的參考依據。任何教學活動的實施，缺乏學生的積極學習態度，則教學成效容易降低。因此，教師在教學設計階段，要先預測學生未來的學習態度，究竟是正面積極或是負面消極，並針對學科學習的難易度，將學生的學習態度納入教學設計當中。

(八) 了解學生的學習思考歷程

學生學習思考歷程指的是在教學過程中，學生對於教師所提出來的概念，在認知方面的改變情形。教師在教學設計與實施中，應該充分掌握學生的學習思考歷程，包括學習前、中、後的心智生活，以及對於學習所持的信念和態度等，才能在教學歷程中，隨時改變教學策略，修正教學活動。

例如，教師在準備自然與生活科技領域的教學時，單元教學「酸鹼度」的檢測教學，需要先了解學生對於酸鹼度的想法、檢測工具的認識與應用，以及學生究竟是怎麼想的，或是學生對於酸鹼度的認識為何等。了解學生的學習思考歷程，就能針對學生的想法、態度等進行教學活動。

(九) 改變學習的模式與流程

學習模式與流程，是學生在課堂中所採用的學習策略與方法的立場，教師在教學活動實施中，需要針對學生的學習模式與流程做充分的掌握，並了解對教學成效的影響。活化教學的進行，需要針對學習模式與流程的掌握，並思考如何和教師的教學流程配合，或是相互修正調整。教師想要改變學生的學習模式與流程，必須花費相當大的心力，運用各種策略方法，才能激發學生「改變的意願」。

例如，學生習慣於「講光抄」、「背多分」的學習方式，教師想要學生改變學習策略，採用「思與辨」的策略，則教師需要一段比較長的時間，訓練學生在思與辨方法的運用，才能慢慢改變學習的模式與流程。學生學習策略與方法的改變，需要教師慢慢從教學方法與學習方法做漸進式的調整，讓學生獲得學習的成就感，才有可能改變學習的模式與流程。

教師在教學多年之後，由於時間和經驗的累積，導致教學設計與實施淪為固定的模式和流程。教師應該依據現實環境和班級教學情境的需要，改變固有的教學思考和流程，從教師心智生活調整，進而活化教學活動。透過以「教師為中心」的教學思維，調整為以「學生為中心」的教學思維，來活化教學設計與教學實施，引導學生運用高效能的策略提升學習

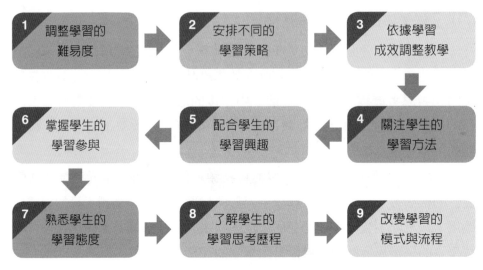

圖 13-3　從學科教學知識論述教師活化教學的作法

成效，進而提升教師的教學效能。

　　有關從學科教學知識論述教師活化教學的作法，統整如圖 13-3。

五　活化教學法之實踐經驗與案例分析

主題：偏鄉教育之攜手科技 ── 翻轉學習活化教學經驗分析

(一) 活化教學設計理念（圖 13-4）

1. 數位時代的教學和傳統的教學差異性相當大，主要是教學方法、教學策略、教學流程、教學場所不同。
2. 數位時代的學習不再侷限於任何的教學模式、教學設計與教學實施。
3. 活化教學不再侷限於任何時間、任何地點、任何主題、任何模式、任何方法等。
4. 讓每一位學生都有表現、負責任的機會，讓每一位學生都有學習參與的機會，以及學習成果展示的機會。

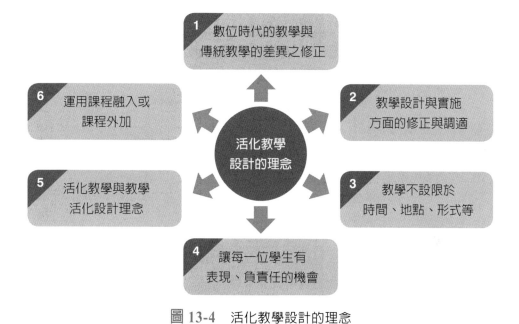

圖 13-4　活化教學設計的理念

5. 活化教學的設計，在每一個教學階段中，都要有活化教學與教學
活化的設計理念。

6. 活化教學的設計，可以透過「課程融入」或「課程外加」的模式，
進行教學實施。

(二) 活化教學實施流程（圖 13-5）

1. 擬定活化教學的教學目標與學習目標。

2. 依據教學目標擬定教學活動的目標與學習活動的目標。

3. 讓每一位學生都有學習操作的機會，例如，操作電腦、數位器
材、攝影設備等。

4. 教學主題結合其他學科領域的教學，例如，藝術與人文領域、自
然與生活科技領域、語文領域等學科的教學。

5. 設計固定的主題，但需要有不一樣解答的策略，例如，拍攝校園
最美的視角、校園最美的鏡頭等。

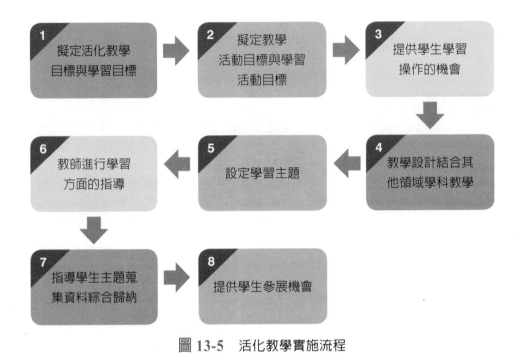

圖 13-5　活化教學實施流程

6. 教師說明在活化教學中學生需要做的事情，以及需要蒐集的訊息。

7. 教師在學科單元教學結束之前，指導學生進行主題資料蒐集方面的綜合歸納。

8. 教師提供學生主題參展的機會，讓每一位學生將自己的作品展現出來。

(三) 活化教學經驗分析

1. 活化教學讓每一位學生在學習歷程中，擁有自動自發的學習態度與精神。

2. 活化教學的設計，不僅是教學方法的運用、教學策略的活用、教學主題的新穎、教學方式的更新、教學成果的多樣，同樣的是讓學生對自己的學習充滿新鮮、充滿新奇、充滿期望。

3. 活化教學的實施，讓每一位學生的學習充滿活力，讓每一個主題
都充滿探索新奇的心。

4. 活化教學可以提供師生共同成長的機會，讓教師與學生成為「學習
成長共同體」。

5. 活化教學提供學生學習反思的機會，讓學生可以隨時透過反思，
修正自己的學習策略與方法。

本章討論的議題

1. 請分析比較中小學目前的教學現況，有哪些是需要調整改善的？並分析原因？

2. 請說明活化教學的意義？實施活化教學的必要性有哪些？

3. 請說明學科教學知識層面的活化教學有哪些具體的策略？

4. 請說明學科學習知識層面的活化教學有哪些具體的策略？

5. 請任舉中小學學科單元教學，說明如何在教學設計與實施中採用活化教學？

近年來，由於教師專業的發展，各界對於教師教學專業的要求與期望，因而希望透過各種教師成長的途徑，提升教師教學專業能力。其中，公開觀議課是提升教師教學專業的重要關鍵。在公開觀議課方面，包括說課、備課、觀課、議課的實施。本章的重點，在於針對教師公開觀議課的幾個重要步驟，說明實施的方式與流程。

一 說課的作法及其在教學上的應用

(一) 說課的意義

說課，是教師備課的重要步驟，主要的用意在於教師面對同儕或專家時，在規定的時間之內，將自己的教學規劃（或設計）簡單扼要的說清楚。說課的實施，在於規定的時間之內，針對上課的單元主題，以講述法的方式，有系統的分析說明教材和學生，並且分享自己的教學設計理論依據，以及採用的教學理論與方法，讓參與的人員針對教學設計進行專業方面的評論，以達到相互交流的目的。因此，透過說課的方式，可以了解教學者在教學活動設計方面的構想、教學理論與策略方面的運用，以及在教學評量方面的設計等。

在實施觀課之前，教師可以透過「說課」的方式，讓參與觀課的教師了解這一節課（或這一單元）在教學方面的規劃設計、教師準備教哪些重要的知識，以及學生要學哪些重要的概念。除了教學與學習知識之外，教師也應該說明與教學有關的各種規劃、影響教學的各種因素，以及教師如何在未來的教學中，透過理論與方法的運用，引導學生進行學習。

(二) 說課的主要作用

　　說課，是一種「說出思想」（think aloud）的方式，將自己的教學設計和構想透過講述的方法，和觀課者、評課者分享教學設計上的構想。說課是屬於集體備課的形式，主要是為了提升班級教學效率。透過說課的實施，可以提升教師本身的教學效能，增進教師之間的教學智慧交流，引導教師有效地掌握單元教學、教材教法，並且掌握教學中的各種「教學事件」（圖 14-1）。

1. 有效掌握教材

　　教師在備課時，為了教學方面的準備，一定要先有系統的整理教材，針對教材內容進行各種教學上的準備。在面對教材時，教師應該要了解教材的「內容知識」、這些內容知識應該要透過什麼方法教給學生，以及在教學的過程中，教師需要舉哪些經驗、哪些案例、哪些知識等。

2. 理論的運用與實踐

　　說課的過程，需要教師說明在教學構思方面要做什麼、為什麼這麼做，以及這麼做的理由等。因此，教師就必須很認真的看待教學理論與學習理論，思考這些理論如何在教學中運用和實踐，並透過理論的應用與實踐，提升教師的教學效果及學生的學習成效。

3. 提高教師的表達能力

　　教師在說課的過程中，必須將課程與教學、教材內容等，透過講述方法和成員分享，因而有助於提高教師的表達能力。教師必須在說課的準備上做好教學設計方面的工作，以講課的方式表達自己在教學上的構思。

4. 提升教學專業能力

　　說課的實施，對於教師教學能力的提升具有正面積極的作用，透過說課的過程，能激發教師對教學的態度，認真的看待教學理論與實踐之間的關聯性，思考如何將理論與實踐做緊密的結合，此二者的結合和學生的學習又如何做連結。此種過程，正有助於提升教師教學專業能力。

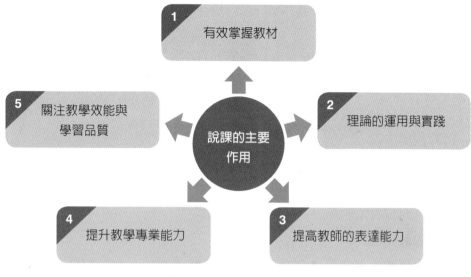

圖 14-1　說課的主要作用

5. 關注教學效能與學習品質

說課的實施，另一種功能在於讓教師說明在教學設計與構想階段，教師對於教學效能是如何構想的，未來在教學實施中如何讓教學活動順暢，並透過各種教學理論方法的運用，提升教師的教學效能。此外，對於學習困難的學生，如何在教學過程中給予適當的協助，讓每一位學生都可以在教學中得到成功的機會和經驗。

(三) 說課要說哪些內容

說課是備課的歷程之一，透過說課可以理解教學者的教學設計，採用的教學方法、策略，以及對教材的理解、對學習策略的運用等；透過說課可以了解教學者的教學思考與決定。說課的主要內容，包括下列幾個重點（圖 14-2）：

1. 說課本

說課本主要的用意，在於說明教學者對課本內容的理解，包括課本的內容知識、課本陳述的事實、課本的內容順序、課本所要呈現的經驗、課

本希望學習者達到的基本能力和行為目標等。

2. 說教材

說教材的用意，在於展現教學者對教材的熟悉和理解的程度，在教材的理解方面，包括確定學習的內容和深度、教材中知識、技能、情意的內容，以及教材中的難易之處與知識層次等。

3. 說學生

說學生的主要用意，在於說明學生的舊經驗、學習風格、學生的學習情形、學生在該學科的學習準備、學生與教材之間的關聯性、學生在學習中可能遇到的困難和解決策略等。

4. 說教學

說教學的主要內容，包括教學目標、教學理論、教學方法、教學時間、教學物件、教學評量、教學成效等，透過說教學的方式，了解教學與學習之間的關係。

5. 說教學目標

教學目標是教學最重要的關鍵，教學目標決定教學理論與方法、教學策略與技巧、教學規劃與評量等的關係。說教學目標的主要內容，在於說明該課教學的主要方向、希望學生學習的各項能力，並且作為教學評量的依據。

6. 說教學流程

說教學流程的主要內容，包括教學實施的步驟、教學設計的依據、教學活動的安排、教學策略與方法的運用，以及這些流程的安排情形與教學流程的安排順序。

7. 說教學評量

說教學評量的主要用意，在於說明這一節課上完之後，教學目標的達成情形。說教學評量包括：(1) 教學目標的達成情形；(2) 學生學習進步情形；(3) 作為是否補救教學的參考。

8. 說教學成效

說教學成效的部分，主要在於預測這一節課之後，教學成效與教學目

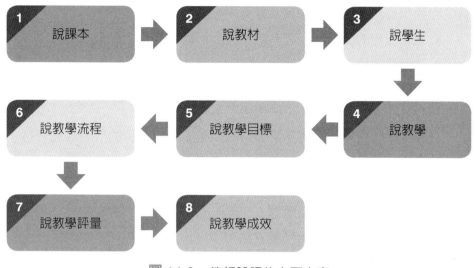

圖 14-2　教師說課的主要內容

標的達成部分。

　　教師在說課時，需要和教學設計做有效的連結，透過說課的歷程，說明與教學有關的設計、相關因素等，讓觀課人員可以從教師的說課了解教學設計（或單元設計）的精華和重點。

(四) 說課的主要項目

　　一般而言，教師教學說課的主要項目，應該包括下列各項：

1. 單元（課）名稱。
2. 教師基本資料（包括學校名稱、教師姓名、教學班級）。
3. 單元（課）的分析。
4. 教學內容的分析及處理。
5. 學生學習情形的分析（包括舊經驗、起點行為、新舊知識之間的差距、學習策略、學習方法、可能的學習困難及因應）。
6. 教學理論與方法的選擇（選用的原因、教學上的思考、學習要點等）。

7. 教學資源的選擇（教材、教具、輔助器材等）。

8. 教學流程的說明（引起動機、發展活動、綜合活動）。

9. 其他與教學有關事務。

(五) 說課的規定

一般說課的實施並沒有非常嚴格的規定，實施說課的一般規範包括：

1. 撰寫一份完整的說課稿，提供給參與的人員。

2. 配合說課過程，寫一份 PPT 演示稿。

3. 說課時，簡要介紹教師本人、教材的版本內容、教學單元（課）。

4. 簡要說明教學重點和學習要點。

5. 說課時間在 10-15 分鐘內完成。

6. 提供參與人員提問的時間。

三 備課的作法及其在教學上的應用

備課是教師教學前準備教學活動的重要階段，透過備課的實施，可以讓教師對未來的教學有基本和精確的掌握，並可以讓教師掌握教學流程規律，提升教學品質。有關備課的各項要求與規定，詳加說明如下：

(一) 備課的要求

備課是讓教師對於未來的教學活動，有專業上的掌握和準確的了解。一般而言，在備課方面的要求如下列幾項：

1. 精確性要高

精確性高指的是，教師在未來的教學活動中，對於課程與教材的理解要能全面的熟悉，對於學生的學習程度要能完全掌握，對於教學活動的設計和實施要能很熟練的展開，對於教科書的內容知識要能快速有效地轉化成為學生可以理解的方式等。

2. 目標要明確

教師在備課過程，對於課程教學的目標要能明確的了解，知道單元教學的目標有哪些，以及這些目標如何在教學中落實，如何在學生的學習活動中達成。教師要能夠針對教學目標，展開相關的教學講解及教學實施。

3. 具備針對性

所謂針對性，指的是教師在備課中，要能隨時以學生的學習爲中心，選用適當的方法和策略，透過教學目標、教學理論、教學方法的選擇應用，引導學生從事正確有效的學習。如果學生遇到學習困難時，教師要能立即採用有效的方法，替學生解決學習上的困難。

4. 計畫的周密性

備課計畫的周密性，指的是教師在備課中，要能考慮教學和學習的相關因素，將這些因素做有效的處理。例如，教科書的準備、教材教具的整理、教學理論與方法的採用、教學流程的決定、教學步驟的安排、教學活動的引導等，都是備課時要詳細考慮的因素。

5. 實施的有效性

優質與完整的備課，能確保教學品質的提升，以及學生學習效果的落實。想要提高備課實施的有效性，就需要教師對於課（節）的內容做事前的分析與理解，將知識內容進行有系統的分析，再考慮教學策略與流程的安排，結合對於學生學習經驗的了解，才能確保備課的有效性。

(二) 備課的要項

一般的備課方法會和教學目標與教學活動配合，以達成有效的備課，成爲教師教學前的計畫。教師備課的方式，可以單獨備課、共同備課、群體備課、學群備課等。在備課方面，主要包括下列幾項：

1. 備教材

「備教材」指的是教師在教學前，要能針對「課本」、「教師手冊」、「備課手冊」等內容，做系統性的整理和理解。教師要能掌握教材中所包含的學科知識、教學知識與學習知識，準確地掌握教材內容之間的

關係，各頁、各節、各段落所要教給學生的知識體系等。備教材是一種將教材從抽象概念，轉化到具體概念的歷程。

2. 備學生

「備學生」指的是對學生學科學習情形的掌握和了解，教師應該要在教學前的備課階段了解學生的學習成效、學習動機、學習興趣、先備知識、先前概念等，再針對學生的學習情形，思考在未來的教學活動，如何將這些情形有效融入教學活動中。在教學過程中，如果遇到學生學習困難時，如何運用教學方法與教學策略，降低學生的學習困難情形。

3. 備教法

「備教法」指的是在教學中，教師準備採用哪一種教學法、為什麼採用此種教學法、這種教學法如何運用、教學法和教科書的內容知識有什麼關係、教學法和學生的學習效能如何連結等等。在這個階段，教師必須熟悉學科的性質、單元（課）的特性、教科書與備課手冊對教學方法的主張等。

4. 備教案

「備教案」指的是在教學前，教師針對單元（課）所寫的教學設計。一般的教學計畫，包括「簡案」和「詳案」、內心式的教學計畫與書面式的教學計畫。有關教案的內容，請參考本書第二至第四章有關教學設計的內容。

5. 備反思

「備反思」是教學之後，教師針對教學計畫的落實所引發的項目之一。教師在撰寫教案時，應該將教學的相關因素納入教案設計之中。教師同時也要有心理準備，如果實際的教學活動和教案內容有不一樣之處，教師要能隨時調整教學設計，彈性改變教學流程（或步驟）。

三 觀課的作法及其在教學上的應用

觀課是確保教師教學活動達成目標，以及達到專業程度的主要方法之一，透過觀課的實施，可以將教師的教學活動專業化，同時可以將教師教學活動的優缺利弊，透過「專業對話」的方式，提升專業化的成效。

(一) 觀課的意義

觀課在過去的學校教育中，稱之為「教學觀摩」。教學觀摩的實施，一般是在各中小學學期當中，為了提供教師在教學活動中相互觀摩學習的機會而設置。傳統的學校教育中，都會請「專家教師」或「新進教師」擔任一場例行性的教學觀摩，前者主要的用意在於提供優質效能教師的教學示範，後者在於針對新進教師的教學，進行優缺點的檢討與反思。

在佐藤學（2013）的「學習共同體」理念中提到，學習場域應該要有「公共性、民主、追求卓越」等三項特質，只要有心想觀課的人都可以進教室觀課，全體師生每個人都是學校的一分子，享有同樣的學習權利，亦即無論是授課者、觀課者，他們的目的其實都是相同的——追求卓越。

(二) 觀課的階段

一般而言，公開觀課的實施，需要有完整的計畫。透過計畫的擬定，將公開觀課的流程、步驟、方法等，做詳細的規範。公開觀課的實施，包括三個重要的步驟：

1. 課前說課

公開觀課的第一個階段，就是「課前說課」。說課的主要用意，在於讓擔任教學的教師說明這一節課的單元（課）內容有哪些、教導哪些重要的學科知識、教學理論和方法有哪些、教學目標與教學評量怎麼結合、學生的學習狀況、學生如何進行學習等，讓觀課者能在短時間之內，掌握這一節課的精華和內容。

2. 教學觀課

教學觀課是在教師說課之後，觀課者進入實際教學的教室中，觀察教師一節課的教學活動。在教學觀課中，觀察者可以針對教師提供的教案，對應在教室中的教學活動，了解教師是否真正將教學設計落實在教室的實際教學中。一般而言，教學觀課包括二個重要的部分：(1) 教師的教學活動；(2) 學生的學習活動。

3. 課後議課

在教學活動結束之後，就進行課後議課的階段，這個階段主要的用意，在於透過同儕互動的方式，針對教師的教學活動提出專業上的建議。這個階段的進行，應該避免針對教師個人做評論，而是針對課的實施結果提出具體有效的建議，透過團體共同分享與腦力激盪的方式，針對課的教學實施提出專業的意見。如此，教學者得到改善課的機會，參與者也可以因此共同成長。

(三) 觀課的建議

觀課的實施需要和正常的教學活動結合，才不至於增加教師教學上的負擔。一般的觀課需要遵守的原則和建議如下：

1. 以自願為原則

學校觀課的實施要以自願為原則，不可以有過多的強迫或勉強的情形，否則不僅僅形成教師的教學負擔，也容易形成教師的負面觀感。如果被強迫的教師，可能因為礙於面子問題，而花過多的時間和心力在教學設計上，容易失去教學的真實面貌。觀課的實施要能說服教師主動參與，以自願為原則，才能在教師的教學中觀察到實際樣貌，這樣的觀課才能收到預期的效果。

2. 具備基本素養

在學校實施觀課時，應該要求觀課與被觀課者具備各種基本素養。觀課者必須了解觀課的真實意義，避免在觀課中打擾教師的教學與學生的學習；被觀課者，應該了解被觀課的實際意義，做好各種觀課的準備，提供

相關的素材給觀課者，以了解單元（課）教學的內容和教學設計。

3. 結合平常教學

觀課的實施，應該要結合平常的教學活動，在正常的教室教學中進行。如果刻意強調觀課的功能和作用，容易使教學活動失真。另外，被觀課者應該要依據正常的教學進行準備，提供觀課者真實的教學活動，作為觀察與評論的依據。

4. 規模不宜過大

觀課的實施，在剛開始時規模不宜過大，應該以小規模的觀課為原則。一開始就實施大規模的觀課，無法收到觀課的效果，而且容易失去觀課的意義。學校如果想要實施觀課的話，應該要從小規模的觀課開始，採用漸進的方式，慢慢地再進行大規模的觀課。

5. 遵守觀課倫理

學校在實施觀課活動時，應該要訂定觀課倫理，要求所有觀課與被觀課者遵守。例如，在觀課期間以不打擾學生學習為原則、不可以影響教師的教學活動、避免製造噪音影響教學等等。

(四) 觀課的倫理

觀課是維持或提升教學品質的重要方式，透過觀課的實施，有助於教師教學前充分的準備，教學後專業的檢討改進。在觀課過程中，需要參與者維持一定的觀課倫理，才能提升觀課的效果。一般觀課倫理，分成三個階段（圖 14-3）：

1. 觀課前

(1) 在觀課前應該要取得教學者的同意，讓教學者了解有哪些人參與觀課。

(2) 觀課參與人數不宜過多，以免影響教學品質，降低觀課的效果。

(3) 觀課的相關規定，應該要提供參與的人員了解觀課的規範。

(4) 通知家長觀課的實施作法，徵詢家長對觀課的意見（例如是否同意錄影等）。

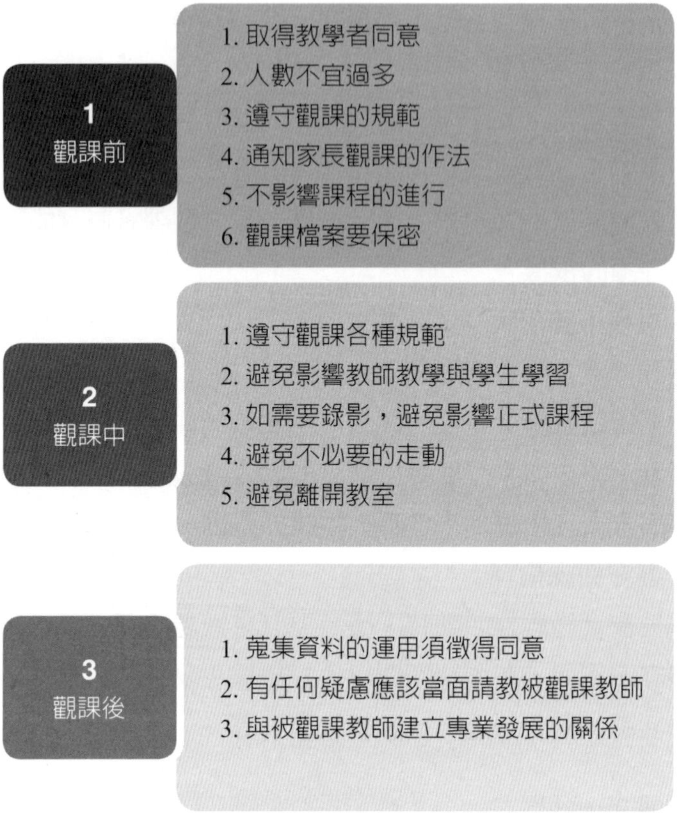

1 觀課前	1. 取得教學者同意 2. 人數不宜過多 3. 遵守觀課的規範 4. 通知家長觀課的作法 5. 不影響課程的進行 6. 觀課檔案要保密
2 觀課中	1. 遵守觀課各種規範 2. 避免影響教師教學與學生學習 3. 如需要錄影，避免影響正式課程 4. 避免不必要的走動 5. 避免離開教室
3 觀課後	1. 蒐集資料的運用須徵得同意 2. 有任何疑慮應該當面請教被觀課教師 3. 與被觀課教師建立專業發展的關係

圖 14-3　觀課的倫理

(5) 觀課參與者所有的動作，以不影響課程的進行為原則。

(6) 觀課的檔案應該適度的保密。

2. 觀課中

(1) 觀課中應該遵守觀課的各種規範。

(2) 參與者避免交談，如有需要，應該要避免影響教師教學與學生
學習。

(3) 如需要錄影或照相，應避免影響正式課程的進行。

(4) 避免不必要的走動。

(5) 避免離開教室或是不斷來回走動。

3. 觀課後

(1) 觀課所蒐集到的資料（或檔案），如有需要使用（或引用），應徵得被觀課者的同意。

(2) 如有任何疑慮應該當面請教被觀課教師。

(3) 與被觀課教師建立專業發展的關係。

四 議課的作法及其在教學上的應用

「議課」主要的用意，在於參與觀課者將觀課的所見、所聞、所思等心得，提出來和參與者共同分享，透過分享改進教學，進而提升教學專業。

(一) 議課的意義

在教師教學活動結束之後，接下來就是實施「議課」。透過議課的實施，可以讓參與觀課者，針對自己對於教學活動所觀察到的現象，結合自己的教學經驗，提出對於觀課之專業意見。

(二) 議課的實施

議課的實施，主要是提供專業方面的意見，作為教師教學的改進參考。因此，議課的實施需要遵守下列原則：

1. 議課三原則

議課的三原則，包括：(1) 議課的實施以學習目標為原則，討論學生學習成功與困惑之處；(2) 議題所蒐集的資料，以學生的學習情形為主，配合教材的主要內容；(3) 參與者要分享自己從觀課中所學到的部分，避免談教師在教學中應該要注意的部分。

2. 議課三不原則

議課的實施，要尊重教學者對單元（課）的規劃、教學理論與方法的運用、教學氣氛與情境的設計、教學策略與材料的應用等，避免針對教師做不必要的評論。議課的三不原則，包括：(1) 不評論教師的教學；(2) 不

評論個別學生的學習；(3) 主席不做結論。

(三) 議課的分享

議課的分享，主要是提供對課程教學實施的專業意見，進而和參與者一起成長。在議課的分享方面，包括下列幾項：

1. 以學生的具體學習表現為主。
2. 從單元學習目標（或教學目標），討論學生的學習情形。
3. 分享觀察者的觀察結果。

(四) 議課的紀錄

一般而言，議課的紀錄包括教師回饋分享、教學演示教師分享、行政協助等。有關議課紀錄請參見表 14-1。

表 14-1　○○市○○國中卓越教學學習經驗共同議課紀錄表

老師回饋分享 1. 分享回饋 2. 問題討論	
教學演示教師分享 1. 教學回饋 2. 問題討論	
行政協助 1. 增能實習提出 2. 教學支持 3. 其他協助	

五 公開觀議課的流程

說課、備課、觀課、議課等活動的實施，對於教師教學活動的改善，可以收到專業方面的效果。教師在教學生涯中，離開師資培育大學之

後，進入教學現場，很容易將自己的教學活動，停留在師資培育的「專業課程與教學」的想像中，而不知道有效的運用與轉化。

(一) 透過說課分享教學理念

說課活動的實施，主要是讓教師將教學設計和教學規劃，用「說出思想」的方式，讓大家了解未來的教學活動，在教學目標、教學活動、教學理論、教學方法等項目的分配，並說明在教學活動中，教師在有關教學因素上是如何分配的。

(二) 透過備課擬定教學策略

教師教學前的備課活動，主要在於擬定教學計畫，同時依據教學活動的需要，擬定教學策略的類型，並且依據單元教學目標，決定運用哪些教學理論與方法，同時選擇增進教學效能的媒體（或教具）。

(三) 透過觀課展現教學面貌

觀課的主要意義，在於了解教學的全部面貌，了解教師在教學設計與教學實施之間的差距，透過觀課提供教師教學活動的專業意見，作為教師教學結束之後，反思上的參考依據。

(四) 透過議課分析教學得失

議課活動的進行，不在於針對教師的教學進行各種評論檢討，而是希望透過議題分析教學得與失方面的意見，能讓教師在未來的教學設計時有所參考並加以修正。

六 公開觀議課的教學設計與實際作法

學校實施公開觀議課時，應該提供一種系統性的流程，讓準備實施觀議課的教師作為教學準備上的參考。一般而言，公開觀議課實施的流

程，包括下列幾個重要的步驟：

(一) 實施觀察前會談

在公開觀議課實施前，擔任教學工作的教師，應該邀請學校教師或同學年的教師，針對課程教學觀察前進行座談，並且形成書面記錄（如表14-2）。在觀察前會談時，內容包括單元學習目標（含核心素養、學習表現與學習內容）、學生經驗（含學生先備知識、起點行為、學生特性……等）、教師教學預定流程與策略、學生學習策略或方法、教師採用的教學方法、教學評量方法等。

表 14-2　教學觀察（公開授課）──觀察前會談紀錄表

臺南市東區勝利國民小學 107 學年度公開觀議課實施紀錄

授課教師：　連舜華	任教年級：　二	任教領域／科目：　生活	
回饋人員：　胡美真	任教年級：　二	任教領域／科目：　導師	
備課社群：　胡美真	（選填）教學單元：　CH2 奇妙的種子		
觀察前會談（備課）日期：108 年 3 月 4 日	地點：　205 教室		
預定入班教學觀察（公開授課）日期：108 年 3 月 8 日	地點：　205 教室		

一、學習目標（含核心素養、學習表現與學習內容）

1. 核心素養：

生活 -E-A1

悅納自己：透過自己與外界的連結，產生自我感知並能對自己有正向的看法，學習照顧與保護自己的方法。

生活 -E-A2

探究事理：藉由各種媒介，探索人、事、物的特性與關係；學習各種探究人、事、物的方法並理解探究後所獲得的道理。

生活 -E-A3

樂於學習：對生活事物充滿好奇與喜好探究之心，體會與感受學習的樂趣，並能主動發現問題及解決問題，持續學習。

生活 -E-B1

表達想法與創新實踐：使用不同的表徵符號表達自己的想法，並進行創作、分享及實踐。

生活 -E-B2

探究事理：運用適切的媒介及技能，對訊息做適切的處理。

生活 -E-B3

感知與欣賞美的人、事、物：感受生活中人、事、物的美，欣賞美的多元形式與表現，體會生活的美好。

生活 -E-C1

覺察自己、他人和環境的關係，體會生活禮儀與團體規範的意義，學習尊重他人、愛護生活環境及關懷生命，並於生活中實踐，同時能省思自己在團體中所應扮演的角色，在能力所及或與他人合作的情況下，為改善事情而努力或採取改進行動。

生活 -E-C2

覺察自己的情緒與行為表現可能對他人和環境有所影響，用合宜的方式與人友善互動，願意共同完成工作任務，展現尊重、溝通以及合作的技巧。

2. 學習表現：

1-I-1 探索並分享對自己及相關人、事、物的感受與想法。

1-I-3 省思自我成長的歷程，體會其意義並知道自己進步的情形與努力的方向。

1-I-4 珍視自己並學習照顧自己的方法，且能適切、安全的行動。

2-I-1 以感官和知覺探索生活中的人、事、物，覺察事物及環境的特性。

2-I-2 觀察生活中人、事、物的變化，覺知變化的可能因素。

2-I-3 探索生活中的人、事、物，並體會彼此之間會相互影響。

2-I-4 在發現及解決問題的歷程中，學習探索與探究人、事、物的方法。

2-I-5 運用各種探究事物的方法及技能，對訊息做適切的處理，並養成動手做的習慣。

2-I-6 透過探索與探究人、事、物的歷程，了解其中的道理。

3-I-1 願意參與各種學習活動，表現好奇與求知探究之心。

3-I-2 體認探究事理有各種方法，並且樂於應用。

3-I-3 體會學習的樂趣和成就感，主動學習新的事物。

4-I-1 利用各種生活的媒介與素材，進行表現與創作，喚起豐富的想像力。

5-I-1 覺知生活中人、事、物的豐富面貌，建立初步的美感經驗。

6-I-5 覺察人與環境的依存關係，進而珍惜資源，愛護環境、尊重生命。

7-I-1 以對方能理解的語彙或合宜的方式，表達對人、事、物的觀察與意見。

7-I-2 傾聽他人的想法，並嘗試用各種方法理解他人所表達的意見。

3. 學習內容：

A-I-1 生命成長現象的認識

A-I-2 事物變化現象的觀察。

B-I-1 自然環境之美的感受

B-I-3 環境的探索與愛護。

C-I-1 事物特性與現象的探究。

C-I-4 事理的應用與實踐。

C-I-5 知識與方法的運用、組合與創新。

D-I-3 聆聽與回應的表現。

E-I-3 自我行為的檢視與調整。

F-I-2 不同解決問題方法或策略的提出與嘗試。

二、學生經驗（含學生先備知識、起點行為、學生特性⋯⋯等）

1. 先備知識：已經初步認識一些植物的花和種子，並了解植物的種子在植物繁殖的過程中所扮演的角色。

2. 起點行為：已學會觀察周圍環境，認識學校的一些校園植物。

3. 學生特性：充滿好奇心、熱於追求知識、勇於發問與表達。

三、教師教學預定流程與策略

學習目標	時間	教學歷程	教學資源	教學評量
透過校園觀察活動認識各種不同的花及種子，發現其特色。		◎教師 1. 事先調查校園裡的植物種類和所在位置，並簡單加以記錄。 2. 花的圖卡、種子的圖卡、美麗的花和植物的種子教學 VCD。 3. Google 搜尋引擎： http://kplant.biodiv.tw/123/psourse.htm 〈植物網站資源〉 http://taiwanplants.ndap.org.tw/ 〈發現臺灣植物〉 4. 班級群組相簿：〈相簿：205 植物觀察相簿〉	短片取自 http://kplant.biodiv.tw/123/psourse.htm http://taiwanplants.ndap.org.tw/	
透過觀察活動，認識校園以外的各種不同的花和種子。		◎學生 課前須引導學生蒐集下列資料： 1. 分享自己最喜歡的植物的花及種子。 2. 觀察家的附近或學校裡有哪些常見植物（例如：大花咸豐草、龍葵、榕樹、牽牛花等）。 3. 分組並事先完成植物觀察紀錄，並請學生將所拍的植物的花和種子的照片傳到班級群組相簿。	植物觀察紀錄、群組相簿 植物觀察紀錄	

	5	**一、引起動機** 花和種子在哪裡？ 1. 播放美麗的花和植物的種子教學 VCD。 2. 引導學生透過課本舉例的花朵，思考在住家附近或校園裡，是否見過相同的花卉。	植物觀察紀錄	以口頭評量方式確認學生的學習成效
	25	**二、發展活動** 1. 請學生分組上臺分享自己曾經見過印象最深刻的植物的花和種子（包含發現的時間、地點，以及植物的花和種子的顏色、大小、形狀等相關描述）。 2. 請上臺分享的組別對臺下聆聽的組別，針對分享內容進行提問及進行搶答；再由臺下的組別對臺上分享的組別進行提問，請報告的組別負責回答。 3. 最後由教師協助學生做植物觀察紀錄的分享與總結。	分組競賽評分表 P P T 及 VCD 提問單	實作評量口頭評量
透過探索植物成長遭遇的問題，養成解決問題的能力。	5	**三、綜合活動** 花花世界的「形色」 1. 請學生討論，如果在戶外看見不知名的植物，可以如何認識它們呢？ 2. 學生分組進行討論並發表（例如：詢問師長或父母；畫下來、用相機拍下來、用紙筆記錄植物特徵後，上網或到圖書館查詢）。 3. 教師介紹「形色」app，並示範如何使用。 4. 分享與總結。 　- 請學生分享查詢植物時的心得。 　- 引導學生比較各種方式的優缺點。 　- 觀察植物後，宜指導學生養成洗手的好習慣。 （**本節課結束**）	PPT	以口頭評量確認學生養成解決問題的能力

四、學生學習策略或方法

1. 以五官知覺探索生活，察覺事物及環境的特性與變化。

2. 透過各種媒材進行探索活動，喚起豐富的想像力，並體驗學習的樂趣。

3. 養成動手探究事物的習慣，並能正確、安全且有效地行動。

4. 能聽取團體成員的意見、遵守規則、一起工作，並完成任務。

五、教師採用的教學方法：討論教學法、小組討論法

六、教學評量方式（請呼應學習目標，說明使用的評量方式）

1. 能夠觀察並說出校園和住家附近的植物 ── 口頭評量

2. 能夠完成植物觀察 ── 實作評量

3. 能夠針對植物觀察進行報告及提問，並回答問題 ── 口頭評量

4. 能夠運用各種方式查詢並認識植物 ── 口頭評量

七、觀察工具（可複選）：

☐表 2-1　觀察紀錄表

☐表 2-2　軼事紀錄表

☐表 2-3　語言流動量化分析表

☐表 2-4　在工作中量化分析表

☐表 2-5　教師移動量化分析表

☐表 2-6　佛蘭德斯（Flanders）互動分析法量化分析表

☐其他：＿＿＿＿＿＿＿＿＿

八、回饋會談日期與地點（建議於教學觀察後三天內完成會談為佳）

日期：＿＿108＿年＿3＿月＿8＿日

地點：＿＿205 教室＿＿＿

(二) 提供觀察紀錄表並且形成紀錄

　　擔任公開觀議課的教師，在實施觀察前會談並形成紀錄之後，應該針對自己的教學活動與設計提供觀察紀錄表，讓觀課的教師可以在觀課過程中，將自己所見、所思、所得等記錄下來（如表 14-3）。在觀議課觀察紀錄表方面，學校通常會配合教師專業發展的實施辦法，針對學校對教師的評價項目，設計轉化成為觀議課紀錄表。

　　在觀議課紀錄的內容方面，包括基本資料、課程與教學設計層面、班級經營與輔導層面。在紀錄表中有量化的資料、質性的文字紀錄等；在

紀錄層面方面，包括指標與檢核重點、事實摘要敘述（含教師教學行為、學生學習表現、師生互動與學生同儕互動之情形）、評量（包括優良、滿意、待成長）。

表 14-3　教師觀課觀察紀錄表

授課教師：　連舜華　　任教年級：　二　　　任教領域／科目：　生活　
回饋人員：　胡美真　　任教年級：　二（選填）　任教領域／科目：　導師（選填）
教學單元：CH2 奇妙的種子；教學節次：共 1 節，本次教學為第 1 節
觀察日期：　108　年　3　月　8　日

層面	指標與檢核重點	事實摘要敘述（含教師教學行為、學生學習表現、師生互動與學生同儕互動之情形）	評量（請勾選）		
			優良	滿意	待成長
A 課程設計與教學	A-2 掌握教材內容，實施教學活動，促進學生學習。		√		
	A-2-1 有效連結學生的新舊知能或生活經驗，引發與維持學生學習動機。	1. 教師能將學校的校園植物融入教學，讓學生和生活環境相結合學以致用。 2. 教師能指導學生針對學習內容拍攝植物觀察相片，學生能認識更多生活環境中看到的植物。 3. 學習活動結束後，學生到校園中活動時，可以練習分辨校園中的植物，十分有趣，知識的取得與練習就在校園學習環境中。			
	A-2-2 清晰呈現教材內容，協助學生習得重要概念、原則或技能。				
	A-2-3 提供適當的練習或活動，以理解或熟練學習內容。				
	A-2-4 完成每個學習活動後，適時歸納或總結學習重點。				
	A-3 運用適切教學策略與溝通技巧，幫助學生學習。		√		
	A-3-1 運用適切的教學方法，引導學生思考、討論或實作。	1. 引導學生發表自身尋找植物的歷程和拍攝植物照片的體驗。 2. 對於發表的學生能馬上給予讚美。 3. 教師指導學生進行植物觀察紀錄的發表、提問及問題的回答，並指導學生問答進行時的溝通技巧，讓學生的學習能化被動為主動學習。			
	A-3-2 教學活動中融入學習策略的指導。				
	A-3-3 運用口語、非口語、教室走動等溝通技巧，幫助學生學習。				

A課程設計與教學	A-4 運用多元評量方式評估學生能力，提供學習回饋並調整教學。	√		
	A-4-1 運用多元評量方式，評估學生學習成效。	（請文字敘述，至少條列三項具體事實摘要） 1. 指導學生進行植物觀察相簿的拍攝與建立，教師針對植物觀察相簿進行實作評量。 2. 學生可完成植物觀察紀錄並準備問題進行提問，教師進行實作與口頭評量，隨時調整教學。 3. 學生透過一連串的主動學習，體驗深刻，有助於學習與了解生活環境中植物的存在與生長情形。			
	A-4-2 分析評量結果，適時提供學生適切的學習回饋。				
	A-4-3 根據評量結果，調整教學。				
	A-4-4 運用評量結果，規劃實施充實或補強性課程。（選用）				

層面	指標與檢核重點	教師表現事實摘要敘述	評量（請勾選）		
			優良	滿意	待成長
B班級經營與輔導	B-1 建立課堂規範，並適切回應學生的行為表現。		√		
	B-1-1 建立有助於學生學習的課堂規範。	教師讓學生發表植物觀察紀錄，當有的學生提問及回答不清楚時，老師會馬上鼓勵和引導。			
	B-1-2 適切引導或回應學生的行為表現。				
	B-2 安排學習情境，促進師生互動。		√		
	B-2-1 安排適切的教學環境與設施，促進師生互動與學生學習。	1. 當學生發表不完整時，同儕會幫忙補充，老師也會統整和回饋。 2. 教師安排適切的教學環境以增進教師與學生的互動。			
	B-2-2 營造溫暖的學習氣氛，促進師生之間的合作關係。				

(三) 觀課之後進行議課並形成紀錄

在教師實施觀課結束之後，應該針對教師的教學活動，進行觀課之後的議課並且形成紀錄，相關紀錄參見表 14-4。觀課之後的回饋會談紀錄表，在內容方面可分成基本資料、教與學之優點及特色（含教師教學行為、學生學習表現、師生互動與學生同儕互動之情形）、教與學待調整或改變之處（含教師教學行為、學生學習表現、師生互動與學生同儕互動之情形）、授課教師預定專業成長計畫、回饋人員的學習與收穫等層面。

表 14-4　教學觀察（公開授課）—— 觀察後回饋會談紀錄表

授課教師：　連舜華　　任教年級：　二　　任教領域／科目：　生活	
回饋人員：　胡美真　　任教年級：二（選填）　任教領域／科目：導師（選填）	
教學單元：　CH2 奇妙的種子　；教學節次：共 1 節，本次教學為第 1 節	
回饋會談日期：　108　年　3　月　8　日　地點：　205 教室	

請依據觀察工具之紀錄分析內容，與授課教師討論後填寫：

一、教與學之優點及特色（含教師教學行為、學生學習表現、師生互動與學生同儕互動之情形）

1. 學生會觀察校園植物並對植物有更進一步的認識。
2. 學生拍攝生活環境中的植物並上傳到班級相簿，讓教師適時了解學生的先備知識與經驗，並引起學生對此教學活動的興趣。
3. 讓學生上臺發表自己的植物觀察紀錄並提問，學生表現相當認真，將學習化為主動，學習成效更佳。
4. 班級學生認真聽取同學的發表及提問，學習更多植物的相關知識。

二、教與學待調整或改變之處（含教師教學行為、學生學習表現、師生互動與學生同儕互動之情形）

1. 投影機投影出的影像畫面較不清楚。
2. 學生拍攝的植物照片可以多加些植物的特寫。
3. 學生進行植物觀察紀錄的發表時，有時會害羞，較慢進入狀況的學生須給予較多的指導。
4. 學生發表時，底下學生跟其他同學分享自身經驗，老師立即提醒學生要專心聽他人發表。

三、授課教師預定專業成長計畫（於回饋人員與授課教師討論後，由回饋人員填寫）

成長指標（下拉選單、其他）	成長方式（下拉選單：研讀書籍、參加研習、觀看錄影帶、諮詢資深教師、參加學習社群、重新試驗教學、其他：請文字敘述）	內容概要說明	協助或合作人員	預計完成日期
觀察周遭環境	在日常生活中多與同事討論學校以及生活周遭環境的校園植物分布情形	精進對於課程教材教法的熟悉	胡美真老師	108年
諮詢資深教師	利用時間與資深老師討論班級經營相關資訊	多與資深老師討論相關班級經營的經驗	胡美真老師	108年

（備註：可依實際需要增列表格）

四、回饋人員的學習與收穫

1. 對於此教學活動相當讚賞，因為與學生日常生活環境息息相關。
2. 教學者掌控教學流程很順暢。
3. 讓學生自己去發現生活中存在的植物，結合校園與住家附近的環境，使學生能更主動的學習。
4. 讓學生透過發表與提問的方式，學習並認識到更多的校園植物。

(四) 整理公開授課實施書面資料

教師實施公開觀議課，主要是將自己的教學活動，透過觀議課的方式和同儕學習成長，從觀議課過程中，了解自己的教學優缺點及需要改進之處。因此，教師的觀議課活動結束之後，應該將相關歷程和活動形成「書面檔案」或「教學專業檔案」，作為專業成長之參考。有關公開授課實施的書面資料，請參見表 14-5。

表 14-5　公開授課實施書面資料

學校名稱：　臺南　縣（市）　東區勝利國小　學校
授課教師：　連舜華　　任教年級：　二　　任教領域／科目：　生活　
回饋人員：　胡美真　
教學單元：　CH2 奇妙的種子

第一次 公開 授課	觀察前會談（備課）日期：民國 108 年 3 月 4 日　地點：　205 教室　 使用表件：■有（上傳）　□無 相關紀錄：（上傳）  入班教學觀察（觀課）日期：民國 108 年 3 月 8 日　地點：　205 教室　 使用表件：■有（上傳）　□無 相關紀錄：（上傳）  觀察後回饋會談（議課）日期：民國 108 年 3 月 8 日　地點：　205 教室　 使用表件：■有（上傳）　□無 相關紀錄：（上傳） 

備註：若公開授課不只一次，請依實際需求增列表格。

授課教師	學校主管審核
連舜華	

【上述觀議課書面資料由臺南市勝利國小連舜華老師提供，謹此致上謝意】

七　公開觀議課相關研究及應用

(一) 共同備課方面的研究與應用

　　目前有關共同備課方面的研究，主要重點在於對教師專業方面的成長，以及對於教師在教學方面的改變等。在研究方法的採用方面，包括個案研究法、問卷調查法等，研究結論與應用，偏向教師的教學成長、學生的學習成長、學校發展的成長等，目前尚未將家長納入研究對象。有關共同備課的研究，參見表 14-6。

表 14-6　共同備課相關研究

作者年代	研究主題	方法	對象	研究結果
鄒鈺萍 2009	共同備課對教師專業成長影響之研究——以臺北市一所國小為例	個案研究	國小教師	1. 大部分以寒、暑假為主，少部分平日共備；備課國小主要於平日共備。 2. 發展歷程：關注的問題→共同備課→觀課→省思，形成不斷循環的教學歷程。 3. 共備能促進專業知識、技能、態度成長。
陳志坪 2016	線上合作共同備課平台：開發與評估	問卷調查法	小學到大學教師	1. 現場教師對線上合作共同備課平台的「知覺整體有用性」、「整體知覺易用性」、「知覺鷹架有用性」都有正向回饋。 2. 不同教學年資、教學年級的教師可能對於線上合作共同備課平台會有不同的感知。

作者年代	研究主題	方法	對象	研究結果
蔡秋季 2016	中小學教師參與臉書共備社群與教師專業成長之研究	網路問卷調查法	中小學教師	1. 參與動機以「增進自我的專業成長」及「增進教學能力」最強烈。 2. 參與現況以「閱讀實用教學資訊」及「搜尋教學相關資源」得分最高。 3. 參與態度不同的二個主要差異因子為「任教各級學校」與「學校地區」。另「性別」亦會造成參與現況上的差異。 4.「擔任職務」、「任教各級學校」與「學校地區」是造成專業成長情形不同的主要差異因子。另「年齡」及「學區位置」亦會造成部分差異。 5.「參與動機」、「參與現況」與「參與意願」態度越正向時，整體專業成長表現也越良好，其中以「參與動機」與「參與意願」的預測力最高。
蔡宜蓁 2018	108 課綱教師共備社群之個案研究：以高雄市兩所高中為例	個案研究	高中教師	1. 以跨領域共備社群為主。 2. 參與社群產生教師、學生、學校三贏局面。 3. 組織結構與制度公平對共備社群發展有影響力。 4. 困境為共備時間難有交集與教師適應問題。

資料來源：陳昱靜（2019）。《澎湖縣國民小學實施公開授課現況、困境及因應策略之個案研究》。國立臺南大學教育學系課程與教學研究所碩士論文。

(二) 觀議課方面的研究與應用

國內目前有關觀議課方面的研究，隨著教師觀議課的實施，累積相當數量的研究。研究重點在於觀議課對於教師教學效能的改變和影響；研究方法大部分採用問卷調查法與個案研究法；在研究結果的呈現方面，認為教師的觀議課對於教學專業成長，具有積極正面的意義。因此，建議教師應該積極的參與觀議課的活動，給自己一個成長的機會，讓自己的教學活

315

動攤在陽光下，透過同儕的分享與學習，改變自己的教學模式，修正自己的教學行為。

表 14-7 觀議課相關研究

作者年代	研究主題	方法	對象	研究結果
丁柔 2014	臺北市國民中學教室走察與教學效能之關係	問卷調查法	國民中學教師	1. 對於「教室走察」政策之覺知屬於良好程度。 2. 不同學校規模、歷史、所在區域、教師職務及是否參與走察計畫對「教室走察」覺知有顯著差異。 3. 教師普遍肯定教室走察有助提升教學效能。 4. 教室走察與教學效能具有中度正相關。 建議： 1. 教室走察政策宜明文訂定永續執行。 2. 配合專業學習社群，行政與教學同步成長。 3. 教室走察人員宜擴及全校，以發揮全面功能。 4. 落實教室走察理念，促進體現學習共同體。 5. 校長走入班級，展現優質領導。 6. 教室走察學校本位化。 7. 鼓勵教師打開教室，積極參與，自我提升。 8. 教師合作對話，創造雙贏。
陳韋樺 2015	觀察表對國中數學教師課堂觀課之影響	個案研究法	國中教師	1. 觀察者可藉由觀察表改變對於教室觀察時的觀點轉變，亦可從中獲得不同的觀察觀點。 2. 研究結果可運用於未來師資培育，藉由謝氏觀察表，培養教師於教學過程增進學生所認知之理想教師該具備之教學項目。
張蕙芳 2015	臺北市五所前導國小實施學習共同體之現況研究	問卷調查法	前導國小	1. 五所學校實施現況不盡相同。 2. 五所學校推動方式有些差異。 3. 學校所在地區與學校文化不同之教師與同儕合作情形有顯著差異。 4. 不同學校、年齡、職務，在觀議課認知有顯著差異。 5. 在班級教學發展因有主導性而有差異。 6. 教師知覺到學生學習有改變。

作者 年代	研究主題	方法	對象	研究結果
				7. 實施學習共同體在同儕合作、觀課議課、教學發展上，有相關性。 建議： 1. 推動時可建立共同原則，多給教師時間做討論及分享，以了解學生學習情形。 2. 同儕合作、觀課議課時，營造共同成長的氛圍，以提升意願。 3. 在學期中及學期末，安排學生分享學習發現及成長。 4. 僅以學校教師為研究對象，未來可進一步以家長或社區為對象。
黃惠卿 2017	臺中市國民小學教師參與觀課之現況及影響觀課因素之研究	問卷調查法	國民小學教師	1. 教師參與觀課現況：經驗以 3-5 年、「總是」參與觀課前及課後會議比例最高。 2.「觀察工具」以「觀察表勾選」比例最高。 3. 不同背景變項教師參與觀課現況部分變項有顯著差異。 4. 影響教師參與觀課因素最重要為「動機」。 5. 影響參與觀課因素在「性別、教學年資、學校是否參與教專、教師是否有過觀課經驗」等變項有顯著差異。 建議： 1. 對教育行政主管機關建議：推展教師觀課相關研習；強化對教師專業發展支持系統的宣導，讓現場教師能充分了解，願意加以配合觀課。 2. 對學校建議：學校應提供更多相關觀課資訊給科任教師、新手教師及未參加教專認證教師參與觀課，以利其能更進入狀況，進行觀課活動；學校應繼續鼓勵教師，踴躍參加教師專業發展支持系統。 3. 對教師建議：應積極參與教師專業發展支持系統；應多加理解學校行政的支持，並尊重政策的引導。

資料來源：陳昱靜（2019）。《澎湖縣國民小學實施公開授課現況、困境及因應策略之個案研究》。國立臺南大學教育學系課程與教學研究所碩士論文。

(三) 觀議課實施的困境與因應策略研究

目前中小學教師觀議課的實施，由於各種內外在環境的因素，面臨實施的困境瓶頸，需要教師與行政人員採取因應策略。在公開授課的困境方面，包括教師的接受度和抗拒、學校的組織文化和相關人員的排斥、觀課人員對課程教學的理解、同儕教師合作上的困難等等，上述公開授課的困境，需要教師運用專業智慧加以面對。有關觀議課的相關研究，請參見表14-8。

表 14-8　各學者提出之公開授課困境及因應策略

作者 年代	文章主題	公開授課之困境	因應策略
王金國、桂田愛 2014	「公開課」的省思與建議	1. 觀摩對象若不設限的開放，不見得每位老師都能接受。 2. 把公開課當成行政績效而失焦。 3. 若相關配套措施不足，要求與強制全校實施公開課，可能流於形式。	1. 同理教師的感受。 2. 發展適用於臺灣的公開課模式，尊重未準備好的人。 3. 結合授業研究，力求專業成長。 4. 充實觀課與議課知能。
劉世雄 2018	素養導向的教師共備觀議課	教師的接受度，受到以下幾點影響： 1. 學校的組織文化。 2. 觀課目的的理解。 3. 教師的同儕性。 4. 教師個人效能。	1. 先讓教師體會到公開授課的價值，而非理想化的評論學生學習與教師教學。 2. 以學生的表現來看待教學活動，而非以評鑑指標來評論教師的教學表現。 3. 學校行政單位需要前置作業，提供教師準備推動公開授課的相關事宜。

作者年代	文章主題	公開授課之困境	因應策略
曾秀珠、林惠文、謝明貴、曹曉文 2018	校長與教師公開授課如何有效進行？	1. 公開課夥伴難尋。 2. 不了解公開課意義與價值。 3. 無法敞開心胸討論。 4. 不熟悉工具和流程。 5. 對話無法聚焦，流於形式。 6. 校長公開課意涵不明確。 7. 大校公開課時間與班級安排困難。	1. 教師、家長理念宣導建立。 2. 確立備觀議課三部曲（教師專業發展模式、學習共同體模式）。 3. 形塑友善校園學習氛圍。 4. 提供典範學習機會（觀看影片、典範教學、校長以身作則、標竿參訪、專家指導）。 5. 建立公開授課平台（行政提供支援、擬定公開授課計畫）。 6. 落實教學實踐（領域教學、議題教學、政策轉成教學、學校特色課題）。

資料來源：陳昱靜（2019）。《澎湖縣國民小學實施公開授課現況、困境及因應策略之個案研究》。國立臺南大學教育學系課程與教學研究所碩士論文。

八 校長觀議課的作法與影響

(一) 校長觀議課的相關規範

由於教育改革的要求與呼籲，在 108 課程綱要中，對教師專業發展之規範，其法源依據之一為 108 課綱實施要點，除第五點明確訂定校長及每位教師每學年至少進行一次公開授課外，於第七點家長與民間參與層面，也指出「學校應定期邀請家長參與教師公開授課或其他課程與教學相關活動（頁35）」。說明公開授課的參與對象不同以往，不再侷限於教師之間，家長與社區民眾也可參與（陳昱靜，2019）。

換言之，國內中小學教師需要觀議課，校長也要加入觀議課的行列當中。校長的觀議課，除了是改革的重點，同時也有明文規範校長必須在學校每一學年進行一次公開授課，以加強校長的專業能力。

(二) 校長觀議課的相關論述

國內中小學校長的養成教育，具有相當完整且系統化的制度，從初任教師到經驗教師、從中小學教師到行政人員、從實際教學到擔任組長主任、從主任到擔任校長工作，除了明文規定之外，還有完整的培育制度。因此，擔任校長工作，除了在教學方面須有完整的歷練，在課程與教學領導方面，也需要經過多年的經驗累積。

1. 校長觀議課的需要和必要性

為落實校長及教師實施公開授課，國教署訂有《國民中學與國民小學實施校長及教師公開授課參考原則》及《高級中等學校校長及教師公開授課實施原則》。因此，校長一定要參加觀議課，每一學年至少擔任一次的觀議課，以為中小學教師的表率。此一規範，不知道是想要表彰校長的教學能力，或是想要透過觀議課羞辱校長，此種狀況目前尚未得知。

2. 校長觀議課能展現出專業嗎？

一般的研究和學理的探討，認為校長應該在學校教育當中，扮演行政領導、課程與教學領導、學校領導等角色。因此，要求校長擔任學科領域教學的觀議課時，需要考慮校長是否可以在觀議課中，顯現出校長的專業能力，或是要求校長擔任觀議課的主要目的，究竟是如何定位，或是想要了解校長的哪些專業能力。

3. 校長在觀議課中扮演的角色

國內最近有關中小學校長角色的研究，倡導校長除了是一校之長，擔任學校領導、行政領導外，更重要的是課程與教學的領導。因此，在校長觀議課的規範中，宜針對校長應該扮演的三種角色，進行觀議課實施的規劃設計，讓中小學校長的專業能力，能在溫馨、和諧、專業的環境之下開展，而不是希望將校長「拖下水」、「看校長的笑話」、「讓校長難

堪」、「校長您行不行」的氛圍之下，讓校長進行觀議課。

4. 校長在觀議課中應該有的作為

目前中小學實施教師教學觀議課，作為提升教師專業能力的有效途徑。因此，校長在觀議課中應該針對學校特性、發展方向、社區需求等，提供教師在觀議課上的行政資源，例如改進教學設備、提供新穎的教學理念、了解教師教學的需求等等，讓教師可以在未來的觀議課當中，降低不必要的焦慮和挫折，可以放心的從觀議課中學習成長。

(三) 校長觀議課的具體作法

近年來的校長角色研究，指出校長除了學校領導、行政領導之外，更應該要加強課程與教學領導的角色。因此，校長在學校經營當中，要具備豐富的課程教學知識，領導中小學教師進行課程與教學的改革工程，讓教師勇於接納課程改革的新理念，避免教師在改革工程中「缺席」，而在未來的改革中「勇於承擔」。

學校實施觀議課時，應該建議（或鼓勵）校長，向全校教師成員說明「課程與教學領導」的角色扮演、學校課程教學的未來發展、校長的課程與教學理念、這些理念如何落實，以及學校本位課程與教學的發展需要哪些協助等等。校長自己避免站在「教師的對立面」，也應該讓教師了解別站在「校長的對立面」，透過專業的合作方式，共同為學校教育的未來努力。

本 章 討 論 的 議 題

1. 請說明備課、說課、觀課、議課對教師教學專業發展的意義和啟示？
2. 請說明備課的要領和注意事項有哪些？
3. 請說明說課與觀課的要領和注意事項有哪些？
4. 請說明觀課和議課的要領和注意事項有哪些？
5. 請任選中小學一門學科領域單元，進行教學設計及進行觀議課。

第 15 章　教師教學實踐研究理念與應用

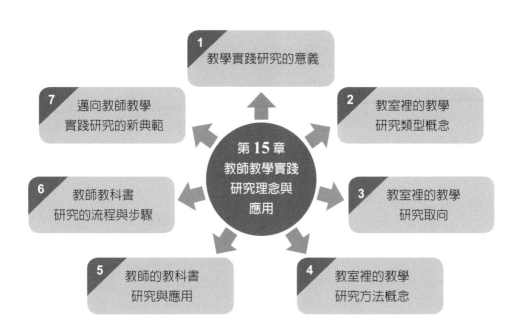

1. 教學實踐研究的意義

2. 教室裡的教學研究類型概念

3. 教室裡的教學研究取向

4. 教室裡的教學研究方法概念

5. 教師的教科書研究與應用

6. 教師教科書研究的流程與步驟

7. 邁向教師教學實踐研究的新典範

第 15 章
教師教學實踐研究理念與應用

　　教師教學實踐主要的理念，在於鼓勵教師在班級教學中，針對與教學有關的因素、策略或方法，進行學理與實務方面的論證與對照方面的研究，透過教學實踐研究的實施，反思自己的教學設計與實施存在的問題，進而修正自己的教學設計與教學模式。本章內文包括教學實踐研究的意義、教室裡的教學研究類型概念、教室裡教學研究取向、教室裡的教學研究方法概念、教師的教科書研究、教師教科書研究的流程與步驟、邁向教師教學實踐研究的新典範等。

一　教學實踐研究的意義

　　教學實踐研究的主要意義，在於教師在班級教學中想要了解與教學有關的因素，以及在教學計畫與實施中所扮演的主要地位、實施的歷程與實施成效，將教學活動歷程透過嚴謹的教育研究方法論，蒐集相關的教學資料作為驗證，或佐證教學實施成效的參考，並依據研究結論提出教學方面的建議，就稱之為教學實踐研究。教學實踐研究的主要特色，包括下列幾個特徵（林進材、林香河，2020）：(1) 教室裡的教學研究指的是「以教師為中心」的研究；(2) 教室裡的教學研究包括教師的教學、學生的學習、影響教學與學習的相關因素；(3) 教室裡的教學研究主要用意在於改進教學活動；(4) 教室裡的教學研究比較常用的是行動研究法、實驗研究法等；(5) 想要改進教室裡的教學品質，透過研究途徑是比較理想的方法。

　　因此，教學實踐研究和一般的教育學術研究，在性質、流程、方法、資料蒐集等具有相同的特性。是教師在班級教學中，運用各種社會科學研究的方法，蒐集班級教學實施中與教學和學習有關的資料，透過質性資料與量化資料的彙整、分析、歸納、統計等，提供研究結論與建議，作為改進教師教學的參考。

三 教室裡的教學研究類型概念

在班級教室中的教學研究，主要與教學有關係的因素、變項、情境、方法、理論、策略等，都是教學實踐研究的範疇。有關教室裡的教學研究類型，加以說明如下：

(一) 教師教學方法研究

教學方法的研究，主要是將教室中各學科教學可能使用的方法，透過教學研究的方式，探討各種教學方法在學科教學上的應用情形，以及教學方法使用的實施成效。例如，將傳統教學法、適性教學法、創意教學法、多元教學法、資訊教學法、新興教學法等，運用在各學科單元的教學歷程，各有哪些優缺點、如何運用在各學科中、和學科教學知識如何結合、對教師的教學效能產生哪些效果等。

(二) 學生學習方法研究

學生學習方法的研究，主要是針對學生在班級教學中，透過教師教學活動實施，在單元學科學習中，學生可以運用哪些高效能的學習策略、方法等，透過這些學習策略的運用，對於學生的學習效能產生哪些積極正面的意義。例如，概念圖的學習、心智圖的學習策略、摘要圖策略、筆記的學習策略等，在學科單元學習中是否可以提升學生的學習成效等。

(三) 教師教學效能研究

教師教學效能的研究，主要是在班級教學中，教師如何「提升教學效能」議題方面的研究。在研究內容方面包括初任教師的教學效能、專家教師的教學效能、經驗教師的教學效能等，當然也包括教師教學困境與因應策略之分析。在教師教學效能方面的研究，也可以將各種提升教學效能的策略（或方法），以導入的方式進行教學實驗研究。例如，研究主題「新手教師班級教學現況、困境與因應策略之研究」，透過對新手教師在班級

教學中遇到的困境，以及採用的因應策略分析，作爲教師提升教學效能策略擬定的參考。

(四) 學生學習效能研究

學生學習效能的研究，主要是針對在班級教學中，學生如何運用有效學習策略（或方法），幫助自己精進學科學習知識，並進而提升學習效能方面的研究。在學生學習策略的研究議題方面，教師可以依據學科單元知識的內涵，加上「學科學習知識」（LCK）的概念，進行學生學習效能方面的研究。例如，研究主題「國小學生數學解題單元有效學習策略之研究」，教師可以在班級教學中設計有關數學解題策略教學，引導學生在數學解題中運用有效的學習策略，並進而評估學生的學習成效。

(五) 師生關係研究

班級教學實踐研究，在師生關係議題的研究方面，主要是源自於行政管理的理念，透過班級生活中教師與學生關係的型態、互動品質等，了解師生在學校生活中，是如何建構專業關係的，這些關係的建構與互動品質，對於教師的教學與學生的學習，產生哪些方面的影響等。例如，「班級生活中師生關係建構及其相關因素之研究」，透過上述研究議題的擬定，相關理論與實際的相互印證，進而了解這些關係對於教學實踐的意義和啓示。

(六) 親師生關係研究

教室生活中的親師生關係研究，指的是教師、家長、學生三者之間關係的探討，透過親師生關係議題的研究，提供教師在此種專業關係發展方面的訊息，作爲班級經營與教學設計實施的參考。例如，「國小班級生活中親師生關係建構歷程及相關因素之研究」，透過這個研究主題的設計與實施，教師可以研究方法（例如問卷調查、經驗敘說、觀察法等）將親師生關係建構的歷程詳細的進行分析，並且將相關因素做學理方面的論述，提供教師在班級經營與班級教學的參考。

(七) 班級經營與管理研究

班級經營與管理方面的研究，指的是教師在班級生活中，有關班級經營與管理方面的實施與成效問題。透過班級經營與管理方面的研究，讓教師了解班級教學活動實施的前置作業，作為教學設計與實施的參考。例如，「班級經營策略運用與教學效能關係之研究」，透過班級管理的策略運用，探討與教學效能之間的關聯性，作為提升教師教學效能的參考。

(八) 教室生態研究

教室生態的研究，主要的重點在於將教室生活當成一個教育方面的生態系統，在這個生態系統中存在的所有人、事、物等因素，以及與教學和學習有關的要素，都是教室生態研究的議題和重點。透過教室生態的分析與研究，可以讓教師透視班級生活中的各種事物，作為教學設計與實施的參考。例如，「一個稱為教室的地方（A place called classroom）之研究」，將教室這個教育生態做各種詳細的描述和描繪，可以提供教師在教學設計與實施歷程的參考。

(九) 班級經營相關研究

班級經營是教學的前置作業，影響班級教學實施的成效。班級經營的研究，主要是將班級管理的各種議題，包括班級常規、班級學習氣氛、班級行政管理、班級座位安排、班級物理環境、班級心理環境等與班級經營有關的議題，透過教學實踐研究的理念，提供教師教學設計與實施上的安排依據。例如，「班級學生座位安排原則與教學效能關係之研究」，可以提供教師在學科教學時，安排學生座位上的參考。

(十) 教室氣氛營造研究

教室氣氛營造的研究，主要是透過各種研究方法，分析教室氣氛的營造與教學實施成效的關係。教師可以依據不同的學科性質，配合學生的學習參與、學習動機，營造各種有利於班級教學的氣氛，以提升教師教

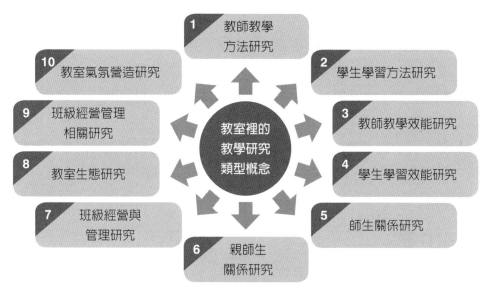

教室裡的教學研究類型概念

圖 15-1　教室裡的教學研究類型概念

學效能。例如，「中等學校教室氣氛營造與學科單元教學成效關係之研究」，可以進行不同學科性質教室氣氛營造的分析，並與學生的學習成效做學理方面的比對，提出提升學生學習成效的教室氣氛策略，作為教師教學設計與實施上的參考。

有關教室裡的教學研究類型概念，統整如圖 15-1。

三 教室裡的教學研究取向

教室裡的教學研究取向，一般包括質性研究與量化研究二個重要的研究取向。

(一) 量化研究

教師為了解班級教學的各種影響因素，透過量化工具（例如問卷）蒐集各種教室中的現象，轉化成為數字（或大數據），作為研究分析的依

據。量化研究主要是採用實證主義的觀點，以自然科學的方法或程序，處理各種複雜的教學問題，並藉研究過程建立法則及效率指標。

　　量化研究容易將教學現象的複雜程度過分化約與簡化，反自然科學者一致認為教學必然牽涉到賦予意義的意向和目標，科學牽涉到直接、單向的因果關係。但是，教師的教學行為與學生的學習行為之間並無絕對「一對一」的因果關係。科學方法只能用於不受時間與脈絡影響、穩定而一致的自然現象，而在真實的教學情境中，這些是不存在的（林進材，1997）。

(二) 質性研究

　　教師為了解班級教學的各種相關因素，透過文字描述、觀察、個案研究等，廣泛蒐集教室中的各種訊息，作為研究分析的材料。

　　自 1980 年代起，為匡正實證取向教學研究的偏失，重視教學意義的詮釋取向成為教學研究的主流，質性研究隨之興起。相對於量化研究，質性的研究重視數字背後的意義。從研究者的參考架構理解人類行為、人類行為的意義及其社會交互作用的脈絡，並針對主觀的狀態予以移情地去理解教育過程的整體現象和情境。質性的研究應用於教學研究時，通常關注的是在教室層次的教學事件及活動，例如，透視教師如何將形式課程轉化為實質課程、如何教學、如何與學生互動，以及學生如何學習、如何統合各種刺激、如何詮釋經驗等，重視對教學者和學習者之間的互動過程及社會脈絡（social context）的了解。

　　教學實踐中質性研究過程的幾個階段如下：

1. 界定研究問題

　　問題來自於研究現場的現象或每一事件，尤其是不尋常的事件，或是某些平常容易被視為理所當然的事件。

2. 選擇研究場所

　　質的研究現場並非刻意安排的實驗情境，而是從日常生活中自然的情境導引而出。

3. 進入研究現場與維持關係

質的研究者在進入研究現場時，須先自我介紹，並且告知研究目的，以尊重被研究者。在研究過程中須和團體內各分子維持良好且信賴的關係。

4. 研究資料的蒐集與檢核

研究資料的蒐集可運用參與觀察、無結構性訪問和文件分析等。蒐集的資料必須經過嚴格的檢核。

5. 資料分析與整理

研究資料的分析與整理工作是同時進行的，在此過程中通常運用三角校正（triangulation），以降低研究者的偏見，提高資料詮釋性的正確性。

6. 研究結果的呈現

撰寫質的研究報告重要的是反省性（reflexivity），研究者隨時保有自我意識，將資料的形式、用語、內容加以反省（歐用生，1989）。

有關量化與質性研究的概念，統整如圖 15-2。

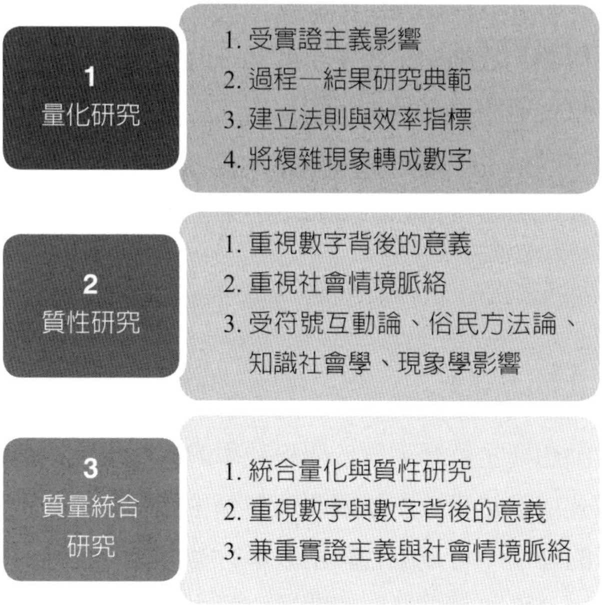

1 量化研究
1. 受實證主義影響
2. 過程—結果研究典範
3. 建立法則與效率指標
4. 將複雜現象轉成數字

2 質性研究
1. 重視數字背後的意義
2. 重視社會情境脈絡
3. 受符號互動論、俗民方法論、知識社會學、現象學影響

3 質量統合研究
1. 統合量化與質性研究
2. 重視數字與數字背後的意義
3. 兼重實證主義與社會情境脈絡

圖 15-2　量化與質性研究概念

四 教室裡的教學研究方法概念

　　一般而言，教師在教室的教學歷程中，如果想要提升教學效能與學習品質，就需要在教室中進行教學實踐研究。教室中的教學實踐研究，其實是將教室裡的教學研究方法，與一般學科單元的教學結合，透過研究方法論的運用，釐清並分析教學實施成效及其相關因素之間的學理關係。茲將教室裡常用的教學研究方法，簡要舉例說明如下：

(一) 問卷調查法

　　問卷調查法是調查研究的方式之一，屬於量化取向的研究。主要是將教室中的教學歷程與教學現象，透過問卷調查的方式，轉化成為數字加以描述。例如，教師如果想要了解學生對於某一種教學方法採用的看法，就可以透過問卷調查的方式，進行研究調查分析。

(二) 觀察法

　　在班級教學中，教師如果想要了解某一個現象，或是分析某一種存在的事實，就可以透過觀察工具進行觀察研究。例如，教師想要了解班級學生在教學歷程中的發言次數與發言內容，就可以透過「班級學生發言觀察工具表」的設計，由觀察員在班級教學活動中，進行學生發言次數與內涵的觀察記錄。

(三) 訪談法

　　訪談法一般是教師透過訪談調查的方式，蒐集教室中與教學有關的資訊。例如，教師想要了解學生對於學科教學的觀點，可以透過問題的規劃設計，以結構式或半結構式訪談綱要，讓學生針對相關的議題發表自己的看法。訪談法的運用，可以配合教室教學行動研究或實驗研究法，在教學方案實施之後，透過訪談綱要（或問題）請學生發表自己的看法。

(四) 內容分析法

內容分析法的實施，主要是解釋某特定時間某現象的狀態，或是在某段時間內該現象的發生情形（王文科、王智弘，2019）。例如，教師想要了解綜合活動課本中，有關性別角色議題的呈現次數和呈現方式，就可以採用內容分析法，針對各出版社出版的教科書，了解在綜合領域課本中不同性別角色的出現次數，以及出現的情形。

(五) 實驗研究法

實驗研究法的實施，主要是教師想要了解某一個教學方案，在班級學科教學中實施的成效或影響情形。例如，小學教師想要了解自我導向學習對於學生閱讀理解產生的影響，就可以在教室語文領域教學中，設計自我導向學習的教學方案，在閱讀課中進行教學實驗，再針對實驗結果進行統計分析處理，了解自我導向學習方案的實施，對於國小學生在閱讀理解方面的影響。

(六) 焦點團體座談法

焦點團體座談法的實施，主要是教師在教學實踐中，想要了解相關人員對特定主題的看法或觀點而進行的研究方法。例如，教師想要了解大學教師教學評鑑指標的建構和內容，就可以邀請相關的人員，針對大學教學實施成效評鑑指標，提出其在專業上的意見。

(七) 個案研究法

個案研究法的實施，主要是教師想要了解個案（或個體）在某一個特定主題上的特質、觀點、發展、特徵等，所採用的研究方法。例如，教師想要了解班級學生學習困難的主要原因及相關因素，就可以選擇特定的個案，進行學習歷程與學習成效方面的研究。

圖 15-3　教室裡的教學研究方法

(八) 文件分析法

文件分析法的運用，主要是教師想要了解與教學、學習有關的議題，而透過相關文件的蒐集，進行議題方面的分析。例如，教師想要了解學生在教室學習的過程與成效，可以透過對學生「學習檔案」文件的蒐集，進行系統性的分析，進而綜合歸納提出學理方面的建議。

有關教室裡的教學研究方法，統整如圖 15-3。

五 教師的教科書研究與應用

教師教科書研究的主要意義，在於引導教師對於任教科目的課本有更深入的了解，透過教科書研究的實施，有助於教師了解教科書研究的意義、教科書研究的內容概念、教科書的學科教學內容知識、教科書的學科學習內容知識、教科書的研究流程等方面的專業知能。茲詳加說明如下：

（一）教科書研究的意義

　　教師教科書的研究是屬於教學實踐研究的一環，讓教師可以從研究觀點與學習觀點，對於學科教學中使用的教科書有更深入的理解和認識。

　　1. 提供教師了解教科書的意義

　　教科書的研究，可以讓教師了解教科書本身的性質、意義、內涵，同時讓教師了解教科書本身和學科單元教學之間的關係，以及教科書與教學活動、學習活動如何進行緊密的連結。

　　2. 提供教師未來教學方法與策略

　　透過科書的研究，可以讓教師理解教學方法與策略如何運用、在教科書中呈現的知識類型，如何與學生的學習知識進行有效的連結，以及這些連結關係與班級教學，如何進行連結並落實教學效能。

　　3. 釐清學科教學知識內涵與類型

　　教科書的研究，有助於教師釐清學科教學知識的內涵與類型，透過這些議題的了解與掌握，對於教師的教學設計與實施，具有正面積極的意義。當教師進行教科書的教學內容知識分析時，有助於和學科教學理論方法進行學理方面的連結。

　　4. 掌握學科學習知識內涵與類型

　　教科書的研究除了提供教師學科教學知識外，同時也提供學科學習知識的內涵與類型，讓教師在教學設計與規劃中，掌握學生應該要具備的知識、需要學習的知識，以及這些知識要運用哪些策略才能收到預期的效果。

（二）教科書研究的內容概念

　　一般教科書研究的內容，主要是針對教科書性質進行教學與學習上的概念分析，在內容方面包括教科書的學科知識、教學知識、學習知識、教學轉化等：

1. 學科領域教科書的內容分析

學科領域教科書的內容分析，主要是針對學科領域的教科書，進行各單元學科知識性質、學科知識類型、學科知識內容等學理方面的分析。透過學理分析結果，讓教師在教學設計與實施階段，掌握學科領域的知識。例如，小學高年級的數學，偏重於問題解決、表面積的計算、速度與速率等知識的運用，在數學領域教科書的內容分析中，可以提供教師在上述知識教學方面的訊息，讓教師可以運用各種教學理論與方法，作為教學轉化之策略。

2. 教科書的學科教學知識分析

學科教學知識（pedagogical content knowledge, PCK）乃教師因應該學科之教學，而須具備之教學專業知能，即該教師能依據教學內容及學生先備知識與個別差異，採用適當的教學方法與策略，將學科知識加以分析、重整、組織、表達，以將其適當地轉換而教給學生的知識（林進材，2019a）。在教科書的學科教學知識分析方面，主要是提供教師在學科教學知識內涵方面的理解，讓教師了解不同的單元學科所要包含的教學知識有哪些，以及教師在面對學科教學知識議題時，需要採用哪些教學理論與方法，才能提供學生各方面適性的學習。

3. 教科書的學科學習知識分析

教科書的學科學習知識（learning content knowledge, LCK）的觀點，主要的概念源自於學科教學知識的闡釋，認為教師在進行教學時，必須針對學科性質的各種知識，作為教學轉化的底蘊。例如，Shulman（1987）與 Wilson、Shulman 和 Richart（1987）的研究指出，教師在教學中運用多種知識類型才能完成教學的任務，學生在學科學習歷程中，也需要運用多種的學習知識類型，才能完成學習的任務。這些學科學習的知識包括：(1) 學科學習知識：包括對學科學習的整體概念、學科學習的本質、學科學習信念等；(2) 學習表徵知識：指的是學習策略和技巧的知識；(3) 課程學習知識：例如課程架構、目標、對課本與學習教材的理解；(4) 一般學習知識：例如學習歷程的知識；(5) 學習情境知識：對學習情境變化的認

知；(6) 學習理念、個人信念：個人對學習的觀點；(7) 內容、學習法等知識（林進材，2019b）。

教科書的學科學習知識研究，提供教師學生「學什麼」、「爲什麼學」、「如何學」等方面的訊息，讓教師在教學設計與實施階段，可以針對學生的學科學習知識，做各種教學上的準備，同時可以擬定有效的學習策略與方法，提供學生各種精熟學習的機會。

4. 教科書的教學理論方法分析

教科書教學理論與方法的分析，主要是針對學科單元領域的教科書，分析教師有關「教什麼」、「如何教」、「用什麼方法教」、「用什麼理論教」等方面的訊息，提供教師在單元領域教學時，可以考慮採用的教學理論與方法，避免教師對教學理論與方法不熟悉，而導致教學效能方面的差異。一般的教室教學活動，除了教育單位提供的「教師手冊」（或備課手冊）之外，教師可以參考各種教學理論與方法的專業書籍，研究學科單元可以採用的教學理論與方法，作爲課堂教學之用。

5. 教科書的教學轉化策略分析

教科書的教學轉化策略分析，指的是從形式課程到實質課程的轉化，所運用的策略或方法。換言之，教師是如何將教科書中的知識，用學生可以理解的方式，引導學生達到精熟學習。正如醫師是如何講解讓病人或家屬了解目前的症狀、護理師是如何讓病人知道打點滴的作用一般，教師如何讓學生熟悉梯形面積的計算方法。透過教科書的教學轉化策略分析，同時可以分析經驗教師與新手教師，在教學歷程中的差異有哪些、這些差異對教學實施有哪些啓示，以及對學生學習效能的影響到什麼程度等。

有關教科書的內容研究概念，統整如圖 15-4。

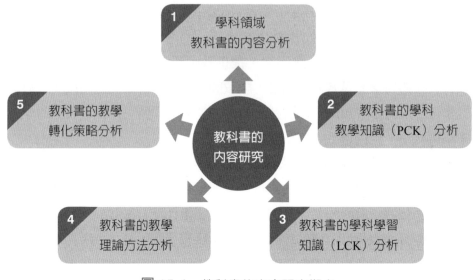

圖 15-4　教科書的內容研究概念

(三) 教科書的學科教學知識研究

　　教科書的學科教學知識研究，指的是這一本教科書內容包含哪些重要的概念、性質是什麼，以及教學目標與學習目標有哪些等議題，而教科書的學科內容知識指的是這一本教科書中，要教哪些重要的學科知識、這些知識的類別有哪些、知識如何與生活連結，以及教師需要運用哪些方法等。教科書的學科教學知識研究，依據 Shulman（1987）提出的概念，包括下列幾個要項（圖 15-5）：

1. 學科知識

　　學科知識的研究議題和內涵，包括對學科的整體概念、學科教育的目的、學科內容知識、學科的本質、學科教學信念等。例如，教師在教導數學時，需要具備對數學的了解，以及數學教材教法的熟悉。

2. 教學表徵知識

　　教學表徵知識，指的是教師的教學技巧與策略方面的知識。例如，教師在教導語文領域課程、數學領域課程、自然與生活科技領域課程時，所需要的教學技巧與策略，會有等級和程度上的不同。

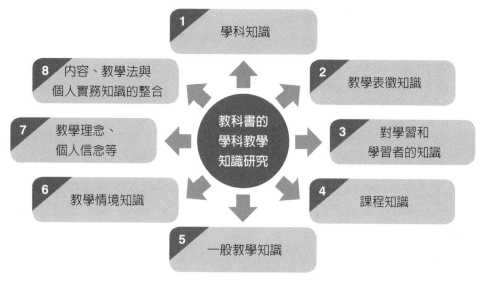

圖 15-5　教科書的學科教學知識研究

3. 對學習和學習者的知識

包括對學生和學生知識的了解，以及預估學生在學習時可能出現的問題。例如，學生學習英語時需要具備哪些知識，學習英語時可能遇到哪些問題，這些問題如何在教學中克服。

4. 課程知識

對課程架構、目標、課程計畫和組織，以及課本和教材的理解。例如，教導學生理化科目時，教師應該要了解理化學科的課程架構、課程目標、知識內容，以及知識如何呈現、如何轉化成為教學活動。

5. 一般教學知識

一般教學知識包括教學歷程中的知識。例如學科單元教學的班級經營、如何引導學生學習、如何進行教學活動、如何結合資訊融入教學、如何選用教學媒體等方面的知識。

6. 教學情境知識

教學情境知識方面包括對教學情境變化的認知。例如，在數學領域教學中，教師如何進行班級常規經營，以提升學生的學習注意力等。

7. 教學理念、個人信念等

指的是教師對教學的想法、觀點、秉持的信仰等。

8. 內容、教學法與個人實務知識的整合

(四) 教科書的學科學習知識研究

教科書的學科學習知識指的是這一本教科書中，學生需要學習哪些重要的知識、這些知識的類別有哪些、知識如何與生活連結、學生需要運用哪些方法等。在教科書的學科學習知識分析方面，包括下列幾個要項（圖 15-6）：

1. 學科學習知識

學科學習知識包括對學科的整體概念、學科教育的目的、學科內容知識、學科的本質、學科學習信念等。例如，學生在學習社會領域課程時，學生對社會領域的整體概念是什麼、學生對社會領域課程的目的了解多少、學生對社會領域學科的本質掌握多少等。

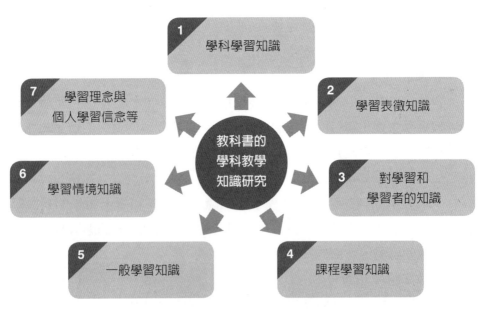

圖 15-6　教科書的學科學習知識研究

2. 學習表徵知識

指的是學生對於學科學習策略和技巧方面的知識。例如，學生學習歷史、地理學科時，需要運用哪些有效的讀書方法、學習策略等，有助於將學科知識轉化成為長期記憶等方面的知識。

3. 對學習和學習者的知識

包括對學生和學生知識的了解，以及預估學生在學習時可能出現的問題。例如，教導學生數學「微積分」的概念時，要針對學生學習過程中可能出現的問題，做教學前的因應並擬定有效的策略。

4. 課程學習知識

課程學習知識包括課程架構、目標、課程計畫和組織、對課本和教材的理解，以及這些在學習上的意義。例如，學生在學習「教學原理」這一門科目時，要對於教學原理學科的課程架構、目標、課程計畫與組織等具備足夠的知識。

5. 一般學習知識

一般學習知識指的是學習歷程中的各類知識，包括學科學習的方法、學科知識的學習、從短期記憶到長期記憶等。例如，學習國中的英語動詞，包括過去式、現在式和未來式的運用。

6. 學習情境知識

學習情境知識指的是和學科學習情境有關的知識。例如，對學習情境變化的認知，數學學科學習什麼時候需要用演算方式學習、什麼時候需要用驗證的方式學習、什麼時候需要用反覆練習的方式學習等。

7. 學習理念與個人學習信念等

學習理念與個人學習信念的分析，包括學習者對學科學習的觀點、立場、想法、信念等，這些學習信念是如何形成的、對於學習成效的提升有什麼意義，以及教師如何從學習理念與學習信念中，擬定提升學生學習的方法等。

(五) 教科書的教學理論與學習方法研究

教科書的教學理論與學習方法的研究，包括這一個單元（或一課）教師要運用哪些教學理論與方法進行教學活動比較適合；學生在這一單元（或課）要運用哪些學習策略、這些學習策略如何運用在學科學習上面等方面的分析。

(六) 教科書的教學轉化分析

教科書的教學轉化分析，包括每個單元的教學時間、教學的輕重緩急、如何與生活經驗連結等。

六 教師教科書研究的流程與步驟

教科書的研究對教師而言，是屬於教學實踐研究中的一環，對教師的教學設計與實施具相當的啟示作用，透過教科書議題的研究，讓教師對於教科書有更深入的了解。有關教科書研究的流程與步驟，簡要說明如下：

(一) 分析教科書的性質

教科書性質的分析研究，主要是引導教師掌握教科書的性質和內容、了解教科書的知識內容，以及這些知識內容如何在教學與學習活動中呈現。

(二) 進行教科書的內容分析

教科書內容知識的分析，主要是透過研究方法，將教科書的內容進行分類歸納，了解教科書的內容和教學與學習活動如何連結，教師在教學設計與規劃中，如何將教科書與教學理論做密切的聯繫。

(三) 教科書內容知識的分析

教科書內容知識的分析，是教科書研究的核心議題。當教師將教科書

的內容知識做系統性的分析之後，才能思考教學計畫中的教學活動、教學策略及教學方法的議題。

(四) 教科書的學科教學知識分析

教科書的學科教學知識分析，讓教師了解擔任的學科單元教學，需要運用哪些和教學有關的知識、這些學科教學知識如何在單元教學中運用，以及如何透過教學活動的實施，增進教學效能並促進學習效果。

(五) 教科書的學科學習知識分析

教科書的學科學習知識分析，指的是在這個單元學科的教科書中，學生需要學習哪些知識、這些知識需要運用哪些學習方法才能學會，以及這些學科知識和哪些學習策略有關等。

(六) 教科書的教學理論與方法分析

教科書的教學理論與方法分析，指的是在單元學科的教科書中，不同的小節、不同的概念、不同的頁次中，教師需要運用哪些不同的教學理論與方法，才能在教學活動中順利地讓學生的學習成功。

(七) 教科書的學習理論與方法分析

教科書的學習理論與方法分析，指的是在單元學科的教科書中，不同的小節、不同的概念、不同的頁次中，學生需要運用哪些不同的學習理論與方法，才能在學習活動中進行高效能的學習，達到學習精熟的目標。

(八) 教科書的教學轉化分析

教科書的教學轉化分析，是當教師分析學科知識、教科書中的教學理論與方法、教科書中的學習理論與方法之後，所形成的教學轉化概念。換言之，教師在這些不同的單元、不同的小節、不同的概念、不同的頁次中，適合運用哪些方法或策略，可以讓學生學會這個單元的知識。

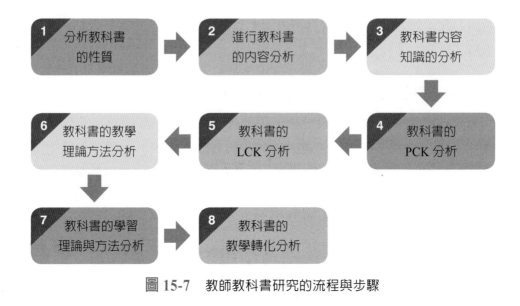

圖 15-7　教師教科書研究的流程與步驟

有關教師教科書研究的流程與步驟，統整如圖 15-7。

七　邁向教師教學實踐研究的新典範

　　教師教學實踐研究的發展，主要是讓教師在教室的教學活動中，針對自己的教學設計與實施，透過嚴謹的研究方法，蒐集自己的教學活動資料，進行系統化的分析，綜合歸納教學活動實施的成效，進而提出學理方面的建立，作為改進教學的參考。在教學實踐研究過程中，包括教室裡的教學實踐研究、教科書的研究、教學知識分析研究、學習知識分析研究等議題方面的探討，透過教育研究量化與質性取向的學理研究，可以提供教師教學反思與改進的機會。透過教學實踐研究的實施，同時提供教師在教學設計與實施的修正參考模式，有助於教師邁向教學專業的新典範。

本 章 討 論 的 議 題

1. 請說明教學實踐研究的意義和必要性如何？

2. 請說明教學實踐研究的方法有哪些？這些方法如何與教學結合？

3. 請說明教室中的教學活動如何形成教學實踐研究？

4. 請說明教學實踐研究有哪些主題可以形成研究發展？

5. 請任選一個班級教學實踐研究的議題，進行研究計畫的擬定，內容包括研究題目、研究目的、研究問題、研究方法、研究流程、研究設計與實施、預期結果等。

附錄：歷年中小學教師資格檢定考試「教學」試題（含解答）

109 年教師資格檢定考試：教學試題

(D) 1. 論及考試與教學的關係時，常聽到有人說：「考試領導教學。」此一說法主要探討下列哪一個效度層面？

    (A) 專家效度　　(B) 同時效度　　(C) 預測效度　　(D) 後果效度

(A) 2. 有關新進教師「討論教學」能力之提升，下列哪一種方式效果較差？

    (A) 利用教師在職進修機會，說明「討論教學」的優點及應用

    (B) 教師研習時，採取討論的方式，讓教師從過程中體驗學習

    (C) 拍攝教學現場討論的真實影片，提供教學工作坊的案例討論

    (D) 在教師社群中，進行有關「討論教學」觀察實作的課堂研究

(C) 3. 何老師講述、解釋與圖示日蝕現象時，同學們似懂非懂。於是老師利用虛擬實境，讓同學觀察日蝕的變化過程並加以解釋。此種方式較屬於哪一種學習理論的應用？

    (A) 頓悟學習理論　　(B) 同步學習理論

    (C) 情境學習理論　　(D) 意義學習理論

(A) 4. 教師自編教材時，有關難易度的考量，下列何者有誤？

    (A) 教材文本應該減少圖表或例子，以降低閱讀量

    (B) 國小學生多處於具體運思期，教材編寫應與實際生活關聯

    (C) 教學目標或主題數量應加以控制，避免超過學生的認知負荷

    (D) 教材內容不能一味追求簡化，仍然應該具備一定程度的挑戰性

(D) 5. 王老師編製一份五年級數學測驗以供段考使用。下列哪一措施最有助於證明此測驗具有良好效度？

    (A) 優先將同一單元的試題組合在一起，以方便學生作答

    (B) 找一班五年級學生施測兩次，再求兩次分數之間的積差相關

    (C) 找一班五年級學生進行施測，計算各題目之間相關係數的平均值

    (D) 列出考試範圍所有目標，找幾位數學教師檢查試題與目標之間的一致性

(C) 6. 有關學生小組成就區分法（STAD）合作學習的敘述，下列何者較適切？

    (A) 由學生自主選擇分組成員

    (B) 競賽分數以各組成員總分計算

    (C) 教師可以先講述教材內容再進行分組討論

    (D) 測驗時能力高的同學需要協助能力低的同學

(C) 7. 有關評量之運用與詮釋，下列何者較屬於「常模參照」取向？

(A) 白雲國小篩選出五年級需要接受數學科學習扶助的學生

(B) 青山國小針對閱讀書籍量破百的學生頒發閱讀小博士證書

(C) 清溪國小選出校內學習檔案比賽前三名代表學校參加全市的比賽

(D) 大樹國小根據評分規準將學生的閱讀檔案區分為 ABCDE 五個等級

(B) 8. 依據布魯姆（B. Bloom）認知目標層次分類，以下四個學習目標由高至低排序應為下列何者？

甲、能解釋不同情緒的特徵與表現方式

乙、能說出情緒的定義與內涵

丙、能判斷他人的情緒，表現出合宜的行為

丁、能舉例說明情緒對人際關係的影響

(A) 丙甲丁乙　(B) 丙丁甲乙　(C) 丁甲乙丙　(D) 丁丙甲乙

(D) 9. 陳老師希望提升學生的思考能力，預擬了幾個問題。下列哪一個問題的認知層次最高？

(A) 地震時，正確的反應步驟為何？

(B) 地震時，需要關閉家中哪些設備？

(C) 地震時，是否應該立即跑到戶外？

(D) 地震時，家中最安全的避難地點為何？

(B) 10. 張老師在黑板寫出「財」、「賄」、「費」、「販」等字，要學生找出這些字的共通點。學生說出每個字都有「貝」，於是再引導學生歸納出貨幣是從貝殼演變而來。此一教學策略較屬於下列何種理論的應用？

(A) 迦納（H. Gardner）多元智能

(B) 布魯納（J. Bruner）發現教學

(C) 史金納（B. Skinner）操作制約

(D) 奧蘇貝爾（D. Ausubel）前導組體

(D) 11. 趙老師在體育課中指導學生進行跳繩之「一跳二迴旋」技巧。他根據技能領域目標擬定下列各項目標：

甲、學生能在 30 秒內做 10 次「一跳二迴旋」的動作

乙、學生能依照教師指示，完成「一跳二迴旋」的動作

丙、學生聽到音樂後，能夠自然、完美地完成「一跳二迴旋」的動作

丁、老師先示範「一跳二迴旋」的動作，學生再加以模仿

戊、學生能正確、獨立地完成「一跳二迴旋」的動作

如將上述技能目標從最簡單的「最低層次」排序到最複雜的「最高層

次」，應為下列何者？

(A) 甲丙丁乙戊　　(B) 乙戊甲丙丁　　(C) 丁甲丙乙戊　　(D) 丁乙戊甲丙

(A) 12. 下列何者較合乎素養導向教學的精神？

(A) 在氣候變遷主題單元中，引導學生進行資料蒐集、分析與分享

(B) 在環境保育主題單元中，檢驗學生完成教師指定環保任務的比率

(C) 進行自然領域教學時，請學生完成教材中的實驗步驟，再對照科學原理

(D) 在數學領域教導線對稱概念時，說明線對稱的定義，再讓學生核對生活中的實例

108 年度第一次教師資格檢定考試：教學試題

(D) 1. 樂樂國小想推動「資訊融入教學」。下列何種作法較符合「資訊融入教學」的意涵？
(A) 成立資訊社團，與地方科技團體共享資源，建立夥伴協作關係
(B) 購置充足的科技資訊設備，學生可隨時透過網際網路學習新知
(C) 設計資訊科技之相關主題課程，使學生熟悉網路世界的各種知識
(D) 讓學生結合資訊科技與課堂學習結果，製作校園特色植物尋寶圖

(D) 2. 張老師透過一篇〈塑膠垃圾汙染海洋〉的文章，將環境教育議題融入國語文教學，並依據國語文領域綱要核心素養「國 -E-A2 透過國語文學習，掌握文本要旨、發展學習及解決問題策略、初探邏輯思維，並透過體驗與實踐，處理日常生活問題」，設計教學活動。下列何者最能夠呼應此核心素養內涵？
(A) 各組學生摹寫報導文章並增加插圖
(B) 學生分組將文章內容製作成簡報並上臺報告
(C) 設計學習單，幫助學生熟悉與使用文章中的語詞和句型
(D) 分組討論文章的重點，並嘗試提出改善海洋汙染的方法

(A) 3. 學校的學習評量應該優先重視下列哪一個評量概念？
(A) 內容效度　(B) 預測效度　(C) 同時效度　(D) 內在效度

(A) 4. 依據創造思考教學的原則，楊老師在寫作教學時較不會進行下列哪一項教學活動？
(A) 仿寫優秀的童話作品
(B) 進行故事接龍的遊戲
(C) 改編有名的童話故事
(D) 讓學生自行創作故事結局

(A) 5. 張老師得知其班級學生對日本電視劇《半澤直樹》非常著迷，於是在進行社會學習領域教學時，將「半澤直樹受到分店長淺野陷害，被迫承擔因非法融資 5 億而造成銀行損失的責任」作為例子，來讓同學進行分組討論，探討社會經濟活動中所牽涉的道德議題。張老師的作法符合下列何種學習經驗選擇的原則？
(A) 動機原則　(B) 經濟原則　(C) 繼續原則　(D) 練習原則

(C) 6. 讚美可以增進學生的學習動機，進而提升教學效果。下列何者最符合有效讚美的原則？

(A) 以我的觀察，這件事你整體做得相當不錯！

(B) 上次你的演講很流暢，我特別喜歡你的題目！

(C) 你能解釋自己對「$a2 + b2 = c2$」的算法，很好！

(D) 你的英文單字背誦進步了，還比小華多記了五個，讚！

(C) 7. 下列哪一個教學方式最能達到情意領域的目標？

(A) 請學生仿作藝術家不同時期的作品，進行分析比較

(B) 播放藝術家的紀錄片，請學生分享其對藝術家的了解

(C) 引導學生藉由藝術家不同時期作品敘說自己的生命故事

(D) 邀請藝術家到校分享創作理念並與學生共同創作校園藝術品

(D) 8. 「學生能精確、迅速完成生物課的解剖任務」，此表現較符合動作技能領域目標的哪一層次？

(A) 知覺　(B) 創新　(C) 機械化　(D) 複雜反應

(B) 9. 向上國小的教師在進行議課時，針對「課堂上有些學生雖然認真回答問題，但是答案並不完整」的現象，討論應如何回應。依據正向心理學的鼓勵原則，下列哪一種回應方式最適切？

(A) 你們的答案不管對不對，老師都很欣慰

(B) 大家再想一想，你們應該還能提出更好的答案

(C) 我知道大家都很努力，答得不好，不用感到失望

(D) 大家答得不好，是因為問題本來就有點難，所以不用灰心

(C) 10. 教師向學生提問：「作者在本課中的哪些句子運用了譬喻法？」學生如果不會，教師繼續說：「譬喻法通常會在句子裡使用『像』、『好像』、『如』、『似』、『彷彿』等字。」此種方式屬於下列何種技巧的運用？

(A) 轉引　(B) 轉問　(C) 迅速提示　(D) 深入探究

(D) 11. 編製選擇題時，良好的誘答選項不具有下列哪一種特性？

(A) 選項內容具有高度似真性

(B) 敘述語法合乎題意的邏輯

(C) 選項能有效反映學生的迷思概念

(D) 高分組學生的選答率高於低分組

(D) 12. 下列哪一項作法最可能提高評量結果的效度？

(A) 在全校段考中以選擇型試題取代開放型試題

(B) 要求申請進入資優班的學生，提出在校成績

(C) 以學生熟悉的歷史故事，測量其閱讀理解能力

(D) 在正式測驗前，協助學生熟練聽力測驗的作答方式

108 年度第二次教師資格檢定考試：教學試題

(B) 1. 李老師引導學生閱讀《小王子》一書時，期待他們閱讀後可以描述三件自己印象最深刻的事情及個人的感受，並說明原因。此屬於下列何種目標？

(A) 行為目標　　(B) 表意目標　　(C) 認知目標　　(D) 技能目標

(C) 2. 下列何者屬於標準參照評量？

(A) 對全校新生進行瑞文氏圖形推理測驗，以了解學生的智力程度

(B) 依據定期評量的成績，班上表現較佳的前三名可上臺接受頒獎

(C) 為挑選國語文競賽選手，舉行全校性比賽，凡答對率 90% 以上即入選

(D) 校慶運動會舉行大隊接力、趣味競賽，再根據成績加總頒發總錦標獎

(A) 3. 在社會課中，陳老師想運用角色扮演法進行教學，下列作法何者較不適切？

(A) 事先編寫好劇本且進行排練，以增加上臺的成功經驗

(B) 教師宜選用學生熟悉的故事，讓學生較融入故事情境

(C) 演出後可簡短討論，且演出者可變化角色以體驗不同感受

(D) 演出的時間不用太長，若有不妥的情節，老師應適時引導

(C) 4. 下列有關問答題特性的敘述，何者正確？

(A) 誘答設計費心費力　　　　(B) 命題準備較選擇題費力

(C) 沒有學生猜測作答的疑慮　(D) 作答不受學生語文能力的影響

(C) 5.「同一週的教學活動安排，應考量各學習領域之間教學內容的關聯性。」此符合課程組織的哪一項原則？

(A) 順序性　　(B) 繼續性　　(C) 統整性　　(D) 平衡性

(A) 6. 張老師在課堂上與學生討論時，為了釐清小明所講的內容，下列老師的提問，何者較為適切？

(A) 你可以舉個例子，來補充你的答案嗎？

(B) 你的答案很好，再想想有沒有別的答案？

(C) 你答非所問，請再次思考題目並重新回答。

(D) 你的答案和我的不一樣，猜猜我的答案是什麼？

(D) 7. 下列何者屬於多元文化「附加取向」的課程設計模式？

(A) 在婦幼節時，介紹各族群傑出婦女的生平事蹟

(B) 在社會課中，引導學生從不同族群觀點探討臺灣的開發問題

(C) 引導學生討論報紙對族群報導的偏失，並寫信給報社要求改進

(D) 在藝術與人文課程中搭配多元文化週活動，讓學生欣賞各種族群服飾

(A) 8. 下列何者較不符合差異化教學的原則？

(A) 進行分組教學時，由能力較高者指導能力較低者

(B) 對於能力較高及能力較低的學生，另訂評量的標準

(C) 提供多樣性的教材內容，以適合不同程度的學生使用

(D) 允許能力較高者加速學習，並對能力較低者，進行補救教學

(C) 9. 王老師以紫蝶為主題，讓學生到花田觀察並探究紫蝶的生態。請同學自行提出假設，並以驗證，最後撰寫其發現。此屬於下列何種教學法？

(A) 案例教學法 　　　(B) 概念獲得教學法

(C) 專題導向教學法　　(D) 問題解決教學法

(D) 10. 張老師設計「減少塑膠用品的使用」課程，下列有關減塑之情意目標的敘述，何者較適切？

(A) 品格形成：學生能遵守校規不帶一次性餐具到校園中

(B) 接受：學生會與家長討論如何外帶餐點，以達減塑目的

(C) 價值組織：學生對於海洋生物受到垃圾危害的情形，感到難過

(D) 價值判斷：學生對於飲料店禁用塑膠吸管的政策，提出自己的觀點

(B) 11. 在實施檔案評量之前，必須清楚設定檔案目的。王老師在班上實施寫作檔案評量，要學生每完成一篇作文後，回答下列問題：「(1) 寫這一篇作文時我的策略是什麼？(2) 寫這一篇作文時我遇到最大的困難在哪裡？(3) 我認為我這一篇作文寫得不錯的地方有哪些？」下列何者最有可能是該檔案設定的目的？

(A) 評量學生的學習成就 　　(B) 增進學生自我學習成長

(C) 蒐集對教師的教學回饋 　(D) 診斷學生的學習進步情形

(C) 12. 下列何者最符合素養導向教學設計與實施原則？

(A) 設計學習單，讓學生進行文具的選購，做加法進位的演算

(B) 參觀科學教育館並聆聽導覽後，回家整理參觀筆記及心得進行分享

(C) 藉由地震的新聞報導，讓學生蒐集與討論防災資料，並實際應用於防災演練中

(D) 因應耶誕節，請學生閱讀相關的英語繪本進行單字學習，並完成耶誕卡片著色活動

(A) 13. 林老師這學期以專題探究方式帶領學生探討「營養」的主題。他希望可以透過核心問題來激發學生持續進行思考、探究,並激盪出更多的問題與討論。下列何者較適合作為核心問題?

(A) 我們應該吃些什麼才算營養?

(B) 你吃的東西可以避免肥胖嗎?

(C) 五大類食物群包含哪些營養素?

(D) 聯合國的均衡飲食標準是什麼?

(D) 14. 林老師針對數學課「生活中的大單位」單元進行差異化教學。他先用前測將學生按程度分為三組,高程度者給予較高層次的題目並引導其自學,中程度者分組討論課內題目進行自學,低程度者由老師集中教學。林老師對低程度組學生施測單位換算測驗,發現他們對於小數點位移概念不夠清楚,重新解說與練習後,才講解新概念。在每一堂課快結束時,林老師根據課堂內容設計兩個問題,以確認全班是否學會。上述教學中並未使用到哪一種評量?

(A) 安置性評量　(B) 診斷性評量　(C) 形成性評量　(D) 總結性評量

(C) 15. 根據評量與學習的關係,評量可以分成「對學習的評量」(assessment of learning)、「促進學習的評量」(assessment for learning)及「評量即學習」(assessment as learning)三種取向。下列四位實習教師對這三種評量取向的敘述,何者正確?

甲:「對學習的評量」其性質較偏向總結性評量

乙:學校的定期評量是屬於「促進學習的評量」

丙:「促進學習的評量」的目的在協助教師調整教學策略

丁:「評量即學習」的目的在協助學生成為自主的學習者

(A) 甲乙丙　(B) 甲乙丁　(C) 甲丙丁　(D) 乙丙丁

107 年度教師資格檢定考試：教學試題

本年度公布示範題，並未公布考試題目

106 年度教師資格檢定考試：教學試題

(A) 1. 有關教師製作教學檔案的目的，下列何者不適切？

　　(A) 蒐集學校課程活動資料，掌握校本課程發展方向

　　(B) 蒐集重要的教學紀錄，了解自己專業成長的歷程

　　(C) 透過檔案製作交流與分享，形塑優質的專業文化

　　(D) 透過檔案建置的歷程，反思教學，提高教學效果

(B) 2. 下列哪一個情境最接近真實評量？

　　(A) 讓學生寫出課文心得，以評量其情意反應

　　(B) 讓低年級學生到商店買東西，以評量其算數能力

　　(C) 課堂中讓全班學生大聲朗讀，以評量其識字程度

　　(D) 讓學生觀賞地震演習的影片，評量其逃生觀念與技巧

(C) 3. 有關「十二年國民基本教育課程綱要」總綱內涵的敘述，下列何者有誤？

　　(A) 各領域教學改為固定節數，以減少學校節數分配的爭議

　　(B) 仍重視重要議題，並建議融入各領域或科目的課程設計

　　(C) 教師可以自由選擇領域教學或是分科教學，不再強調領域的概念

　　(D) 共分八大學習領域，其中「科技」領域從國中教育階段才開始實施

(B) 4. 在課程組織型態中對於「經驗課程」概念的敘述，下列何者較不適切？

　　(A) 重視學生親身耕種與收割稻子的體驗

　　(B) 運用植物學概念來探討稻子的成長歷程

　　(C) 依據學生飼養雞隻的興趣來安排教學活動

　　(D) 引導學生探究實際養雞過程中所發生的問題

(C) 5. 下列有關測驗（test）、測量（measurement）、評量（assessment）、評鑑（evaluation）的敘述，何者最為正確？

　　(A) 測驗以客觀計分為主，評量以主觀計分為主

　　(B) 測驗、測量、評量和評鑑都以數字來呈現其結果

　　(C) 教育領域所用的標準化紙筆測驗大多屬於間接測量

　　(D) 測驗是用在教育、心理領域，測量是用在自然科學領域

(B) 6. 兩個教學活動間的交替稱為轉換過程。下列哪些是影響教學活動轉換困難最為關鍵的因素？

甲、學生還處在前一個教學活動中，沒有準備好進入下一個活動

乙、一節課有許多不同的活動要進行，學生容易出現適應不良的狀況

丙、老師或學生未能依照預訂的時間，因此延遲了下一個活動的開始時間

丁、學生通常會對下一個活動感到很興奮，因此會想趕快結束現在這個活動

戊、學生未被清楚告知在教學活動的轉換過程中，應該要遵循的行為或規則是什麼

(A) 甲乙丙　(B) 甲丙戊　(C) 乙丙丁　(D) 乙丁戊

(D) 7. 下列何者較符合維高斯基（L. Vygotsky）「近側發展區」概念在教學上的應用？

(A) 教師提供公式，請學生計算出圓面積的大小

(B) 教師請學生自行找出計算圓面積的方法，並加以讚美

(C) 教師將學生進行同質性編組，請他們找出計算圓面積的方法

(D) 教師提供生活情境，引導學生將圓面積的計算方法應用到生活中

(C) 8. 廖老師向學生提問：「讀完《狼來了》的故事，你們覺得牧羊童說謊的次數與故事的結局是否有關係呢？為什麼？」此問題的性質屬於下列何者？

(A) 理解性問題　(B) 應用性問題　(C) 分析性問題　(D) 評鑑性問題

(A) 9. 下列何者較能引導學生進行高層次思考？

(A) 評論近十年教育改革的利弊得失

(B) 說明皮亞傑認知理論的主要內容

(C) 比較統編制與審定制教科書制度的差異

(D) 舉例說明教學實驗中兩個變項的因果關係

(D) 10. 教師希望教導學生「適切辨識網路資訊的價值性」。針對此一教學目標，下列敘述何者較為適切？

(A) 設計線上標準化測驗題庫，請學生上網練習

(B) 請學生上網蒐集某議題的正反意見，並加以分類

(C) 透過教學平台，投票表決文章內容的真偽與價值

(D) 提供學生立場不同的網路文章，請其提出比較與評論

(D) 11. 根據試題分析，某一試題的鑑別度為 -0.2。對此結果的解釋，哪一項是合理的？

(A) 題目品質良好 　　　　　　(B) 能準確的測出學習目標

(C) 高分組的表現優於低分組 　　(D) 高分組可能對題目有所誤解

(C) 12. 賴老師在教授《登鸛雀樓》這一首詩時，下列哪一個教學目標屬於布魯姆（B. Bloom）認知目標中的「分析」層次？

(A) 能用自己的話解釋這首詩的意義

(B) 能欣賞這首詩，說出自己的感受

(C) 能指出這首詩的組織結構及修辭技巧

(D) 能運用這首詩的平仄和對仗自行創作

(D) 13. 下列何者較屬於創造性問題？

(A) 臺灣地區新生兒的人數統計結果如何？

(B) 為什麼臺灣地區新生兒的人數逐年減少？

(C) 如果政府提供生育補助，有助於提高生育率嗎？

(D) 臺灣地區新生兒的人數逐年減少，有何解決辦法？

(B) 14. 下列有關信度、效度和鑑別度的敘述，何者正確？

(A) 內容效度較適合使用於人格測驗

(B) 重測信度的高低會受到間隔時間長短的影響

(C) 學生異質性比較高的班級，測驗分數的信度會因此而較低

(D) 補救教學的評量應該強調高鑑別度，以期有效區分學生程度

(B) 15. 辛老師想以「啟發式」教學法進行數學教學。下列哪一個引導用語較不適切？

(A) 咦，你們怎麼證明這樣的解題方法是正確的？

(B) 哦，這個題目比較難，讓第一組同學先做吧！

(C) 請同學根據這個原理，至少舉出三個以上的例子。

(D) 好，已經出現很多線索，請大家再找出其他線索。

105 年度教師資格檢定考試：教學試題

(B) 1. 文老師本學期想嘗試運用合作學習法進行閱讀教學。下列步驟順序何者最適切？

甲、針對閱讀文章進行全班的測驗

乙、依上學期語文成績，將學生做異質分組

丙、引導學生閱讀文章，並進行閱讀策略教學

丁、學生分組討論，摘要寫出文章的主旨與大意

(A) 甲丙丁乙　　(B) 乙丙丁甲　　(C) 丙丁乙甲　　(D) 丁丙甲乙

(D) 2. 身為教師，下列教學信念何者最為合理？

(A) 我自己不能犯任何錯誤

(B) 我在教學上必須跟其他老師競爭

(C) 學生問的問題，我都要無所不知

(D) 我應該對學生學習成就負起責任

(B) 3. 有關問題導向學習（Problem-Based Learning）的敘述，下列何者最不適切？

(A) 學習者必須負起學習的責任

(B) 重視原理原則的講述與練習

(C) 重視小組團隊合作以解決問題

(D) 教學過程強調問題的引導與解決

(C) 4. 有關討論教學法的敘述，下列何者最適切？

(A) 無法達到情意的目標

(B) 學生的先備知識不重要

(C) 教師應對討論內容做歸納

(D) 教師不宜介入學生的討論

(D) 5. 近年來，教師的教學觀由「教師教什麼」轉變為「學生學什麼」。此一轉變最接近下列何種理念？

(A) 教師是教學的決定者，而學生是學習者

(B) 教師先確定教學目標，再關心教學內容

(C) 教師先了解教學內容，再分析學生學習到什麼

(D) 教學的產生是因有學生，才需要教師進行教學

(A) 6. 「能正確比較十萬以內兩數的大小」，此較屬於蓋聶（R. Gagné）主張的哪一類學習結果？

(A) 心智技能　(B) 動作技能　(C) 語文訊息　(D) 認知策略

(C) 7. 有關批判思考教學的敘述，下列何者最適切？

(A) 教學成效可以立即看到

(B) 教學方式以標準答案最主要

(C) 教師應提供多元資源，引導學生自行思考

(D) 教師具專家角色，學生是等待充填的容器

(C) 8. 王老師最近上到「分數除以分數」時，發現班上部分學生學習有困難。王老師藉由學生學習表現的分析，往前從「分數除以整數」進行教學。此教學行為較屬於下列何種觀點的應用？

(A) 合作學習中的「社會互賴」

(B) 行為主義中的「制約學習」

(C) 教學事件中的「先備知識」

(D) 社會學習理論中的「觀察學習」

(A) 9. 有關選擇題的描述，下列何者最適切？

(A) 編製高品質的選擇題較為困難

(B) 選擇題的內容取樣缺乏代表性

(C) 選擇題不受閱讀理解能力的影響

(D) 選擇題較適合用來測量分析與評鑑的能力

(A) 10. 王老師負責這學期五年級國語科第一次段考的命題工作。下列何者作法最可以提高該測驗的效度？

(A) 事先規劃試卷的雙向細目表

(B) 移除測驗中每人皆能答對的試題

(C) 增加選擇題以提高評分的客觀性

(D) 運用複雜的句子結構來增加試題難度

(B) 11. 林老師為了解學生在學習英文「fast food」的單元後，是否達到「能聽懂日常生活應對中常用語句（速食店購物的對話），並能作適當的回應。」的目標，特別安排全班學生到英語村的速食店以英文購買食物。此種評量方式最接近下列何者？

(A) 動態評量　(B) 真實評量　(C) 檔案評量　(D) 生態評量

(C) 12. 相較於標準化成就測驗,下列何種情形最適合採用教師自編成就測驗?

  (A) 必須大量、快速批改與計分時

  (B) 所需的測驗必須具備高信度時

  (C) 測驗內容要符合課堂教學目標時

  (D) 測驗範圍廣泛且測驗題數偏多時

(C) 13. 有關課程實施「締造觀」(enactment)的敘述,下列何者最適切?

  (A) 採用目標模式的課程設計

  (B) 教師是執行課程改革的代理者

  (C) 重視師生在課堂中的自主性與真實經驗

  (D) 教師必須接受訓練以忠實地進行課程實施

104 年度教師資格檢定考試：教學試題

(C) 1. 課程設計強調學習者參與社區生活、蒐集社區資源、探索社區議題，以培養學生探究和參與公民社會的能力。此較屬於下列何種主張？

(A) 認知主義　(B) 行為主義　(C) 社會重建主義　(D) 理性人文主義

(B) 2. 吳老師擔任五年甲班的補救教學工作，該班雖然只有 10 位學生，但是每位學生的程度參差不齊，學習意願不高，且缺乏現成教材。面對此一教學現況，吳老師應優先考慮下列何者？

(A) 強調學科知識的吸收　(B) 呼應學生的個別差異

(C) 重視科技媒材的應用　(D) 強調社會問題的反思

(C) 3. 在「基隆廟口小吃地圖」的教學設計中，教師讓學生透過訪談、踏察、資料蒐集等行動進行學習，最後彙整學習結果，進行報告。此作法較屬於下列何者？

(A) 精熟學習　(B) 交互學習　(C) 專題導向學習　(D) 批判導向學習

(C) 4. 下列何者較不屬於合作學習策略的應用？

(A) 教師努力使小組的每一個成員都有貢獻

(B) 教師將學習活動成敗連結到團體的榮辱

(C) 教師安排能力相近的成員組成同一小組

(D) 教師對已經將問題解決的小組給予認可

(A) 5. 「幾位海洋教育學家、國小教師以及環保團體代表共同組成委員會，討論學生當前應學習的海洋教育內容，並建議教育部將其納入學校課程。」前述建議的課程屬於下列何者？

(A) 理想課程　(B) 正式課程　(C) 知覺課程　(D) 運作課程

(B) 6. 教師進行社會領域臺灣原住民文化單元的教學時，同時也在藝術與人文領域介紹原住民的舞蹈和歌謠。此種課程組織方式屬於下列何者？

(A) 核心課程　(B) 相關課程　(C) 融合課程　(D) 廣域課程

(C) 7. 下列哪一個課程目標，較著重發展學生的創造能力？

(A) 認識各個傳統節慶的應景食物

(B) 說出不同族群傳統節慶的差異

(C) 規劃一個傳統節日的慶祝活動

(D) 提出傳統節慶因應現代生活而做的調整

(D) 8. 在社會學習領域教學中，下列何種作法最能體現「閱讀理解策略融入領域教學」的精神？

(A) 每週安排一節課，到圖書室自由選讀

(B) 配合教育部規劃，推動「晨讀 15 分鐘」

(C) 設置「班級圖書角」，運用彈性學習節數進行共讀

(D) 在課堂上指導學生做摘要，並以概念圖呈現課文內容

(C) 9. 近年來，Salman Khan 所創辦的可汗學院（Khan Academy）受到全世界的矚目，其課程理念主要著重下列何者？

(A) 學生到實務現場進行體驗與實作

(B) 學生利用社區的多元環境進行廣泛學習

(C) 學生透過網路觀看教學影片進行自主學習

(D) 教師主導學習內容，學生負責聆聽與提問

(C) 10.「能正確讀出 1-100 的數字」，此屬於蓋聶（R. Gagné）主張的哪一類學習結果？

(A) 認知策略　(B) 心智技能　(C) 語文訊息　(D) 動作技能

(D) 11. 劉老師針對「零食的成分、生產與食用安全」讓全班進行討論，再由學生分組進行資料蒐集，最後提出確保食用安全的解決策略。此屬於下列哪一種教學方法？

(A) 價值澄清　(B) 交互教學　(C) 批判思考教學　(D) 問題導向學習

(D) 12. 依據安德森（L. Anderson）等人對認知領域在知識層面分類架構中的主張，小華知道看地圖比閱讀文字更容易辨認方位，此表示他具備了下列哪一種知識？

(A) 事實知識　(B) 概念知識　(C) 過程技能知識　(D) 後設認知知識

(A) 13. 張老師採用腦力激盪法，引導學生討論校慶園遊會的設攤計畫。下列作法何者較不適切？

(A) 為便於彙整意見，分組討論結束前應依據各種意見的可行性，予以篩檢

(B) 討論前充分說明園遊會設攤的規範和班級討論的規則，並鼓勵學生廣泛的發表意見

(C) 各組討論時，每位學生均可自由表達意見，構想愈多愈好，且須記下所有的意見，並適時統整

(D) 進行綜合性評估和最後決定時，須公布所有意見，並協助全班了解每個意見，以便依據票選結果設攤

(D) 14. 為因應臺灣的食安問題，王老師在教學時強調「選擇營養的食物，而非選擇便宜的食品。」此目標符合情意領域目標分類的哪一個層次？

(A) 反應（responding） (B) 形成品格（characterization）

(C) 價值評定（valuing） (D) 價值組織（organization）

(B) 15. 楊老師積極布置一個良好的教學情境來感染學生，讓學生能經由模仿作用提升學習動機與成效。此種作法較符合下列何種理論的主張？

(A) 系統增強理論 (B) 社會學習理論

(C) 結構功能理論 (D) 需求層次理論

(C) 16. 在進行歷史或古文的課程設計時，透過上課或課後之問題討論，使所學與當下生活產生連結，此較屬於課程設計的何種原則？

(A) 權力分配 (B) 整體效益 (C) 時代依存 (D) 分工合作

(A) 17. 依照技能目標的分類架構，下列何者層次最高？

(A) 在三分鐘內，能畫出極為勻稱的平行四邊形

(B) 在老師說明後，能調整平行四邊形的正確輪廓

(C) 在揭示徒手畫平行四邊形後，學生能複製這種圖形

(D) 在四邊形圖形中，能正確地鑑定其中三種平行四邊形

(C) 18. 檔案評量與下列哪一種學習觀點最為契合？

(A) 神經網絡觀 (B) 認知建構觀 (C) 社會情境觀 (D) 行為連結觀

(D) 19. 下列何者最符合文化回應教學的特性？

(A) 運用臺北 101 大樓教導學生計算體積

(B) 運用臺北市地圖，教導學生規劃一日遊行程

(C) 透過鹽水蜂炮祭教導學生有關「安全」的概念

(D) 透過《賽德克‧巴萊》電影引導原住民學生探索自我

(D) 20. 王老師對同學說：「這次月考我要考比較高層次的概念，而不是記憶類型的試題；還有，上次的題型猜對的機會有一半，所以這次我會改用別的題型。」王老師上次考試的題型為下列何者？

(A) 填充題 (B) 選擇題 (C) 配合題 (D) 是非題

103 年度教師資格檢定考試：教學試題

(B) 1. 有一天小明把獨角仙帶到學校來，在班上引起一陣騷動。小朋友好奇不已，王老師藉機引導學生進行主題學習。這種以興趣和實際生活經驗為主的課程取向，屬於下列何者？

  (A) 社會中心　　(B) 學生中心　　(C) 學科中心　　(D) 教師中心

(A) 2. 蔡老師在偏遠地區的學校任教，準備高年級的社會領域課程時，發現課本中所舉的實例，如捷運或銀行，都是任教學校社區所缺乏的。因此，蔡老師使用網路資源輔助學生了解課本的實例。蔡老師的課程實施觀點為下列何者？

  (A) 忠實觀　　(B) 調適觀　　(C) 締造觀　　(D) 實踐觀

(B) 3. 教師指導學生進行技能練習時，下列哪一種作法較不適當？

  (A) 視需要安排分散練習

  (B) 先要求速度，再要求準確

  (C) 協助學生發展相關的程序性知識

  (D) 事先決定哪些技能有練習的價值

(D) 4. 王老師想要教導學生應試的技巧，下列何者較不適當？

  (A) 知道利用刪除法答題　　　(B) 如何有效運用作答時間

  (C) 留意時事及命題的取向　　(D) 從選項的長短預測答案

(D) 5. 太陽國小欲發展學校本位課程。就情境模式的觀點，宜先採取下列哪一個步驟？

  (A) 擬訂課程目標　　(B) 設計有效課程方案

  (C) 評估方案成效　　(D) 分析學校內外環境

(B) 6. 有些教科書在各單元的開始，會先以一至兩頁的篇幅簡介這個單元的學習目標、單元架構、內容重點或主要問題等。此種設計方式是下列哪一種概念的應用？

  (A) 編序教學　　(B) 前導組體　　(C) 螺旋式課程　　(D) 近側發展區

(C) 7. 確認問題、陳述研究目標、蒐集資料、解釋資料、形成暫時性的結論、應用與評鑑，此一流程屬於下列何種教學？

  (A) 合作教學　　(B) 價值教學　　(C) 探究教學　　(D) 直接教學

(C) 8. 下列有關檔案評量的敘述，何者正確？

  (A) 檔案評量是一種客觀式評量

  (B) 在檔案評量中，教學與評量是兩個獨立的事件

(C) 從檔案評量中可以看出學生學習的歷程和成果

(D) 學生的所有作品都要放入檔案中，作為期末評量的依據

(D) 9. 下列敘述何者符合文化回應教學法之原理？

(A) 教學目標主要在提升弱勢族群之學習成就

(B) 教學目標主要在批判社會中主流文化之價值

(C) 不同文化背景的學生，不能在同一組進行學習

(D) 教師應認知學生的背景與文化，進行多元文化教學

(C) 10. 張老師在作文課時，請學生擬定寫作大綱，並引導學生思考：「為什麼要這樣寫？這樣寫有什麼優點與缺點？缺點可以如何改進？」此作法旨在引導學生運用下列何種認知策略？

(A) 分散認知　(B) 情境認知　(C) 後設認知　(D) 概念認知

(A) 11. 王老師教「認識社區」單元時，把學生五人編成一組，將教材內容分成休閒、文化、商業、機構、人口五個主題。各組分配到相同主題的同學組成專家小組，一起進行資料的蒐集與研讀。之後，學生再回到原來的小組，輪流報告自己所負責的主題，以協助組內同學了解所居住的社區。此屬於下列哪一種合作學習策略？

(A) 拼圖法第二代（Jigsaw II）

(B) 小組協力教學法（Team Assisted Instruction）

(C) 學生小組成就區分法（Student's Team Achievement Division）

(D) 合作統整閱讀寫作法（Cooperative Integrated Reading and Composition）

(D) 12. 陳老師規劃了兩週八堂課的「水資源」主題探索課程，帶領學生到社區進行水汙染考察活動。課程結束後，請小朋友提出解決社區水汙染方法的書面報告。此報告的評量目標屬於下列何種認知層次？

(A) 了解　(B) 應用　(C) 分析　(D) 創造

(B) 13. 下列有關評量功能的敘述，何者最為適切？

(A) 評量可以了解學習的結果，無法知道學習的歷程

(B) 評量是抽樣的程序，無法了解學生全部的學習結果

(C) 評量可以做個體間的比較，無法了解個別學生的進步

(D) 評量可以了解學生的學習效果，無法了解教師的教學成效

(D) 14. 下列何者最符合行為目標的敘寫方式？

(A) 學生能熟悉正方形體積的求法

(B) 學生能探究蠶寶寶蛻變的過程

(C) 能培養學生喜愛學習數學的興趣

(D) 學生能正確畫出三角形底邊的高

(C) 15. 近來多元成家修正草案引發社會爭論，楊老師於上課時播放正反兩方論辯的影片，並要求學生從贊成與反對者的立場思考同性婚姻的議題。此屬於下列哪一種多元文化課程設計的模式？

(A) 附加模式　(B) 貢獻模式　(C) 轉化模式　(D) 行動模式

(B) 16. 下列有關教學資源的敘述，何者最為適切？

(A) 上課時，使用的教學資源愈多愈好

(B) 經費、設備、時間都屬於教學資源

(C) 使用教學資源可以讓教師與學生變得更加輕鬆

(D) 讓學生在家使用網路蒐集資料，是公平的方式

(C) 17. 依照情意目標的分類架構，下列何者層次最高？

(A) 團體討論時，能專注聆聽他人的發言

(B) 參與小組討論時，能覺察同學語意中的情緒

(C) 面對爭議時，能以理性態度為自己的立場辯護

(D) 與同學對話時，能由對方的肢體語言分辨其情緒反應

(B) 18. 下列何者屬於教師中心的課程設計？

(A) 師生一起討論數學的解題過程

(B) 教師說明各種造字原理及字形的演變

(C) 學生飼養昆蟲，觀察、拍攝其生長過程，並在網路上分享

(D) 學生蒐集地球暖化造成人類生存危機的資料，並在課堂上報告

(C) 19. 下列何種作法較符合情境教學的應用？

(A) 期望學生在畢業前單車環島一周

(B) 規定學生每週閱讀一篇名人傳記

(C) 鼓勵全校師生每逢週一用英語交談

(D) 要求全校學生在早自習默寫英文單字

(A) 20. 張老師請同學討論：「如果知道其他同學受到霸凌，在自己也有可能受到威脅的情況下，是否應該主動告知師長？」同學充分討論各種情況，並仔細思考各種結果後，公開表達自己的想法與作法。此屬於價值澄清法中的哪一個階段？

(A) 選擇　(B) 珍視　(C) 行動　(D) 檢討

102 年度教師資格檢定考試：教學試題

(D) 1. 教科書為課程教學的主要媒介。下列有關教科書的使用方式，何者較適切？

(A) 將教科書內容一五一十地教給學生

(B) 教科書內容多為專家知識，不宜刪減

(C) 以教科書作為教師教學與學生學習的全部內容

(D) 因應社會變遷與學生需要，適時調整教科書內容

(A) 2. 為促進不同文化族群學生的互動，教師最宜採取下列何種教學方式？

(A) 合作學習法　　(B) 編序教學法　　(C) 直接教學法　　(D) 個別化教學法

(C) 3. 「曾經被視為快樂之國的不丹，為何該國國民現在愈來愈不快樂？」此問題可引導學生達到布魯姆（B. Bloom）認知目標分類的哪一層次？

(A) 理解　　(B) 應用　　(C) 分析　　(D) 評鑑

(D) 4. 實施檔案評量時，下列哪一項不宜放在學習檔案中？

(A) 學習單　　(B) 檢核表　　(C) 紙筆測驗　　(D) 輔導紀錄

(C) 5. 古拉德（J. Goodlad）等人將課程區分為五個不同層次，教師依學生的特質調整課程，是屬於下列哪一層次？

(A) 理想課程（ideal curriculum）

(B) 正式課程（formal curriculum）

(C) 運作課程（operational curriculum）

(D) 經驗課程（experiential curriculum）

(D) 6. 以教導「認識臺灣」主題為例，下列何者較接近螺旋式課程的要旨？

(A) 先學習「臺灣」的地理位置，再學習其他鄰近國家的地理位置

(B) 先學習「臺灣」各地的風土民情，再學習自然科學的相關概念

(C) 先學習「北臺灣」，再學習「中臺灣」，再接著學習「南臺灣」和「東臺灣」

(D) 先學習「臺灣的地理環境」，再學習「臺灣的產業發展」，再接著學習「臺灣的經濟變遷」

(A) 7. 下列何種課程設計模式最能突顯「情境模式」的特色？

(A) 以學校所處的社區文化作為課程設計的參考

(B) 以教育部頒布的課程綱要進行課程目標規劃

(C) 以虛擬實境的方式進行課程設計與教學創新

(D) 以學生學習歷程和教師專業思考作為課程設計焦點

(C) 8. 王老師在音樂課教導和弦概念時，介紹烏克麗麗（即夏威夷四弦琴）的文化背景，並欣賞烏克麗麗的演奏曲。此屬於下列何種多元文化課程設計模式？
(A) 貢獻模式　(B) 行動模式　(C) 附加模式　(D) 轉化模式

(A) 9. 「學生能運用三原色調出中間色」的行為目標中，未使用下列何種要素？
(A) 標準　(B) 主體　(C) 結果　(D) 行為

(B) 10. 小學生游泳能力檢測訂有十級鑑定標準。若有學生具備「水中行走 10 公尺、水中閉氣 5 秒及水中認物的能力」，即可通過「第一級海馬」認證。此種評量結果的解釋屬於下列何者？
(A) 常模參照評量　(B) 標準參照評量
(C) 安置參照評量　(D) 診斷參照評量

(B) 11. 「書架上有 20 本書，大明買走了 6 本後，還剩下幾本？」此屬於下列何種問題？
(A) 記憶性問題　(B) 聚斂性問題　(C) 擴散性問題　(D) 評鑑性問題

(B) 12. 根據「有意義學習」（meaningful learning）的概念，影響學生學習的首要因素為何？
(A) 教學目標　(B) 先備知識　(C) 學習材料　(D) 學習態度

(C) 13. 「積極參與自然生態的保育活動」屬於下列何種教學目標？
(A) 認知目標　(B) 技能目標　(C) 情意目標　(D) 心智目標

(A) 14. 下列有關建構主義教學觀點的敘述，何者正確？
(A) 學生的社會互動可增進學習
(B) 教師不必有教學計畫和準備
(C) 教師的角色是知識的傳授者
(D) 學習是刺激與反應之間的連結

(A) 15. 「張老師利用簡報軟體向學生說明『象形』與『指事』造字法則，再進一步綜合比較，讓學生對這兩個法則不至於混淆。」下列何者最能表達前述的教學重點，並符合行為目標敘寫的基本要求？
(A) 學生能分辨「象形」與「指事」造字法則的不同
(B) 教師能設計「象形」與「指事」造字法則的簡報軟體
(C) 學生能利用簡報軟體說明「象形」與「指事」的造字法則
(D) 教師協助學生操作「象形」與「指事」造字法則的簡報軟體

(D) 16. 張老師在教導學生進行數學解題時，除了請學生進行解題之外，在解題之後，還會請學生思考：「在剛剛的過程中，自己是怎麼想的？」「如果再重新解題一次，自己會有哪些修正？」此種作法較能培養學生下列何種能力？

(A) 概念理解　　(B) 問題界定　　(C) 聚斂思考　　(D) 後設認知

(A) 17. 若欲達到「設法降低學校周遭噪音」的學習目標，下列何者較為適用？

(A) 問題解決教學　　(B) 概念獲得教學

(C) 角色扮演教學　　(D) 理性探究教學

(B) 18. 蓋聶（R. Gagné）認為要增進學生學習效果，必須提供相關的學習條件。「教師的增強」屬於下列何種學習條件？

(A) 內在條件　　(B) 外在條件　　(C) 中介條件　　(D) 先備條件

(D) 19. 五年乙班有 30 個學生。該班這次數學期末考表現不理想，王老師決定分析試題的難度與鑑別度。他所採取的步驟中，下列哪一個步驟錯誤？

步驟一、取前 10 名為高分組，後 10 名為低分組

步驟二、計算兩組在每題的答對率

步驟三、將步驟二的兩者結果相加求平均，算出每題的難度

步驟四、將步驟二的兩者結果相除求比值，算出每題的鑑別度

(A) 步驟一　　(B) 步驟二　　(C) 步驟三　　(D) 步驟四

(A) 20. 下列有關媒體輔助教學的理念，何者正確？

(A) 教學媒體的使用應配合教學目標

(B) 使用愈多教學媒體，教學成效愈佳

(C) 使用愈新的教學媒體，教學成效愈佳

(D) 教學媒體的使用，最重要的是其方便性

(B) 21. 下列有關情境認知理論（situated cognition theory）在教學上的應用，何者正確？

(A) 發現式學習是情境認知理論的一種應用

(B) 情境認知學習是一種深入脈絡的學習過程

(C) 情境對於學習的重要性，在於情感的激發

(D) 情境認知學習的主要目的在於培養學科專家

(D) 22. 某次段考的測驗卷中有 5 個題目超出命題範圍。為了避免爭議，老師們決定一律給分。這種作法較可能產生下列何種結果？

(A) 測驗信度不變　　(B) 測驗效度不變

(C) 得分平均數降低　　(D) 得分標準差縮小

(D) 23. 下列何者不屬於實作評量？

    (A) 英文課老師採口試方式評量學生的口說能力

    (B) 家政課老師請學生上臺示範製作麵包的流程

    (C) 服務學習課程要求學生參與社區服務並製作學習檔案

    (D) 體育課老師設計 50 題選擇題評量學生的球類運動知識

(B) 24. 下列哪兩種評量的取材範圍和試題難易度分配比較接近？

    (A) 診斷性評量與形成性評量　　(B) 安置性評量與總結性評量

    (C) 安置性評量與診斷性評量　　(D) 形成性評量與總結性評量

101 年度教師資格檢定考試：教學試題

(D) 1. 下列哪一種教學方法較能促進學生的道德判斷能力？

(A) 編序教學　　(B) 微型教學　　(C) 精熟學習　　(D) 價值澄清

(C) 2. 關於教師與教科書關係的敘述，下列何者較不適切？

(A) 教科書為教師教學的重要素材之一

(B) 教師有責任參與學校教科書的選用

(C) 編輯教科書是出版商的事，教師無須自編教材

(D) 教師宜視社會變遷與學生需要，適時調整教科書內容

(A) 3. 學生學習後體會到：「陳樹菊女士的善行之所以能夠溫暖人心，並不在於捐款是否令人讚嘆，而在於善舉本身樸實且踏實的本質。」此屬於下列哪一種學習結果？

(A) 態度情意　　(B) 動作技能　　(C) 心智技能　　(D) 認知策略

(D) 4. 林老師在教完某單元後，將教學內容分成五部分，分別設計闖關遊戲，若學生答對第一個關卡的問題，便可獲得獎卡，並進行到下一關，若失敗則須重來。每次闖關失敗重新闖關前，學生有五分鐘時間可以回到座位複習該關卡的學習內容。當學生獲得五個獎卡之後，即可向老師兌換獎勵品。上述教學活動設計最符合下列哪一個理論？

(A) 建構主義　　(B) 人本學派　　(C) 社會認知　　(D) 行為主義

(C) 5. 為因應學校新移民子女增多的狀況，下列有關多元文化課程方案的敘述，何者最適切？

(A) 由教育部統一規劃　　　　(B) 以認知層面的學習為重

(C) 由學校所有成員共同參與　(D) 以新移民子女為實施對象

(D) 6. 依克伯屈（W. Kilpatrick）之見解，下列敘述何者為社會學習領域「鴉片戰爭」單元的「輔學習」（concomitant learning）？

(A) 知道鴉片戰爭的起因　　　(B) 認識鴉片對身體的傷害

(C) 知道鴉片戰爭發生的地點　(D) 形成民族意識和同仇敵愾之心

(C) 7. 王老師在語文教學時，把單元中三課寓言故事加以統整，引導學生探索寓言故事的特色。此種統整方式屬於下列何者？

(A) 跨學科的統整　　　　(B) 科際整合的統整

(C) 單一學科的統整　　　(D) 學習者中心的統整

(B) 8. 黃老師與學生們發現社區的環境汙染現象非常嚴重，決定共同探究並加以解決。下列哪一種課程設計方式較為適用？

　　(A) 學科中心　(B) 問題中心　(C) 兒童中心　(D) 概念中心

(C) 9. 「學生會依教師的期待參加社區服務」，此屬於克拉斯渥爾（D. Krathwohl）等人的情意領域目標分類的哪一層次？

　　(A) 注意　(B) 接受　(C) 反應　(D) 評價

(A) 10. 下列何者不屬於綜合活動學習領域的主要學習目標？

　　(A) 獲得事實知識　　(B) 省思個人意義

　　(C) 實踐體驗所知　　(D) 擴展學習經驗

(B) 11. 林老師教導學生體操時，先將動作分解成幾個步驟，再讓學生依序學習。此作法屬於下列何種學習概念的應用？

　　(A) 自發恢復　(B) 行為塑造　(C) 集中學習　(D) 類化原則

(D) 12. 教師進行閱讀指導的時候，先讓學生想一想自己是如何閱讀書籍，再請學生將自己閱讀的方法分享給大家。此種教學方法強調下列哪一種學習？

　　(A) 事實性知識　(B) 程序性策略　(C) 概念性知識　(D) 後設認知策略

(A) 13. 教師在教學前先以學習單了解學生的先備知識，作為學生分組的依據。此作法屬於下列何者？

　　(A) 安置性評量　(B) 形成性評量　(C) 診斷性評量　(D) 總結性評量

(A) 14. 關於平時測驗結果的運用方式，下列何者較不適切？

　　(A) 排定學生名次　　　(B) 了解學生學習狀況

　　(C) 據以調整教學計畫　(D) 了解學生學習成果的分布

(B) 15. 下列敘述何者屬於認知目標中的「創造」層次？

　　(A) 能計算早餐食物中所含的熱量

　　(B) 能選擇適當的營養素，設計出健康的食譜

　　(C) 能知道食物中所含的營養素並拒絕垃圾食物

　　(D) 能就同學設計的食譜，選出最符合健康原則的食譜

(C) 16. 關於艾斯納（E. Eisner）倡議之表意目標（expressive objectives）的敘述，下列何者正確？

　　(A) 精確描述問題的情境　　　(B) 強調以操作性的動詞來界定

　　(C) 不詳述學生具體的學習結果　(D) 重視程序並詳述所應表現的行為

(D) 17. 關於課程設計情境模式的敘述，下列何者為非？

    (A) 重視課程設計的脈絡分析

    (B) 目標是動態的，可不斷修正

    (C) 強調課程發展的價值性與實用性

    (D) 採事先設定之直線進程，順序是固定的

(B) 18. 王老師對學生充滿同情，對教學抱持熱情。這使得他對弱勢學生的違規或抗拒行為，常不忍苛責。若以批判教育學的觀點來看，王老師的思維盲點為何？

    (A) 教師應提供學生適切的學習資源

    (B) 教師對該類學生的特質過度感同身受

    (C) 教師應避免複製學校與社會上的種種不公義

    (D) 教師是道德的中介者，必須善盡責任與義務

(C) 19. 下列何者最足以提高評量工具的信度？

    (A) 降低試題難度   (B) 延長施測時間

    (C) 增加同質的複本試題數量   (D) 找程度相當的受試者接受施測

(C) 20. 曾老師對全班學生的期中考成績進行排序，將前 27% 的學生當成高分組，後 27% 當成低分組，再計算每一題高分組和低分組答對人數百分比的差異。此作法是為了獲知下列何種資訊？

    (A) 難度   (B) 猜測度   (C) 鑑別度   (D) 評分者信度

100 年度教師資格檢定考試：教學試題

(A) 1. 敘寫課程目標時，應使用意義較確定的「動詞」，讓課程目標更加清晰、明確。下列哪一個「動詞」較不恰當？

    (A) 知道　　(B) 寫出　　(C) 比較　　(D) 區別

(B) 2. 小明學習英語時，如果受到教師的鼓勵，學習就更起勁；但是如果受到教師的責罵，學習就意興闌珊。這是哪一種學習定律？

    (A) 準備律　　(B) 效果律　　(C) 練習律　　(D) 交換律

(C) 3. 反對行為目標者認為，教師在敘寫課程目標時，有些相當重要的目標無法用行為目標形式來表示。此觀點隱含的意義最可能為下列何者？

    (A) 課程目標的敘寫最好要模稜兩可

    (B) 教師對課程目標的敘寫能力不足

    (C) 並非所有課程目標都能以行為目標來呈現

    (D) 課程目標需要有更好的評量策略來加以檢核

(A) 4. 下列何者屬於價值判斷的問題？

    (A) 安樂死應該合法化嗎？

    (B) 孤兒院都收留哪些類型的兒童？

    (C) 為什麼夏天臺北盆地不但炎熱又經常下雨？

    (D) 有些人不喜歡搭飛機是因為飛機可能失事嗎？

(B) 5. 下列何者是編製測驗的第一個步驟？

    (A) 建置測驗的題庫　　(B) 確定測驗的目的

    (C) 設計雙向細目表　　(D) 決定測驗的題型

(A) 6. 編製數學領域教材時，先界定「體積」之定義，再舉出實例，並分辨體積與面積之差異，進而說明面積、體積與容積之相關與原理。這種課程組織方式，符合下列哪一項原則？

    (A) 概念相關　　(B) 由整體到部分　　(C) 探究關聯順序　　(D) 由具體到抽象

(C) 7. 強調客觀知識的價值，並培養學生的思維能力和廣博的智慧。此種觀點屬於下列何種課程設計取向？

    (A) 科技取向　　(B) 社會重建取向　　(C) 學術理性取向　　(D) 自我實現取向

(C) 8. 相較於傳統的教師中心教學，建構式的教學比較強調下列何者？

    (A) 教師的知識傳遞　　(B) 反覆的練習與記誦

    (C) 學習者的主觀經驗　　(D) 學習結果重於歷程

(D) 9. 在「空氣與燃燒」單元的學習活動中，下列哪一位學生達到認知目標的「評鑑」層次？

(A) 新亞能說出火災的四種類型及內容

(B) 敏慧根據各項實驗及資料，作出形成燃燒所需三要素的結論

(C) 英傑於進行製造氧氣實驗時，發現除胡蘿蔔外，尚可使用番薯來製造

(D) 禹廷能依照燃燒的三要素，判斷四種類型火災發生時最有效的滅火方式

(A) 10. 學生在教室中把相同大小的積木放進長方形與正方形的框架中，以計算邊長與面積。根據布魯納（J. Burner）的研究，學生們的學習行為屬於哪一種認知表徵方式？

(A) 動作表徵　(B) 影像表徵　(C) 具體表徵　(D) 符號表徵

(B) 11. 李老師認為現在的學生學習過於被動，想要設計一個「讓學生主動學習的教學策略」。下列何種作法不適切？

(A) 幫助學生互相認識，進行合作學習

(B) 提出問題，並提供完整的範例與解答

(C) 幫助學生建立對學習內容的興趣與好奇

(D) 了解學生的能力與程度，並鼓勵分享知識

(A) 12. 方老師基於臺灣近年來經常發生土石流的災害，因此，選擇土石流發生的原因與影響作為主題課程的內容。此種課程設計屬於下列何者？

(A) 社會取向　(B) 科技取向　(C) 學科取向　(D) 自我實現取向

(D) 13. 學生因為認同個人衛生的重要性，所以會在用餐前洗手，保持良好的衛生習慣。此屬於情意目標的哪一個層次？

(A) 反應　(B) 價值組織　(C) 價值評定　(D) 品格形成

(C) 14. 下列問題類型與問題實例的配對，何者正確？

(A) 記憶性問題：冬天有可能百花盛開嗎？

(B) 擴散性問題：最接近太陽的行星是什麼？

(C) 評鑑性問題：哪些電視節目適合兒童觀賞？為什麼？

(D) 聚斂性問題：如果每個人都長命百歲，社會現象會有什麼改變？

(A) 15. 英語老師在教授「肯定句句型」之前，先確認學生能夠區辨「主詞」與「動詞」。此作法在於確認學習者的哪一項特性？

(A) 起點行為　(B) 知覺偏好　(C) 學習動機　(D) 認知發展

(D) 16. 下列何者較符合形成性評量的性質？

    (A) 教師上數學課前，先讓學生做個小測驗，了解學生的程度

    (B) 教師上了兩星期的數學後，進行考試以作為分組教學的依據

    (C) 教師上了一學期的數學後，進行測驗以檢視學生的學習成就

    (D) 教師在講解兩遍數學解題方式後，進行小測驗，了解學生的學習情形

(D) 17. 張老師打算藉由小紅帽故事來培養學生的批判思考能力。下列哪一項教學
活動最為適切？

    (A) 摘記小紅帽的故事內容

    (B) 忠實地演出小紅帽的故事內容

    (C) 針對小紅帽故事中的精彩字詞造句

    (D) 討論小紅帽故事中不符常理的地方

(A) 18. 教師先解釋字詞的意義：「『在』是指地方、地點或時間；『再』是指次
數，第二次還會發生的情形。」然後讓學生說出其意義，並加以應用。此
屬於下列何者？

    (A) 直接教學法　(B) 示範教學法　(C) 交互教學法　(D) 回應式教學法

(C) 19. 下列何者不屬於常模參照測驗的結果解釋？

    (A) 玫郁英文測驗的百分等級為 80

    (B) 曉蓉是今年校運會 100 公尺短跑的冠軍

    (C) 家慶能正確寫出週期表每個元素的名稱

    (D) 國恩的化學期末考成績是班上的第 10 名

(B) 20. 某校自編數學操作題，測驗學生應用「比」概念解決問題的能力，並根據
所測內容，編製 1-5 分的整體式計分準則。下列何者不符合「效標參照」
的分數解釋方式或作法？

    (A) 設定「4 分」為精熟標準

    (B) 得到 5 分及 4 分的學生分別有 20% 及 19%

    (C) 得 1 分者，因完全不了解「比」概念，故應施予補救教學

    (D) 甲生得「4 分」，他的「比」概念清楚，但部分解題策略無效

99 年度教師資格檢定考試：教學試題

(B) 1. 下列何者較屬於問題導向學習（Problem-Based Learning, PBL）的課程設計？

(A) 工學模式　　(B) 統整取向　　(C) 知識導向　　(D) 泰勒法則

(D) 2. 為促進學生了解社會各行各業的特色與辛勞，並達到感同身受的教學目標，教師較適合採用下列何種教學方法？

(A) 問題解決　　(B) 創造思考　　(C) 欣賞教學法　　(D) 角色扮演法

(A) 3. 教師想要了解學生程度，以便決定教學起點時，應該選擇下列何種評量？

(A) 預備性評量　　(B) 形成性評量

(C) 診斷性評量　　(D) 總結性評量

(C) 4. 黃老師在教學中，常教導學生將課本所學的概念，組織成樹狀圖以幫助學習。黃老師的作法最有可能應用下列哪一種學習理論？

(A) 社會學習理論　　　　(B) 行為學派學習理論

(C) 訊息處理學習理論　　(D) 人文學派學習理論

(B) 5. 「學生能積極參加學習活動」此屬於情意領域目標的哪一層次？

(A) 接受　　(B) 反應　　(C) 評價　　(D) 組織

(B) 6. 以「秋季」為主題的課程，涵蓋了節氣與氣候、秋天的植物、人們的活動與節日等學習內涵。此學習內涵在課程組織原理中，屬於下列何者？

(A) 組織中心　　(B) 組織要素　　(C) 組織目標　　(D) 組織網絡

(C) 7. 「能利用字典在十分鐘內查出本課所有生字的字義」其中「能利用字典」，屬於下列哪一種「行為目標要素」？

(A) 行為　　(B) 結果　　(C) 條件　　(D) 標準

(B) 8. 下列何者是系統化教學設計的優點？

(A) 自動產生創意教材

(B) 過程合乎科學邏輯

(C) 激發教師的教學熱誠

(D) 避免「見樹不見林」的缺失

(A) 9. 下列哪些學校的作法符合協同教學法的精神？

甲校、藝術與人文領域由音樂老師和美術老師共同設計統整的單元並實施教學

乙校、健康與體育領域，宜由班級導師教授健康，體育教師教授體育

丙校、綜合活動領域打破班級界限，由班群三位導師共同設計課程並實施教學

丁校、英語課由中外籍教師輪流授課

(A) 甲丙　(B) 乙丙　(C) 甲丙丁　(D) 乙丙丁

(A) 10. 當學生提出「臺灣屬於海島型氣候」的正確答案時，教師最適當的回應為下列何者？

(A)「答對了！」　　　　　　(B)「好！你很聰明！」

(C)「我喜歡這個答案！」　(D)「請大家給予愛的鼓勵！」

(C) 11. 教師在單元教學結束時，將上課內容加以歸納，其主要目的為何？

(A) 加強學生的學習技巧

(B) 促進學生的自主學習

(C) 建立學生完整的概念架構

(D) 針對上課不認真的同學進行重點教學

(D) 12. 李老師在新單元正式教學前，先用與單元有關且學生熟悉的一句話或一個故事作為開場白。李老師運用的是哪一種教學策略？

(A) 概念圖　(B) 心像圖　(C) 正反例子　(D) 前導組體

(A) 13. 錨式教學法（anchored instruction）屬於情境認知學習理論。以下有關此種教學法的描述，何者錯誤？

(A) 事先告知學生情境中的問題所在

(B) 學生必須運用所學，設法解決問題

(C) 學生會經驗到實際問題的解決方法有多種

(D) 所設計的問題情境通常是複雜且實際會發生的

(A) 14. 上課時，甲生舉手提問，老師詳細講解並稱讚其提問的勇氣；此時乙生不但理解了該問題的內容，之後也會在發現問題時舉手發問。乙生的學習較符合下列何種理論？

(A) 社會學習理論　(B) 激進建構理論

(C) 情境學習理論　(D) 鷹架學習理論

(D) 15. 全球各地出現氣候異常現象，許多科學家視之為溫室效應的後果。為促進學生挑戰「人定勝天」的觀點，啟發其環境保護的意識與責任感，教師較適合採用下列何種教學觀？

(A) 效能導向　(B) 學科導向　(C) 目標導向　(D) 批判導向

(B) 16. 蓋聶（R. Gagné）認為學習應該具有階層性，並將學習階層分為八種。王老師在進行數學教學時，引導學生觀察圓錐和圓柱體的差異並作比較。此屬於蓋聶所主張的哪一種學習階層？

(A) 符號學習　　(B) 原則學習　　(C) 概念學習　　(D) 問題解決

(C) 17. 下列有關測驗與評量的敘述，何者正確？

(A) 實作評量強調結構完整的問題

(B) 選擇題測驗易於測得分析與評鑑的能力

(C) 實作評量的結果可以預測實際情境的表現

(D) 標準化測驗在特定教育情境中能提供有效的解釋

(A) 18. 教師為了解教學成果或學生學習成就，選擇評量方式時，較無需考量下列哪一項因素？

(A) 學校文化　　　　　(B) 教學目標

(C) 特定的學習結果　　(D) 雙向細目表

(B) 19. 「舉例說明『地層下陷』的意義」，此試題主要是在評量學生哪一層次的認知能力？

(A) 記憶　　(B) 了解　　(C) 應用　　(D) 分析

(C) 20. 在教學時促使學習產生遷移的作用，此屬於下列哪一種原理的應用？

(A) 串連　　(B) 塑造　　(C) 類化　　(D) 間歇增強

(A) 21. 在教學活動中，學生出現反社會或干擾教學的行為時，教師可採取下列哪些策略，以改變學生不當行為，增加其注意力而較不會中斷教學？

甲、慢慢趨近出現反社會或干擾教學行為的學生

乙、提高音量或放慢說話的速度

丙、注視出現反社會或干擾教學行為的學生

丁、指名制止出現反社會或干擾教學行為的學生

(A) 甲乙丙　　(B) 乙丙丁　　(C) 甲乙丁　　(D) 甲丙丁

(D) 22. 教師在教學計畫中，訂定了「能夠獨立地評論媒體訊息的可信度」的目標。下列何者比較能夠達成此目標？

(A) 閱讀一篇媒體報導，並撰寫心得

(B) 閱讀兩個廣告，並比較兩個廣告手法的差異

(C) 閱讀一個廣告，並與同學討論廣告表達的意涵

(D) 閱讀一篇新聞報導，並找出報導者未言明的前提

(A) 23. 實作評量常會因為評分者誤差而影響其信度與效度。下列哪一項不是評分者誤差的來源？

(A) 教師無法評量學生在真實情境下應用知識與技能的能力

(B) 教師為了方便，僅以一次評量結果充當學生的整體學習成就

(C) 教師根據平時對學生的觀察所形成的一般性印象進行實作表現的評分

(D) 教師由於學生的母語、先前經驗、性別、種族等因素，而對學生有先入為主的偏見

98 年度教師資格檢定考試：教學試題

(A) 1. 教師選擇教科用書時，考慮到教材符合學科基本而重要的事實。此作法係根據下列哪一部分的教科書評選規準？
(A) 內容屬性　(B) 物理屬性　(C) 教學屬性　(D) 發行與費用

(A) 2. 朱老師在教室後面放五個籃子，每個籃子裡都有不同難度的數學回家作業，學生可以從中自由選擇適合自己程度的作業。如果順利完成，可以挑戰更高難度的作業。此一方式較能激發學生下列何種動機？
(A) 內在動機　(B) 外在動機　(C) 競爭動機　(D) 合作動機

(C) 3. 建築師在建造房子之前要先繪製藍圖；導遊在帶隊出遊前要先規劃行程表。同理，教師在進行教學前要做何種準備？
(A) 購買參考書　(B) 選用教科書　(C) 編擬教學計畫　(D) 熟悉學生習作

(D) 4. 下列何者是教學評量的最主要目的？
(A) 了解學生在班上的排名　　(B) 對學生進行區別及篩選
(C) 了解班上學生個別差異　　(D) 作為輔導學生學習之用

(B) 5. 有關課程與考試評量的關係，下列敘述何者較為正確？
(A) 考試評量命題時，毋需考量學生的學習內容
(B) 進行課程評鑑時，可參酌學生考試評量的結果
(C) 課程設計時，應以各種考試試卷作為主要依據
(D) 學生的考試評量結果，無法作為課程發展的參考

(A) 6. 教師在教學過程中，應適時檢視教學成效與學生反應，以調整其教學法和課程內容。此屬於下列哪一種課程評鑑之概念？
(A) 形成性評鑑　(B) 檔案式評鑑　(C) 總結性評鑑　(D) 後設性評鑑

(C) 7. 承漢是一位國小高年級的級任老師，他發現自己教授的國語課和社會領域的內容有所關聯。於是邀請社會老師一同討論，將教材做更緊密的連結與呼應。這種作法體現了課程組織的哪一項原則？
(A) 繼續性　(B) 程序性　(C) 統整性　(D) 均衡性

(A) 9. 教師邀請知名人士到課堂上分享自己的成功經驗，學生藉此得以仿效該知名人士的成功經驗。此教學策略屬於下列何種學習理論？
(A) 楷模學習論　　　(B) 人本主義學習論
(C) 認知發展學習論　(D) 行為學派學習論

(D) 10. 麗麗老師進行教學時,讓原住民學童從快失傳的手工藝、家家戶戶會做的醃魚、老祖母的織布中,發現科學概念。這種作法屬於下列哪一種教學取向?

(A) 直接教學　(B) 間接教學　(C) 連結式教學　(D) 文化回應教學

(D) 11. 林老師在教導學生有關政府組織的運作後,要求學生進行一項作業:「請為班上設計一個自治組織,說明此一組織包含哪些單位,並說明各單位的功能和運作方式。」此作業之教學目標,屬於認知領域的哪一層次?

(A) 應用　(B) 分析　(C) 評鑑　(D) 創造

(C) 12. 下列有關「認知學徒制」的敘述,何者有誤?

(A) 認知學徒制運用鷹架的概念

(B) 認知學徒制是教導專家的認知過程

(C) 認知學徒制的理想學習環境不包括社會層面

(D) 認知學徒制先教整體的技能,再教局部的技能

(D) 13. 根據雙向細目表命題,主要在確認試題的何種效度?

(A) 表面效度　(B) 關聯效度　(C) 預測效度　(D) 內容效度

(C) 14. 淑貞是一位教科書的編輯人員。她認為教科書應該鉅細靡遺,把教學的內容與流程交代清楚,老師們忠實地依教科書來教學即可。這樣的想法屬於下列哪一個概念?

(A) 增權賦能(empowerment)　(B) 再概念化(re-conceptualization)

(C) 防範教師(teacher-proof)　(D) 再充實技能(re-skill)

(B) 15. 孫老師依據泰勒(R. Tyler)的目標模式,進行社會領域的課程設計。以下四個步驟的順序排列,何者正確?

甲、選擇適合該單元的歷史故事和教學活動

乙、設計學習單來評量學生的學習成果

丙、根據社會領域學科知識內容研訂教學目標

丁、將選擇的學習經驗加以組織並做有意義的統整

(A) 甲丙丁乙　(B) 丙甲丁乙　(C) 丙丁甲乙　(D) 丁丙甲乙

(A) 16. 行為目標由若干要素組成。「學生能根據高山的定義,在臺灣地圖上指出兩座南投縣的高山。」此一行為目標中的「兩座」是屬於哪一項要素?

(A) 標準　(B) 條件　(C) 行為　(D) 結果

(A) 17. 在問題導向學習法（problem-based learning）中，下列哪一個問題最不適用？

(A) 學習英文文法的問題　(B) 學習動機低落的問題

(C) 國內升學主義的問題　(D) 垃圾掩埋場所產生的問題

(B) 18. 小明的數學成績很差，卻擅長畫畫，老師鼓勵他用畫圖的方式解題並陳述答案。這種作法接近下列哪一種理論？

(A) 心像描繪理論　(B) 多元智慧理論

(C) 情境學習理論　(D) 近側發展區理論

97 年度教師資格檢定考試：教學試題

(D) 1. 經由仔細的觀察，張老師發現小明喜歡直接、動手的經驗，並且偏好有組織、有結構的呈現方式。下列哪一種教學方式對小明最適合？

(A) 閱讀書籍　(B) 團體討論　(C) 模擬遊戲　(D) 實驗操作

(B) 2. 下列何者屬於教師調整學生學習速度的策略？

(A) 教師設法改變學校課程標準

(B) 教師允許能力較高的學生學習進度超前

(C) 教師決定學習較遲緩者放棄部分學習內容

(D) 教師發揮專業自主，決定一種適合所有學生的學習內容

(A) 3. 下列何者最具有結合教學、診斷和評量的功能？

(A) 動態評量　(B) 標準化測驗　(C) 常模參照評量　(D) 標準參照評量

(A) 4. 教師在教學前對班上進行學科成就評量，以確定學生的起點行為。此作法屬於下列何種評量？

(A) 安置性評量　(B) 形成性評量　(C) 診斷性評量　(D) 總結性評量

(D) 5. 林校長叮嚀校內教師在選擇教科書時，要特別注意是否有性別偏見的問題。他所關注的教科書評鑑指標屬於下列何者？

(A) 出版屬性　(B) 物理屬性　(C) 教學屬性　(D) 內容屬性

(A) 6. 四季國小一年級教師擬依小朋友興趣和發展來編製課程，在教材組織的型態上宜採下列何者？

(A) 學生中心　(B) 問題中心　(C) 社會中心　(D) 學科中心

(C) 7. 下列何者不屬於建構主義對「學習」的基本假定？

(A) 學習具有情境性與脈絡性

(B) 概念的學習是不斷精緻化的

(C) 強調個體認知表現，學習不具情意性

(D) 學習課題與學習者的發展和需求具有關聯性

(A) 8. 課程組織強調學科知識、學生經驗或社會情境的統整等方向，是屬於下列哪一種課程組織原則？

(A) 水平組織　(B) 垂直組織　(C) 螺旋組織　(D) 同心圓組織

(B) 9. 林老師採用創意教學方法進行國語文教學，他用一幅卡通漫畫，讓學生依照自己的方式，提出各種不同的看法，組成一篇故事。這屬於創意思考教學中的哪一個技術？

(A) 型態分析　(B) 自由聯想　(C) 象徵類推　(D) 屬性列舉

(C) 10. 下列何種發問技巧最能啟發學生的思考能力？

(A)「電燈是誰發明的？」　(B)「愛迪生還發明了什麼？」

(C)「電燈有哪些用途？」　(D)「電燈是什麼時候發明的？」

(D) 11. 針對三角形的教學，張老師擬定的一項目標為「給予一組圖形，學生能辨識出三角形」。此一行為目標缺少以下哪一要素？

(A) 表現行為　(B) 特定情境　(C) 學習對象　(D) 成功標準

(D) 12. 教師採用班級團體教學後，對全班進行形成性評量；已經學會的學生可以擔任小老師或從事充實學習，未學會者則繼續學習；當全班都學會後，再一起進入下一個單元的學習。下列何者最符合前述教學流程？

(A) 凱勒計畫　(B) 啟發教學法　(C) 問題教學法　(D) 精熟學習法

(A) 13. 下列哪一種合作學習教學模式包含有「專家小組討論」？

(A) 拼圖法 II（Jigsaw II）　　　(B) 小組遊戲比賽法（TGT）

(C) 小組協助個別教學法（TAI）　(D) 學生小組成就區分法（STAD）

(C) 14. 王老師具有適性教學的理念，他在教學時應該會採取哪一個策略？

(A) 減慢教學速度　　(B) 降低評量的難度

(C) 提供多樣性教材　(D) 訓練學生答題技巧

(B) 15. 下列有關小學低年級教學設計，何者不適切？

(A) 具體的內容先於抽象的內容　　(B) 古代的內容先於現代的內容

(C) 學過的內容先於未學過的內容　(D) 熟悉的內容先於不熟悉的內容

(B) 16. 洪老師以「奧運」為主題，利用多元智能理論設計教學活動。下列有關活動與智能的組合，何者最為適切？

(A) 練習奧運比賽項目，發掘自己的運動強項 —— 音樂智能

(B) 設計標語、廣告，為奧運活動作宣傳 —— 語文／語言智能

(C) 設計並製作符合各國運動員需求的奧運村模型 —— 自然探索智能

(D) 融合各國民族音樂，設計符合奧運精神的音樂與歌舞 —— 肢體／運動智能

(D) 17. 教師問「磚塊有什麼用處？」嬋嬋在三分鐘內說出 32 種用途，數量為全班之冠。她在創造力的哪一層面表現較佳？

(A) 變通性　(B) 原創性　(C) 精密性　(D) 流暢性

(A) 18. 諾丁斯（N. Noddings）強調要毫無保留的接受學生的全部，並幫助學生自我實現。這樣的理念屬於下列何者？

(A) 關懷教育學　(B) 批判教育學　(C) 庶民教育學　(D) 多元教育學

96年度教師資格檢定考試：教學試題

(C) 1. 教師選擇了目前媒體關注的城鄉差異問題，作為學校本位課程設計的題材，以促進學生對城鄉發展的理解與行動。這種作法傾向於下列何種課程設計模式？

(A) 知識取向　(B) 學生中心　(C) 社會取向　(D) 科技取向

(A) 2. 電腦輔助教學、精熟學習、個別化系統教學等教學法，均源自於何者？

(A) 行為主義學派　(B) 認知心理學派

(C) 人本主義學派　(D) 社會建構學派

(B) 3. 態度、價值和信念等是屬於哪一項領域的教學目標？

(A) 認知　(B) 情意　(C) 技能　(D) 能力

(D) 4. 下列何者不是發問的教學功能？

(A) 引起學生的注意力　(B) 誘發學生思考問題

(C) 發現學生學習困難　(D) 直接教導學生知識

(C) 5. 下列何者為討論教學法的特性？

(A) 以教師為中心　(B) 重視知識記憶

(C) 培養思考能力　(D) 注重教學效率

(A) 6. 「能解釋與應用本課的新詞」此一教學目標敘述屬於克伯屈（W. H. Kilpatrick）主張的哪一類學習？

(A) 主學習　(B) 副學習　(C) 附學習　(D) 次學習

(B) 7. 早期國小的「自然科學」課程涵蓋了生物、物理、化學等教材。此課程組織方式較接近下列哪一種課程類型？

(A) 相關課程（correlated curriculum）

(B) 融合課程（fused curriculum）

(C) 廣域課程（broad-field curriculum）

(D) 經驗課程（experiential curriculum）

(B) 8. 張老師在設計國語補充教材時，將第一單元補充的字詞，又適度納入第二單元的補充教材中。此種作法最符合課程組織中的哪一項原則？

(A) 順序性　(B) 繼續性　(C) 統整性　(D) 銜接性

(C) 9. 以下何者為「情境模式」的課程設計原則？

(A) 主要強調教育目標的優先性

(B) 教育目標著重學習經驗「量化」的表現

(C) 將整體課程設計事務，置於社會文化的架構中來考量

(D) 以孤立的、可觀察、可測量的行為，預先設定教育目標

(B) 10. 教師採用「活動分析法」編製教材時，先分析兒童學習經驗與活動，再將學習活動次分為較小的活動單元，然後設定課程目標，最後選擇合乎學校情境的適切目標。此屬於下列何種取向的課程理念？
(A) 專業主義取向　　(B) 科技主義取向
(C) 建構主義取向　　(D) 經驗主義取向

(C) 11. 下列何種教學法注重個人績效對團體的貢獻？
(A) 欣賞教學法　　(B) 討論教學法　　(C) 合作學習法　　(D) 協同教學法

(D) 12.「青青老師鼓勵學生用語言、文字、動作、圖形、音樂等方式，表現自己的知識、技能、思想和感情。」請問她採用下列何種教學法？
(A) 練習教學法　　(B) 直接教學法　　(C) 協同教學法　　(D) 發表教學法

(D) 13. 如果林老師想要運用行動研究解決教學上的問題，就必須了解行動研究的性質。下列哪一項觀念是錯誤的？
(A) 方法比較多元　　　　　(B) 偏向質性的研究
(C) 在特定的自然情境中進行　(D) 屬於教師單獨進行的研究

(B) 14. 創造思考教學的程序包括五個重要的步驟：甲、評估各類構想；乙、選擇適當問題；丙、組成腦力激盪小組；丁、進行腦力激盪；戊、說明應該遵守規則。其正確的實施順序為下列何者？
(A) 甲丙丁戊乙　　(B) 乙丙戊丁甲　　(C) 丙乙丁甲戊　　(D) 丁戊甲丙乙

(C) 15. 陳老師在進行教學設計時，分析教學目標的內涵。有關學生的「每月生活開支結算」能力，應該歸類在哪一類型的學習上？
(A) 態度　　(B) 語文信息　　(C) 心智技能　　(D) 動作技能

(C) 16. 教師在課堂上提出「家庭」概念，然後要求學生分組討論，說出家庭的組成要素。此種學習符合認知目標的哪一層次？
(A) 了解　　(B) 應用　　(C) 分析　　(D) 綜合

(D) 17. 社會學習領域教師發現，整個社會存在著對移民 性及新臺灣之子貼上負面標籤的現象，於是師生共同設計多元文化課程，藉由理念與行動的實踐，改變了社區對他（她）們的有色框架，進而尊重、包容、接納之。此種教學取向，屬於下列何者？
(A) 學術理性取向　　(B) 社會適應取向
(C) 認知過程取向　　(D) 社會重建取向

(C) 18. 強調應用 SQ3R（瀏覽、質疑、閱讀、記誦、複習）的讀書策略增強學生的學習能力，是屬於下列哪一個理論之應用？

    (A) 發現學習理論　　(B) 意義學習理論

    (C) 訊息處理理論　　(D) 學習條件理論

(D) 19. 林老師發現小美的學習不佳。她先幫小美做智力測驗，結果智力中等，所以排除了智力的因素。接著她找了成績好的學生與小美分享學習的方法，效果也不怎麼好。此時應採用哪一種評量方式來診斷小美的學習困難？

    (A) 總結性評量　　(B) 安置性評量　　(C) 形成性評量　　(D) 動態性評量

(A) 20. 下列何者是概念獲得教學法的重點？

    (A) 學生能區分正、反例和屬性

    (B) 師生間、學生間的觀念互換

    (C) 啟發學生探索事物、真理的歷程

    (D) 鼓勵學生去調查一個範圍的主題

(A) 21. 一套新課程實施後，若教學者愈關心下列何者，則表示課程實施的程度愈高？

    (A) 我在教學策略上宜做哪些調整？

    (B) 此課程對我的教學負擔有多大？

    (C) 學校如何評鑑我在此課程實施上的績效？

    (D) 我如何取得有關此課程的資訊以了解其精神？

95 年度教師資格檢定考試：教學試題

(C) 1. 下列哪一種教學研究比較能夠讓教師將研究結果用以解決實務問題？

(A) 基礎研究　　(B) 應用研究　　(C) 行動研究　　(D) 理論研究

(A) 2. 經過幾天的思考，王老師靈機一動，想出了校慶活動的新點子，這屬於創造思考的哪一個階段？

(A) 豁朗期　　(B) 醞釀期　　(C) 準備期　　(D) 驗證期

(C) 3. 下列何者是正確的腦力激盪法原則？

(A) 學生必須深思熟慮後再提出答案　　(B) 對他人的意見提出批評

(C) 鼓勵學生勇於發表自己的見解　　(D) 提出的想法愈少愈好

(B) 4. 李老師在教導學生籃球投籃的技巧時，採用練習教學法，其步驟包含：甲、教師示範；乙、引起動機；丙、反覆練習；丁、學生模仿；戊、評量結果。下列何者為正確的順序？

(A) 甲乙丙丁戊　　(B) 乙甲丁丙戊　　(C) 乙丁甲丙戊　　(D) 丙甲丁戊乙

(C) 5. 下列何種教學法強調學生自訂學習計畫？

(A) 練習教學法　　(B) 發表教學法　　(C) 設計教學法　　(D) 批判思考教學法

(A) 6. 教學目標要明確清晰，至少必須包含三種因素，下列何者為正確？

(A) 行為、情境、標準　　(B) 主體、行為、歷程

(C) 情境、標準、歷程　　(D) 客體、行為、情境

(A) 7. 下列何種分組方式較能激發學生學習動機和探索態度？

(A) 興趣分組　　(B) 能力分組　　(C) 隨機分組　　(D) 社經背景分組

(C) 8. 下列何者不符合艾斯納（E. W. Eisner）所提倡的表意目標？

(A) 調查居民對於社區營造計畫的想法

(B) 探討電視廣告中的男女生形象

(C) 說明「覆巢之下無完卵」的意義

(D) 設計個人書房的風格及樣式

(D) 9. 以下何者為正確的班級教學發問技巧？

(A) 教師提問後，要求學生立即回答

(B) 師生間應進行一對一的問與答

(C) 教師先指名，再提出待答的問題

(D) 鼓勵學生踴躍回答，勿太早下判斷

(D) 10. 皮亞傑（J. Piaget）將兒童的道德判斷發展劃分為三個時期：無律、他律及自律。下列哪一項是自律的特色？
(A) 服從道德權威　　　　(B) 意識到學校及社會的道德規範
(C) 相信神祕的因果報應　(D) 追問道德規範的理由

(C) 11. 以下哪一句話最能反映多元智能的教學理念？
(A) 五育並重　(B) 教學相長　(C) 因材施教　(D) 熟能生巧

(D) 12. 強調學習意願與動機，教學貴能切合學生學習能力，這種論點屬於下列哪一個教育規準？
(A) 認知性　(B) 價值性　(C) 釋明性　(D) 自願性

(B) 13. 桑代克（E. L. Thorndike）以籠中貓做實驗，觀察刺激—反應之間的連結關係。下列三種學習律的組合，何者正確？
(A) 預備律、增強律、效果律　(B) 練習律、預備律、效果律
(C) 練習律、增強律、效果律　(D) 練習律、多元律、增強律

(A) 14. 教師想要了解學生長時間的學習歷程與進步情形，最適合採用下列何種評量？
(A) 檔案評量　(B) 紙筆評量　(C) 實作評量　(D) 診斷評量

(B) 15. 強調「教人」比「教書」重要，「適才」比「專才」更重要，屬於哪一個學派的觀點？
(A) 行為主義　(B) 人本主義　(C) 實驗主義　(D) 理性主義

(C) 16. 如果一種評量強調受試者依其既有的先備知識作為基礎，將新學習連結到舊知識之上，統整調和成一個有組織、有系統、有階層的知識結構，這屬於何種評量？
(A) 真實性評量　(B) 檔案評量　(C) 概念圖評量　(D) 總結性評量

(D) 17. 有關「教學步道」的規劃與設計，下列哪一項敘述正確？
(A) 教學步道旨在美化校園，和環境布置的旨趣相同
(B) 教學步道的內容不必配合課程，以增廣學生視野
(C) 為使教學步道具有特色，應避免植栽與遊樂設施
(D) 教學步道依學習重點設計，使學習的主題更明顯

(B) 18. 下列何種學習理論認為良好評量須重視學生組織資訊的能力？
(A) 行為學習論　(B) 認知學習論　(C) 社會建構論　(D) 社會學習論

94 年度教師資格檢定考試：教學試題

(A) 1. 教育目標分類中，屬於情意領域最低層次者為何？

　　(A) 接納　　(B) 反應　　(C) 評價　　(D) 組織

(C) 2. 教師在進行班級內部學生分組時，下列哪一項意見是教師可以參考的？

　　(A) 各小組的人數一定要一樣，以達公平

　　(B) 分組教學可以免除對學習困難學生之額外指導

　　(C) 為避免貼標籤效應的影響，不同科目宜有不同的分組

　　(D) 分組之後，就可以完全放手讓學生自行學習

(A) 3. 古代希臘哲學家蘇格拉底善用「產婆術」激發內在想法，此屬下列何種教學法？

　　(A) 問答教學法　　(B) 講述教學法　　(C) 案例教學法　　(D) 發現教學法

(B) 4. 依據 92 年公布的九年一貫課程綱要，彈性教學時間占總教學節數的比例是多少？

　　(A)10%　　(B)20%　　(C)30%　　(D) 由學校自定調整

(C) 5. 依據學生過去的成就或智力測驗的成績來進行常態編班，屬於以下哪一種班級團體編制？

　　(A) 同質編制　　(B) 隨意編制　　(C) 異質編制　　(D) 特殊需求編制

(A) 6. 老師在上課前告知學生：「如果這一節大家認真上課，下課前就說一段你們愛聽的歷史故事。」這是利用何種策略提高學生學習動機？

　　(A) 提供行為後果的增強　　(B) 啟發興趣並激發好奇

　　(C) 提示努力之後的情境　　(D) 增進學生的學習信心

(C) 7. 「學生能根據一篇故事，寫出令人意外的結局」，屬於認知的哪一種層次？

　　(A) 應用　　(B) 分析　　(C) 創造　　(D) 評鑑

(B) 8. 角色扮演較適用於哪一領域的教學？

　　(A) 認知領域　　(B) 情意領域　　(C) 技能領域　　(D) 行為領域

(C) 9. 在教學設計中安排學生製作鄉土導覽地圖，這種活動最主要的是在開發學生何種智能？

　　(A) 語文∕語言　　(B) 自然∕觀察　　(C) 視覺∕空間　　(D) 人際∕溝通

(C) 10. 編序教學（programmed instruction）主要是下列哪一種學習理論的應用？

　　(A) 認知學習論　　(B) 互動學習論

　　(C) 行為學習論　　(D) 訊息處理學習論

(D) 11. 教材組織具有「心理的」與「邏輯的」兩種原則。下列哪一項敘述正確？

　　(A) 邏輯的原則符合學科知識架構，成效較佳

　　(B) 心理的原則比較費時，形同浪費時間

　　(C) 邏輯的原則比較客觀，優於心理的原則

　　(D) 愈低年級的教材愈適合採用心理的組織原則

(A) 12. 在教學開始或學習困難時，為了全面了解學生學習困難的原因所進行的評量，稱為：

　　(A) 診斷性評量　　(B) 形成性評量

　　(C) 總結性評量　　(D) 安置性評量

(B) 13. 下列哪些教學設計符合「適性教學」的主要精神？(1) 探究教學　　(2) 精熟學習　　(3) 凱勒計畫　　(4) 發現教學

　　(A)(1)(2)　　(B)(2)(3)　　(C)(1)(3)　　(D)(3)(4)

(A) 14.「任何科目都可藉由某種方式教給任何兒童」，下列哪一個敘述，不是這句話所要強調的？

　　(A) 提早教學是不好的

　　(B) 不須太重視學習準備度

　　(C) 了解學生、組織並有效呈現教材等技巧的重要性

　　(D) 成熟不一定要等待，也可以藉由外力協助而達成

(B) 15. 在教學中常使用標準參照測驗（criterion referenced test, CRT），下列哪一項是其特點？

　　(A) 通常涵蓋較大範疇的學習作業

　　(B) 強調個人所能與不能完成之學習結果

　　(C) 偏好平均難度的試題

　　(D) 需以明確界定的團體作解釋

(B) 16. 欲使發現式學習發揮最大之功效，教師在教學歷程中應把握哪些原則？

　　(1) 安排適當情境　　(2) 可提出爭議性問題　　(3) 經常指名優秀學生回應作為示範　　(4) 提供方向或線索以引導學生發現知識

　　(A)(1)(2)(3)　　(B)(1)(2)(4)　　(C)(1)(3)(4)　　(D)(2)(3)(4)

(D) 17. 在教學中，以日常生活事例作為切入的問題，來進行探討科學概念的活動。請問這樣的教學過程符合下列哪一種原則？

　　(A) 由難至易　　(B) 由繁入簡　　(C) 由抽象到具體　　(D) 由經驗到知識

(B) 18. 訂定教材內容和認知層次雙向細目表，作為命題的藍圖，有助於改進教師自編測驗的何種性能？

(A) 信度　(B) 效度　(C) 客觀性　(D) 實用性

(C) 19. 基於學生須經語義編碼，才能將學習內容融入長期記憶中，因此，教師應重視何種教學事件的安排？

(A) 喚起學生舊經驗的回憶　(B) 告知學生學習目標

(C) 提供學習輔導　　　　　(D) 促進學習遷移

(C) 20. 老師上課開始時告訴同學：「我們今天上課的重點，是氣溫愈高海水蒸發速度愈快。」這種提示是運用何種教學策略？

(A) 建構主義教學　(B) 發現探究教學

(C) 前導組織教學　(D) 概念獲得教學

參考文獻

中文部分

王文科、王智弘（2019）。**教育研究法**。臺北：五南。

王金國（2014）。一起來活化教學。**臺灣教育評論月刊，3**(10), p73-74。

王政忠（2016）。**我的草根翻轉：MAPS 教學法**。臺北：親子天下。

丘愛玲（2014）。**12 年國教課程與教學革新**。高雄：麗文。

任慶儀（2019）。**教學設計：理論與實務**。臺北：五南。

佐藤學（2013）。**學習共同體**。臺灣：天下文化。

吳清山（2014）。差異化教學與學生學習。**國家教育研究院電子報，38 期**。

宋佩芬（2017）。從美國歷史教學變遷看教育改革：評《歷史教學的今昔：學校穩定與改變的故事》。**教育研究集刊，63**，147-157。

李宗薇（1997）。**教學設計**。臺北：心理。

李茂興（1998）。**教學心理學**。臺北：弘智文化。

周新富（2017）。教學計畫。載於王財印、吳百祿、周新富，**教學原理**。臺北：心理。

林思吟（2016）。淺談差異化教學。**臺灣教育評論月刊，5**（3），頁 118-123。

林彩岫主編（2012）。**多元文化教育：新移民的原生文化與在地適應**。臺北：五南。

林清山（1997）。有效的學習策略。**教育部訓委會輔導叢書，第 32 輯**。

林進材（1997）。**國民小學教師教學思考之研究**。國立臺灣師範大學教育研究所博士論文。

林進材（1999）。**教學研究與發展**。臺北：五南。

林進材（2006）。**教學論**。臺北：五南。

林進材（2015）。**精進教師課堂教學的藝術與想像：教學與學習的寧靜革命**。臺北：五南。

林進材（2019a）。**教學原理**。臺北：五南。

林進材（2019b）。**教學理論與方法**。臺北：五南。

林進材（2019c）。**核心素養下教師教學設計與實踐**。臺北：五南。

林進材、林香河（2019a）。**教學原理**。臺北：五南。

林進材、林香河（2019b）。**寫教案：教學設計的格式與規範**。臺北：五南。

林進材、林香河（2020）。**教師教學方法與效能的第一本書**。臺北：五南。

林鈺文（2017）。教師的課程詮釋如何回饋到政策學習？以新北市多元活化課程為例。**師資培育與教師專業**，**10**（3），119-146。

施良方（1996）。**學習理論**。高雄：復文。

徐綺穗（2019）。自我調整學習與核心素養教學——以自主行動素養為例。**課程與教學**，**22**（1），101-120。

國立臺灣師範大學教育研究與評鑑中心（2013）。**差異化教學**。臺北：教育部。

國家教育研究院課程及教學研究中心（2015）。**十二年國民基本教育領域課程綱要：核心素養發展手冊**。臺北：教育部國家教育研究院。取自：file:///C:/Users/USER/Desktop/ 核心素養 .pdf

張秀雄（1994）。自我導向學習初探，**成人教育**，**17**，42-48。

張春興（1994）。**教育心理學**。臺北：東華。

教育部（2014）。**十二年國民基本教育課程綱要總綱**。臺北：教育部。

陳李綢（1998）。有效學習策略的研究與應用。**教育部輔導計畫叢書**，第 32 輯。

陳聖謨（2013）。教育政策與學校對策——偏鄉小學轉型優質計畫實施之個案研究。**教育研究學報**，**47**（1），19-38。

黃光雄主編（1988）。**教學原理**。臺北：師大書苑。

黃政傑（2014）。翻轉教室的理念、問題與展望。**臺灣教育評論月刊**，**3**(12)，161-186。

黃政傑、林佩璇（2013）。**合作學習**。臺北：五南。

黃政傑、張嘉育（2010）。讓學生成功學習：適性課程與教學之理念與策略。**課程與教學**，**13**（3）。

黃政傑主編（1993）。**教學原理**。臺北：師大書苑。

黃騰、歐用生（2009）。失去的信任能找回來嗎：一個關於教師與課程改革的故事。**課程與教學**，**12**（2），161-192。

楊思偉、陳盛賢、江志正（2008）。日本建構十二年一貫課程相關做法之分析。**課程與教學**，**11**（3），45-62。

甄曉蘭（1997）。教學理論。載於黃光雄主編，**教學原理**。臺北：師大書苑。

甄曉蘭（2003）。教師的課程意識與教學實踐。**教育研究集刊**，**49**（1），63-94。

歐用生（1989）。**質的研究**。臺北：師大書苑。

歐用生（2009）。學校本位課程評鑑的視野——雲林縣學校優質轉型經驗的省思。**課程與教學季刊，12**（1）。

歐用生（2012）。日本中小學「單元教學研究」分析。**教育資料集刊，54**：121-147。

歐用生（2013）。日本小學教學觀摩：教師專業成長之意義。**教育資料集刊，57**：55-75。

蔡清田（2008）。DeSeCo 能力三維論對我國十二年一貫課程改革的啟示。**課程與教學，11**（3），1-16。

蔡清田（2014）。**國民核心素養：十二年國教課程改革的DNA**。臺北：高等教育。

蕭錫錡（1996）。自我導向學習在教師專業發展上之應用。**成人教育，34**，32-37。

韓進之（1991）。大陸關於兒童、青少年個性傾向的研究。載於楊中芳、高尚仁編，**中國人中國心——發展與教學篇**。臺北：遠流。

簡紅珠（1992）。認知理論在微縮教學上的應用。**新竹師範學報，6**，85-104。

羅鴻祥（1976）。**教學設計**。臺灣省政府教育廳，臺灣省國民教育輔導團叢書。

龔心怡（2016）。因應差異化教學的評量方式：多元評量停、看、聽。**臺灣教育評論月刊，5**（1），211-215。

英文部分

Arends, R. I. (2019). *Learning to teach*. New York: McGrow-Hill.

Ashton, P. T. (1983). Teacher efficacy: A motivational paradigm for effective teacher. *Education, Journal of Teacher Education, 19*(5), 28-32.

Beattie, M. (2007). *The art of learning to teach: Creating of professional narratives*. Upper Saddle River, N.J.: Perason Merrill Prentice Hall.

Borich, G. D. (2014). *Effective teaching methods: Research-based practice*. Boston: Pearson Education.

Brookfield, S. (1985). *Self-directed learning: A critical review of research*. New York, NY: Routledge.

Buzan (2006). *The Mind Map Book*. New York, NY: Penguin.

Calderhead, J. & Miller, E. (1986). *The integration of subject matter knowledge in student teachers' classroom practice*. Research Monograph, School of Education, University of Lancaster.

Clandinin, D. J. & Connelly, F. M. (eds.) (1995). *Teachers' professional knowledge landscapes*. Columbia University: Teachers College Press.

Crick, J. (2014). Learning to learn: A complex systems perspective. In R. D. Crick, C. Stringher, & K. Ren (Eds.), *Learning to learn: international perspectives from theory to practive* (pp. 66-86). New York, NY: Routledge.

Cuban, L. & Cuban, Larry (2016). *Teaching history then and now: A story of stability and change in schools*. Cambridge, MA: Harvard University.

Cuban, L. (1983) . How did teachers teach, 1890-1980. *Theory into Practice, 22*(3), (19), pp. 159-165.

Freire, P. (1972). *Pedagogy of the oppressed*. Translated by M. B. Ramos. New York: Herder and Herder.

Gagé, N. L. (1978). *The scientific basis of the art of teaching*. NY: Teacher College Press, Colambia University.

Gagné, R. M. & Briggs, L. J. (1974). *Principles of Instructional Design*. New York: Holt, Rinehart & Winston.

Gagné, R. M., Briggs, L. J. & Wagner, W. W (1992). *Principles of instructional design*. Fort Worth, TX: Harcourt Brace Jovanovich.

Giroux, H. A. (1988). *Teacher as intellectuals: Toward a pedagogy of learning*. Granby, MA: Bergin & Garvey.

Goodlad, J. (1969). Curriculum: The state of the field. *Review of Educational Research, 39*(3).

Goodlad, J. (1979). *Curriculum inquiry: The study of curriculum practice*. NY: McGraw-Hill.

Griffith, B. (2007). *A philosophy of curriculum: The cautionary tale of simultaneous languages in a decentered world*. Rotterdom, Netherlands: Sense Publishers.

Grossman, P. L. (1988). *A study of contrast: Sources of pedagogical content knowledge for secondary English*. Doctoral dissertation, Stanford University.

Grossman, P. L. (1990). *The making of a teacher: Teacher knowledge and teacher *education*. New York: Teachers College Press.

Grossman, P. L. & Richert, A. E. (1988). Unacknowledged knowledge growth: A re-examination of the influence of teacher education. *Teaching and teacher education, 4*(1), 53-62.

Grossman, P. L., Wilson, W. M., & Shulman, L. S. (1989). Teachers of substance: Subject matter knowledge for teaching. In M. Reynolds (Ed.), *Knowledge base for the beginning teacher* (pp. 23-36). New York: Pergamon Press.

Hatano, G. & Inagaki, K. (1991). Sharing cognition through collective comprehension activity. In L. B. Resnick, J. M. Levine, & S. D. Teasley (Eds.), *Perspectives on socially shared cognition* (pp. 331-348). Washington, DC: American Psychological Association.

Hill, H. C., Schilling, S. G., & Ball, D. L. (2004). Developing measures of teachers' mathematics knowledge for teaching. *The Elementary School Journal, 105*(1), 11-30.

Johnson, D. W. & Johnson, R. T (1998). *Cooperative Learning And Social Interdependence Theory*. [online] Retrieved October 9, 2004, from http://www.co-operation.org/pages/SIT.html

Keller & Sherman (1974). *The Keller lan handbook*. Menlo Park, CA: W. A. Benjamin, Inc.

Keller, J. M. (1983). Motivational design of instruction. *Instructional design theories and models: An overview of their current status* (pp. 383-434). News Jersey, NJ: Lawrence Erlbaum Associates.

Kemp, J. E. (1985). *The instructional design process*. New York: Happer & Row.

Kennedy, K. J. & Lee, J. C. K. (2010). The changing role of schools in Asian societies: Schools for the knowledge society (oaoerback version). London; New York: Routledge.

Knowles, M. S. (1975). *Self-directed learning - A gudiges for learners and teacher*. New York: Combridges.

Louden, W. (2000). Standards for standards: The development of Australian profess-Ional standards for teaching. *Australian Journal of Education, 44*(2), 118-134.

Mayer, D. (1994). *Teacher practical knowledge: obtaining and using knowledge of student.* (ERIC Document Reproductions Service No, ED377154)

Nespor. J. (1987). *The role of belief in the practice of teaching: Final report of the teacher belief study.* Austin, TX: Research and Development Center for Teacher Education. (ERIC Document Reproduction Service No. ED 279446)

OECD (2017). *The OECD handbook for innovative learning environments.* Paris, France: OECD. Retrieved From http://dx.doi.org/9789264277274-en.

Petković, K. (2008). Interpretive policy analysis and deliberative democracy: Should we politicize analysis? *Croatian Political Science Journal, 45*(2), 27-53.

Popkewitz, T. S. (2003). Governing the child and pedagogicalization of the parent: A Historical excursus into the present. In M. N. Bloch, K. Holmlund, I. Moqvist, & T. S. Popkewidz (Eds.), *Governing children, families and education* (pp. 35-61). Macmillan: Palgrave.

Romiszowski. A. J. (1982). A new look at instruction design: Part II Instruction: integrating ones' approach. *British Journal of Educational Technology, 13*, 15-28.

Senge, P. M. (1990). *The Fifth Discipline.* New York: Currency Doubleday.

Servilio, K. L. (2009). You get to choose! Motivating students to read through differentiated instruction. *Teaching Exceptional Children Plus, 5*(5). Retrieved from http://escholarship.bc.edu/education/tecplus/vol5/iss5/ art5

Shavelson, R. J. (1973). What is the basic teaching skill? *Journal of Teacher Education, 24*(2), 144-151.

Shavelson, R. J. & Stern, P. (1981). Research on teacher's Pedagogical thoughts, judgement, decisions, and behavior. *Review of Educational Research, Winter, 51*, (4). 455-498.

Shulman L. S. (1987). Knowledge and teaching: Foundations of the new reform. *Harvard Educational Review, 57*(1), 1-22.

Shulman, L. S. (1986a). Paradigms and researcher programs in the study of teaching: A contemporary perspective. In M. C. Wittrock (Ed.). *Handbook of on teaching* (3rd ed.)(PP3-36). New York: Macmillan.

Shulman, L. S. (1986b). Those who understand: Knowledge growth in teaching. *Educational Researcher, 15*(2), 4-14.

Smith, B. O. (1985). Teaching: Definitions. In T. Husen & T. N. Postlethwaite (Eds.).

The international Encyclopedia of Education, 5097-5101.Oxford: Pergamon.

Smith, P. L. & Ragan, T. J. (1993). *Instructional design*. New York: Macmillan.

Toffer, A. (1970). *Future shock*. New York: Random House.

Tough, A. M. (1989). Self-directed learning: Concepts and practices. In C. J. Titmus (Ed.). *Lifelong education for adults - An international handbook*. New York: Pergamon Press.

Tyler, R. W. (1949). *Basic principles of curriculum and instruction*. Chicago: University Of Chicago Press.

Valli, I. (2019). Beginning teacher problems: Areas for teacher education improvement. *Action in Teacher Education, 14*, 18-25.

Wilson, S. M., Shulman, L. S., & Richart, A. E. (1987). 150 different ways of knowing: Representations of knowledge in teaching. In J. Calderhead (Ed.), *Exploring teachers' thinking* (pp. 231-253). London, UK: Cassell.

國家圖書館出版品預行編目資料

教師教學實踐智慧：從設計到實施／林進材
著. ――初版.――臺北市：五南，2020.10
　　面；　公分
　ISBN 978-986-522-273-4（平裝）

1.教學理論　2.教學設計　3.教學法

521.4　　　　　　　　　　109013663

1I3K

教師教學實踐智慧
從設計到實施

作　　　者 ― 林進材（134.1）

發 行 人 ― 楊榮川

總 經 理 ― 楊士清

總 編 輯 ― 楊秀麗

副總編輯 ― 黃文瓊

責任編輯 ― 黃淑真、李敏華

封面設計 ― 姚孝慈

出 版 者 ― 五南圖書出版股份有限公司

地　　　址：106台北市大安區和平東路二段339號4樓

電　　　話：(02)2705-5066　　傳　真：(02)2706-6100

網　　　址：http://www.wunan.com.tw

電子郵件：wunan@wunan.com.tw

劃撥帳號：01068953

戶　　　名：五南圖書出版股份有限公司

法律顧問　林勝安律師事務所　林勝安律師

出版日期　2020年10月初版一刷

定　　　價　新臺幣500元

經典永恆・名著常在

五十週年的獻禮——經典名著文庫

五南，五十年了，半個世紀，人生旅程的一大半，走過來了。

思索著，邁向百年的未來歷程，能為知識界、文化學術界作些什麼？

在速食文化的生態下，有什麼值得讓人雋永品味的？

歷代經典・當今名著，經過時間的洗禮，千錘百鍊，流傳至今，光芒耀人；

不僅使我們能領悟前人的智慧，同時也增深加廣我們思考的深度與視野。

我們決心投入巨資，有計畫的系統梳選，成立「經典名著文庫」，

希望收入古今中外思想性的、充滿睿智與獨見的經典、名著。

這是一項理想性的、永續性的巨大出版工程。

不在意讀者的眾寡，只考慮它的學術價值，力求完整展現先哲思想的軌跡；

為知識界開啟一片智慧之窗，營造一座百花綻放的世界文明公園，

任君遨遊、取菁吸蜜、嘉惠學子！